저자의 말

　다년간 TSC 강의를 하면서 느낀 점은 학생들이 공부의 방향성을 잡지 못해서 어휘를 무작정 외우기만 하여, 시험이나 회화에서 적용을 잘 하지 못한다는 것이었습니다. 그래서 그런 학생들을 위해 『다락원 TSC VOCA 마스터』를 집필하게 되었고, 본 서의 궁극적인 목적은 한마디로 '필수 어휘를 통한 필수 문장 정복'입니다.

　본 서는 단순히 병음 순으로 어휘만 나열하는 것이 아니라 시험에 자주 출제되는 순으로 어휘를 선별해서 정리하고, 해당 어휘마다 시험에서 활용 가능한 예문을 함께 학습할 수 있도록 구성했습니다. 학습자의 정리를 돕기 위해서 어휘를 총 10개의 챕터로 주제별로 묶었고, 각 챕터가 끝나면 미니 테스트를 통해 어휘를 복습할 수 있게 했습니다. 또한, 실제 시험에서 자주 출제되는 질문과 모범답안을 공부하며 실전 감각을 익힐 수 있도록 했습니다.

　저자는 수년간 빠지지 않고 TSC 시험에 직접 참여하여 최신 경향을 분석해 왔고, 그렇게 분석해 낸 기존의 TSC 기출 어휘는 물론 최신 기출 어휘까지 빠짐없이 책에 담으려고 노력했습니다. 그렇기 때문에 본 서는 TSC 시험을 준비 중이지만 부족한 어휘력 때문에 고민인 수험생들에게 최적화된 책이라고 자신합니다.

　마지막으로 부족한 저를 믿고 많은 조언과 지원을 아끼지 않으신 다락원의 모든 분들께 감사 드립니다. 또한 사랑하는 가족들과 늘 든든한 응원을 해 주는 김태구 님께 감사의 말씀을 전합니다.

장민영

이 책의 구성

* 어휘의 난이도 별로 '기본 어휘'와 '고급 어휘'로 분류해서 정리했습니다.

* TSC 시험 몇 부분에서 자주 출제되는지 표시했습니다.

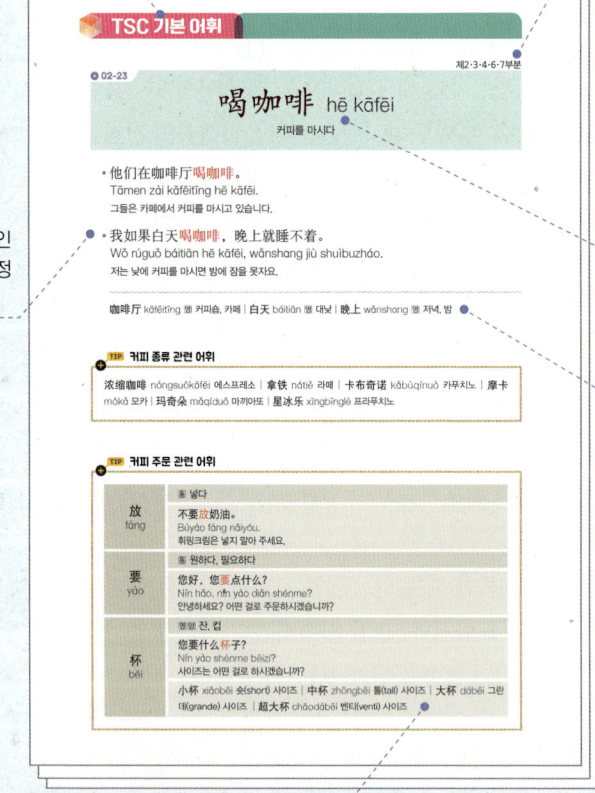

* 해당 어휘가 쓰인 예문을 두 개씩 정리했습니다.

* 어휘는 병음 순이 아니라 해당 챕터의 빈출 순으로 정리했습니다.

* 예문 속 새 어휘를 정리했습니다.

* 해당 어휘와 관련해서 추가로 알아 두면 좋은 학습 내용을 Tip으로 정리했습니다.

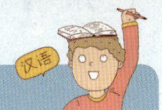

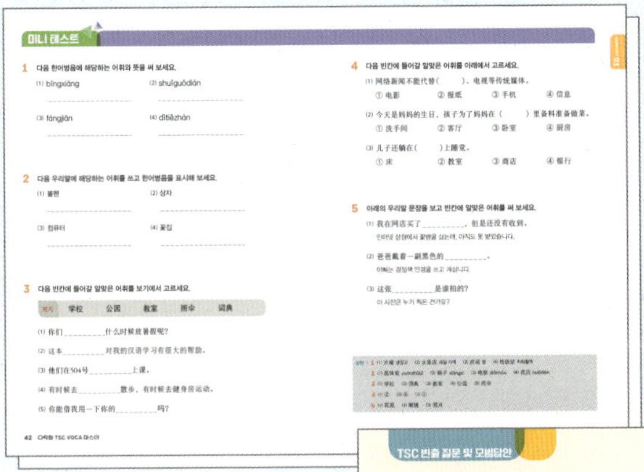
미니 테스트
1 다음 한어병음에 해당하는 어휘와 뜻을 써 보세요.
(1) bīngxiāng (2) shuǐguǒdiàn
(3) fángjiān (4) dìtiězhàn
2 다음 우리말에 해당하는 어휘를 쓰고 한어병음을 표시해 보세요.
(1) 볼펜 (2) 상자
(3) 컴퓨터 (4) 꽃집
3 다음 빈칸에 들어갈 알맞은 어휘를 보기에서 고르세요.
보기 学校 公园 教室 雨伞 词典
(1) 你们________什么时候放暑假呢?
(2) 这本________对我的汉语学习有很大的帮助。
(3) 他们在504号________上课。
(4) 有时候去________散步，有时候去健身房运动。
(5) 你能借我用一下你的________吗?
4 다음 빈칸에 들어갈 알맞은 어휘를 아래에서 고르세요.
(1) 网络新闻不能代替(　　)、电视等传统媒体。
① 电影 ② 报纸 ③ 手机 ④ 信息
(2) 今天是妈妈的生日，孩子为了妈妈在(　　)里备料准备做菜。
① 洗手间 ② 客厅 ③ 卧室 ④ 厨房
(3) 儿子还躺在(　　)上睡觉。
① 床 ② 教室 ③ 商店 ④ 银行
5 아래의 우리말 문장을 보고 빈칸에 알맞은 어휘를 써 보세요.
(1) 我在网店买了________，但是还没有收到。
(2) 爸爸戴着一副黑色的________。
(3) 这张________是谁拍的?
42 다락원 TSC VOCA 마스터

미니 테스트

각 챕터 마지막에 '미니 테스트'를 두어 지금까지 배웠던 어휘들을 다시 한 번 체크할 수 있도록 했습니다.

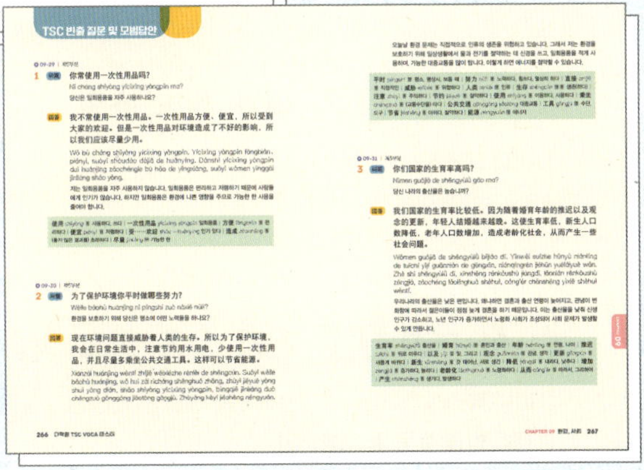
TSC 빈출 질문 및 모범답안
1 你常使用一次性用品吗?
2 为了保护环境你平时做哪些努力?
3 你们国家的生育率高吗?
266 다락원 TSC VOCA 마스터
CHAPTER 09 환경, 사회 267

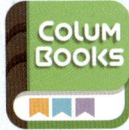

TSC 빈출 질문 및 모범답안

해당 챕터의 주제와 관련하여 시험에서 자주 출제되는 질문 및 모범답안을 정리했습니다.

음원

교재 음원은 '다락원 홈페이지(www.darakwon.co.kr)'와 '콜롬북스' APP에서 MP3 파일 다운로드 및 실시간 재생할 수 있습니다. 스마트폰으로 QR코드를 스캔하면 MP3 다운로드 및 실시간 재생 가능한 페이지로 바로 연결됩니다.

이 책의 순서

- ◆ 저자의 말   3
- ▲ 이 책의 구성   4
- ■ 이 책의 순서   6
- ● 이 책의 표기법   8

CHAPTER 01   사물, 동물, 장소   9
| 미니 테스트   42
| TSC 빈출 질문 및 모범답안   44

CHAPTER 02   여가, 취미, 쇼핑   47
| 미니 테스트   86
| TSC 빈출 질문 및 모범답안   88

CHAPTER 03   건강, 운동, 학교, 학습   91
| 미니 테스트   122
| TSC 빈출 질문 및 모범답안   124

CHAPTER 04   성격, 인물, 습관, 생활   127
| 미니 테스트   142
| TSC 빈출 질문 및 모범답안   144

CHAPTER 05   가정, 관계   147
| 미니 테스트   166
| TSC 빈출 질문 및 모범답안   168

CHAPTER 06　태도, 감정　171
　미니 테스트　190
　TSC 빈출 질문 및 모범답안　192

CHAPTER 07　전자제품, 교통　195
　미니 테스트　216
　TSC 빈출 질문 및 모범답안　218

CHAPTER 08　의식주　221
　미니 테스트　244
　TSC 빈출 질문 및 모범답안　246

CHAPTER 09　환경, 사회　249
　미니 테스트　264
　TSC 빈출 질문 및 모범답안　266

CHAPTER 10　기타　269
　미니 테스트　282
　TSC 빈출 질문 및 모범답안　284

▶ 색인　287

이 책의 표기법

01 중국의 지명은 중국어 발음을 한국어로 표기했습니다.

예) 北京 → 베이징   上海 → 상하이

02 인명은 각 나라에서 실제 사용하는 발음으로 표기했습니다.

예) 小明 → (중국인) 샤오밍   智慧 → (한국인) 지혜

03 품사는 다음과 같은 약자로 표기하였습니다.

품사	약자	품사	약자	품사	약자
명사	명	부사	부	감탄사	감
고유명사	고유	수사	수	조사	조
대사	대	양사	양	동사	동
성어	성	조동사	조동	개사	개
형용사	형	접속사	접	접미사	접미

CHAPTER
01

사물, 동물, 장소

사물, 동물, 장소 관련 어휘는 주로 제2부분과 제3부분에 자주 출제됩니다. 제2부분과 제3부분은 준비 시간이 거의 주어지지 않는 파트인 만큼 어휘를 생각하면 바로 입에서 나올 수 있도록 확실하고 정확하게 암기해 두어야 합니다.

TSC 기본 어휘

제2·3부분

🔊 01-01

书 shū
명 책

- 桌子上有一本书。
  Zhuōzi shang yǒu yì běn shū.
  책상 위에 책 한 권이 있습니다.

- 这本书很有意思。
  Zhè běn shū hěn yǒu yìsi.
  이 책은 매우 재미있습니다.

桌子 zhuōzi 명 책상 | 本 běn 양 (책을 세는 양사) 권 | 有意思 yǒu yìsi 형 재미있다

제2·3부분

🔊 01-02

本子 běnzi
명 노트, 공책, 필기장

- 本子在电脑旁边。
  Běnzi zài diànnǎo pángbiān.
  공책은 컴퓨터 옆에 있습니다.

- 我昨天没来上课，我能借你的本子看看吗？
  Wǒ zuótiān méi lái shàngkè, wǒ néng jiè nǐ de běnzi kànkan ma?
  제가 어제 수업을 못 와서 그러는데, 필기공책 좀 빌려 주실 수 있을까요?

电脑 diànnǎo 명 컴퓨터 | 旁边 pángbiān 명 옆, 곁 | 昨天 zuótiān 명 어제 | 上课 shàngkè 동 수업을 듣다, 수업하다 | 借 jiè 동 빌리다, 빌려 주다 | 看 kàn 동 보다, 구경하다

제2·3부분

◉ 01-03

词典 cídiǎn
명 사전

- **词典**比书包贵。
  Cídiǎn bǐ shūbāo guì.
  사전이 책가방보다 비쌉니다.

- 这本**词典**对我的汉语学习有很大的帮助。
  Zhè běn cídiǎn duì wǒ de Hànyǔ xuéxí yǒu hěn dà de bāngzhù.
  이 사전은 저의 중국어 학습에 많은 도움이 됩니다.

书包 shūbāo 명 책가방 | 贵 guì 형 비싸다 | 汉语 Hànyǔ 명 중국어 | 学习 xuéxí 동 공부하다 | 帮助 bāngzhù 명 도움 동 돕다

TIP 사전, 책 종류 관련 어휘

电子词典 diànzǐ cídiǎn 명 전자 사전 | 字典 zìdiǎn 명 자전 | 小说 xiǎoshuō 명 소설 | 杂志 zázhì 명 잡지 | 漫画书 mànhuàshū 만화책

제2·3부분

◉ 01-04

圆珠笔 yuánzhūbǐ
명 볼펜

- **圆珠笔**比雨伞更短。
  Yuánzhūbǐ bǐ yǔsǎn gèng duǎn.
  볼펜이 우산보다 더 짧습니다.

- 可以借一下**圆珠笔**吗?
  Kěyǐ jiè yíxià yuánzhūbǐ ma?
  볼펜 좀 빌릴 수 있을까요?

雨伞 yǔsǎn 명 우산 | 短 duǎn 형 짧다 | 可以 kěyǐ 동 ~할 수 있다, ~해도 좋다

CHAPTER 01 사물, 동물, 장소 **11**

01-05 제2·3부분

铅笔 qiānbǐ
명 연필

- 桌子上有一支红色的铅笔。
  Zhuōzi shang yǒu yì zhī hóngsè de qiānbǐ.
  책상 위에는 빨간색 연필이 한 자루 있습니다.

- 我没带铅笔，借我用一下你的铅笔。
  Wǒ méi dài qiānbǐ, jiè wǒ yòng yíxià nǐ de qiānbǐ.
  저 연필을 안 가져 왔는데, 연필 좀 빌려 쓸게요.

支 zhī 양 자루 | 红色 hóngsè 명 빨간색 | 带 dài 동 (몸에) 지니다, 휴대하다 | 用 yòng 동 쓰다, 사용하다

01-06 제2·7부분

书包 shūbāo
명 책가방

- 书包的价格是245元。
  Shūbāo de jiàgé shì èrbǎi sìshíwǔ yuán.
  책가방의 가격은 245위안입니다.

- 这书包装不下这么多东西。
  Zhè shūbāo zhuāngbuxià zhème duō dōngxi.
  이 가방은 이렇게 많은 물건을 담을 수 없습니다.

价格 jiàgé 명 가격, 값 | 装 zhuāng 동 담다, 포장하다 | 东西 dōngxi 명 것, 물건, 사물

> **TIP** 가방 관련 어휘
>
> 公文包 gōngwénbāo 명 서류 가방 | 手提包 shǒutíbāo 명 핸드백 | 钱包 qiánbāo 명 지갑 | 化妆包 huàzhuāngbāo 파우치, 메이크업 가방

钱包 qiánbāo
몡 지갑

- **钱包**在杯子旁边。
  Qiánbāo zài bēizi pángbiān.
  지갑은 컵 옆에 있습니다.

- 我不小心把新买的**钱包**落在洗手间了。
  Wǒ bù xiǎoxīn bǎ xīn mǎi de qiánbāo là zài xǐshǒujiān le.
  제가 조심하지 못하고 새로 산 지갑을 화장실에 두고 왔습니다.

杯子 bēizi 몡 컵 | 旁边 pángbiān 몡 옆, 곁, 근처 | 小心 xiǎoxīn 동 조심하다, 주의하다 | 落 là 동 빠뜨리다, 가져오는 것을 잊어버리다 | 洗手间 xǐshǒujiān 몡 화장실

桌子 zhuōzi
몡 탁자, 테이블, 책상

- **桌子**上有电话和闹钟。
  Zhuōzi shang yǒu diànhuà hé nàozhōng.
  테이블 위에는 전화기와 알람시계가 있습니다.

- 她的小狗在**桌子**下面看着**桌子**上面的杯子。
  Tā de xiǎogǒu zài zhuōzi xiàmiàn kànzhe zhuōzi shàngmiàn de bēizi.
  그녀의 강아지가 책상 아래에서 책상 위에 있는 컵을 보고 있습니다.

电话 diànhuà 몡 전화기 | 闹钟 nàozhōng 몡 알람시계 | 小狗 xiǎogǒu 몡 강아지 | 下面 xiàmiàn 몡 (물체의) 밑, 아래 | 上面 shàngmiàn 몡 위, 위쪽

椅子 yǐzi
명 의자

- 他坐在椅子上看电视。
  Tā zuòzài yǐzi shang kàn diànshì.
  그는 의자에 앉아서 텔레비전을 봅니다.

- 女人坐在椅子上，一边看书一边听音乐。
  Nǚrén zuòzài yǐzi shang, yìbiān kàn shū yìbiān tīng yīnyuè.
  여자는 의자에 앉아서 책을 보며 음악을 듣고 있습니다.

坐 zuò 동 앉다 | 电视 diànshì 명 텔레비전, TV | 女人 nǚrén 명 여자, 여성 | 一边……一边…… yìbiān……yìbiān…… ~하면서 ~하다 | 书 shū 명 책 | 听 tīng 동 듣다 | 音乐 yīnyuè 명 음악

床 chuáng
명 침대

- 床上有一顶帽子。
  Chuáng shang yǒu yì dǐng màozi.
  침대 위에 모자 하나가 있습니다.

- 儿子还躺在床上睡觉。
  Érzi hái tǎngzài chuáng shang shuìjiào.
  아들은 여전히 침대에 누워서 자고 있습니다.

顶 dǐng 양 머리에 쓰는 것을 세는 양사 | 帽子 màozi 명 모자 | 儿子 érzi 명 아들 | 还 hái 부 여전히 | 睡觉 shuìjiào 동 (잠을) 자다

◉ 01-11 제2·7부분

沙发 shāfā
명 소파

- 沙发上有两只猫。
  Shāfā shang yǒu liǎng zhī māo.
  소파 위에는 고양이 두 마리가 있습니다.

- 儿子发现妈妈正在沙发上看着自己的电影杂志。
  Érzi fāxiàn māma zhèngzài shāfā shang kànzhe zìjǐ de diànyǐng zázhì.
  아들은 엄마가 소파에 앉아 자신의 영화 잡지책을 보고 있는 것을 발견했습니다.

只 zhī 양 마리 | **猫** māo 명 고양이 | **发现** fāxiàn 동 발견하다 | **正在** zhèngzài 부 지금 ~하고 있다 | **自己** zìjǐ 대 자기, 자신, 스스로 | **电影** diànyǐng 명 영화 | **杂志** zázhì 명 잡지

◉ 01-12 제2·6·7부분

箱子 xiāngzi
명 상자, 트렁크, 박스

- 箱子里有一双运动鞋。
  Xiāngzi li yǒu yì shuāng yùndòngxié.
  상자 안에 운동화 한 켤레가 있습니다.

- 回家后打开箱子一看，发现鞋上有污点。
  Huí jiā hòu dǎ kāi xiāngzi yí kàn, fāxiàn xié shang yǒu wūdiǎn.
  집에 와서 박스를 열어 보고서 신발에 얼룩이 있는 것을 발견했습니다.

双 shuāng 양 짝, 켤레 | **运动鞋** yùndòngxié 명 운동화 | **回家** huí jiā 동 귀가하다 | **打开** dǎ kāi 동 열다, 풀다 | **鞋** xié 명 신발 | **污点** wūdiǎn 명 자국, 얼룩

01-13 电脑 diànnǎo
제2·3·4·6·7부분

명 컴퓨터

- 我新买的电脑用了还不到一个星期怎么也开不了机了。
  Wǒ xīn mǎi de diànnǎo yòngle hái bú dào yí gè xīngqī zěnme yě kāibuliǎo jī le.
  제가 새로 구매한 컴퓨터가 사용한지 아직 일주일도 되지 않았는데 어떻게 해도 켜지지 않습니다.

- 电脑是我们生活、学习、工作的好帮手。
  Diànnǎo shì wǒmen shēnghuó, xuéxí, gōngzuò de hǎo bāngshou.
  컴퓨터는 우리의 생활, 학습, 일의 좋은 도우미입니다.

星期 xīngqī 명 요일 | 怎么 zěnme 대 어떻게, 어째서 | 开机 kāi jī 동 기계, 컴퓨터 등을 켜다 | 生活 shēnghuó 명동 생활(하다), 살다, 생존하다 | 学习 xuéxí 동 학습하다 | 工作 gōngzuò 명동 일(하다), 작업(하다) | 帮手 bāngshou 명 돕는 사람, 조수, 도우미

01-14 电话 diànhuà
제2·3·4부분

명 전화기, 전화

- 电话旁边有一本杂志。
  Diànhuà pángbiān yǒu yì běn zázhì.
  전화기 옆에 잡지 한 권이 있습니다.

- 别忘了给我打电话。
  Bié wàngle gěi wǒ dǎ diànhuà.
  저에게 전화하는 거 잊지 마세요.

旁边 pángbiān 명 옆, 근처 | 杂志 zázhì 명 잡지 | 忘 wàng 동 (지난 일을) 잊다, 망각하다 | 打电话 dǎ diànhuà 전화하다, 전화를 걸다

TIP 전화 관련 동사

打 dǎ	打电话 : 전화를 걸다 他正在打电话。 그는 통화 중입니다. Tā zhèngzài dǎ diànhuà. 你现在给他打电话，他准保会来。 Nǐ xiànzài gěi tā dǎ diànhuà, tā zhǔnbǎo huì lái. 당신이 지금 그에게 전화하면 그는 바로 올 것입니다.
接 jiē	接电话 : 전화를 받다 你先接电话！ 당신이 먼저 전화 받아요! Nǐ xiān jiē diànhuà!
留 liú	留电话 : 전화 번호를 남기다 留电话，我一会儿再给你打电话。 Liú diànhuà, wǒ yíhuìr zài gěi nǐ dǎ diànhuà. 전화번호를 남겨 주시면 제가 이따가 다시 전화할게요.

○ 01-15   제2·3·4·6·7부분

电视 diànshì
명 텔레비전, TV

- 看**电视**是我的爱好，可以缓解压力，让我心情愉快。
  Kàn diànshì shì wǒ de àihào, kěyǐ huǎnjiě yālì, ràng wǒ xīnqíng yúkuài.
  텔레비전을 보는 것은 제 취미로, 스트레스를 풀 수 있어서 기분이 좋아집니다.

- 我平时工作很忙，只有周末才有时间和家人一起看**电视**。
  Wǒ píngshí gōngzuò hěn máng, zhǐyǒu zhōumò cái yǒu shíjiān hé jiārén yìqǐ kàn diànshì.
  저는 평소에 일이 바빠서 주말이 되어야 비로서 가족과 함께 텔레비전을 볼 시간이 생깁니다.

爱好 àihào 명 취미, 기호 | 缓解 huǎnjiě 동 (정도가) 완화되다, (정도를) 완화시키다 | 压力 yālì 명 (정신적, 심리적인) 스트레스, 압력 | 让 ràng 동 ~하게 하다, ~하도록 시키다 | 心情 xīnqíng 명 심정, 기분 | 愉快 yúkuài 명 기쁘다, 유쾌하다 | 平时 píngshí 명 평소, 평상시 | 只有 zhǐyǒu 접 ~해야만 ~이다 | 周末 zhōumò 명 주말 | 时间 shíjiān 명 시간 | 家人 jiārén 명 가족, 식구 | 一起 yìqǐ 명 함께, 같이

CHAPTER 01 사물, 동물, 장소 **17**

01-16 제2·3·4·5·6·7부분

手机 shǒujī
명 휴대전화

- **手机**给人们生活带来了很大的便利。
  Shǒujī gěi rénmen shēnghuó dàiláile hěn dà de biànlì.
  휴대전화는 사람들 생활에 아주 큰 편리함을 가져다 주었습니다.

- 下车时，他不小心把**手机**丢了。
  Xiàchē shí, tā bù xiǎoxīn bǎ shǒujī diū le.
  차에서 내릴 때, 그는 실수로 휴대전화를 잃어버렸습니다.

生活 shēnghuó 명 생활 | 带来 dàilái 동 가져오다, 가져다 주다 | 便利 biànlì 형 편리하다 | 下车 xià chē 동 (차, 기차 따위에서) 내리다 | 小心 xiǎoxīn 동 조심하다, 주의하다 | 丢 diū 동 잃다, 잃어버리다

01-17 제2·3부분

照片 zhàopiàn
명 사진

- **照片**里有三个人。
  Zhàopiàn li yǒu sān gè rén.
  사진에는 세 사람이 있습니다.

- 这张**照片**是谁拍的?
  Zhè zhāng zhàopiàn shì shéi pāi de?
  이 사진은 누가 찍은 건가요?

人 rén 명 사람 | 谁 shéi 대 누구, 누가 | 拍 pāi 동 (사진을) 찍다, 촬영하다

01-18 车 chē

제2·3부분

명 자동차

- 我们坐车去好还是坐地铁去好呢?
  Wǒmen zuò chē qù hǎo háishi zuò dìtiě qù hǎo ne?
  우리 차 타고 가는 것이 좋을까요 아니면 지하철 타고 가는 것이 좋을까요?

- 你是坐车来的吗?
  Nǐ shì zuò chē lái de ma?
  당신은 차를 타고 왔나요?

地铁 dìtiě 명 지하철

01-19 画 huà

제2·3부분

동 (그림을) 그리다 명 그림

- 墙上挂着一幅画。
  Qiáng shang guàzhe yì fú huà.
  벽에 그림 한 폭이 걸려 있습니다.

- 你画画儿画得好吗?
  Nǐ huà huàr huà de hǎo ma?
  당신은 그림을 잘 그리나요?

墙 qiáng 명 벽 | 挂 guà 동 걸다, 걸리다 | 幅 fú 양 폭[옷감, 종이, 그림 등을 세는 단위]

◉ 01-20 제2·3·7부분

杯子 bēizi
명 컵, 잔

- 杯子在照相机左边。
  Bēizi zài zhàoxiàngjī zuǒbian.
  컵은 카메라 왼쪽에 있습니다.

- 这个杯子是什么时候买的?
  Zhège bēizi shì shénme shíhou mǎi de?
  이 컵은 언제 산 것인가요?

照相机 zhàoxiàngjī 명 카메라 | 左边 zuǒbian 명 왼쪽 | 什么时候 shénme shíhou 언제, 어느 때 | 买 mǎi 동 사다

◉ 01-21 제2·3·6부분

花瓶 huāpíng
명 꽃병

- 桌子上有花瓶和手机。
  Zhuōzi shang yǒu huāpíng hé shǒujī.
  탁자 위에는 꽃병과 휴대전화가 있습니다.

- 我在网店买了花瓶，但是还没有收到。
  Wǒ zài wǎngdiàn mǎile huāpíng, dànshì hái méiyǒu shōudào.
  인터넷 상점에서 꽃병을 샀는데, 아직도 못 받았습니다.

桌子 zhuōzi 명 탁자, 테이블 | 网店 wǎngdiàn 명 인터넷 상점 | 但是 dànshì 접 그러나, 그렇지만 | 还 hái 부 아직, 여전히 | 收 shōu 동 받다

手表 shǒubiǎo
명 손목시계

- 您想买什么样的手表?
  Nín xiǎng mǎi shénmeyàng de shǒubiǎo?
  당신은 어떤 시계를 사고 싶으신가요?

- 我前几天在你们商店买了这块手表，但是用了还不到两天就坏了。
  Wǒ qián jǐ tiān zài nǐmen shāngdiàn mǎile zhè kuài shǒubiǎo, dànshì yòngle hái bú dào liǎng tiān jiù huài le.
  며칠 전에 당신네 가게에서 손목시계 하나를 구매했는데, 사용한지 이틀도 되지 않아 망가졌습니다.

想 xiǎng 동 ~하고 싶다 | 什么样 shénmeyàng 대 어떠한 | 几天 jǐ tiān 명 며칠 | 商店 shāngdiàn 명 상점, 가게 | 用 yòng 동 사용하다 | 两天 liǎng tiān 명 이틀, 이삼 일 | 坏 huài 동 망가지다

雨伞 yǔsǎn
명 우산

- 你能借我用一下你的雨伞吗?
  Nǐ néng jiè wǒ yòng yíxià nǐ de yǔsǎn ma?
  우산 좀 빌려 주실 수 있나요?

- 我把刚买的雨伞落在车上了。
  Wǒ bǎ gāng mǎi de yǔsǎn làzài chē shang le.
  방금 산 우산을 차에 두고 내렸습니다.

借 jiè 동 빌리다 | 刚 gāng 부 방금 | 落 là 동 빠뜨리다, 가져오는 것을 잊어버리다

◎ 01-24 제2·7부분

眼镜 yǎnjìng
명 안경

- 眼镜比帽子贵。
  Yǎnjìng bǐ màozi guì.
  안경이 모자보다 비쌉니다.

- 爸爸戴着一副黑色的眼镜。
  Bàba dàizhe yí fù hēisè de yǎnjìng.
  아빠는 검정색 안경을 쓰고 계십니다.

比 bǐ 개 ~보다, ~에 비해 | 帽子 màozi 명 모자 | 戴 dài 동 착용하다 | 黑色 hēisè 명 검정색

TIP 戴와 짝을 이루는 관련 어휘

帽子 màozi 명 모자 | 项链 xiàngliàn 명 목걸이 | 耳环 ěrhuán 명 귀걸이 | 手链 shǒuliàn 명 팔찌 | 戒指 jièzhi 명 반지 | 手套 shǒutào 명 장갑

◎ 01-25 제2·3부분

照相机 zhàoxiàngjī
명 카메라, 사진기

- 照相机右边有一台笔记本电脑。
  Zhàoxiàngjī yòubian yǒu yì tái bǐjìběn diànnǎo.
  카메라 오른쪽에 노트북 컴퓨터 한 대가 있습니다.

- 这台照相机太旧了，你还是买一个新的吧。
  Zhè tái zhàoxiàngjī tài jiù le, nǐ háishi mǎi yí gè xīn de ba.
  이 카메라 너무 낡았으니 당신 새로 하나 사는 것이 좋겠어요.

笔记本电脑 bǐjìběn diànnǎo 명 노트북 컴퓨터 | 旧 jiù 형 헐다, 낡다 | 新 xīn 형 새로운

제2·4·7부분

01-26

猫 māo
명 고양이

- 猫有6公斤。
  Māo yǒu liù gōngjīn.
  고양이는 6kg입니다.

- 猫给我带来了很大的乐趣。
  Māo gěi wǒ dàiláile hěn dà de lèqù.
  고양이는 저에게 큰 즐거움을 가져다 주었습니다.

公斤 gōngjīn 킬로그램(kg) | 带来 dàilái 가져오다, 가져다 주다 | 乐趣 lèqù 명 즐거움

> **TIP** 동물 관련 어휘
>
> 狗 gǒu 명 개 | 鸡 jī 명 닭 | 兔子 tùzi 명 토끼 | 猪 zhū 명 돼지 | 牛 niú 명 소 | 鸟 niǎo 명 새 | 老虎 lǎohǔ 명 호랑이 | 熊猫 xióngmāo 명 판다 | 猴子 hóuzi 명 원숭이 | 老鼠 lǎoshǔ 명 쥐

제2·3부분

01-27

花 huā
명 꽃

- 他在买一束花。
  Tā zài mǎi yí shù huā.
  그는 꽃 한 다발을 사고 있습니다.

- 这些花真漂亮!
  Zhèxiē huā zhēn piàoliang!
  이 꽃들 정말 예쁘네요!

买 mǎi 동 사다, 구매하다 | 束 shù 양 묶음, 다발 | 漂亮 piàoliang 형 예쁘다

01-28 제2·3부분

银行 yínháng
명 은행

- **银行**的电话号码是多少?
  Yínháng de diànhuà hàomǎ shì duōshao?
  은행의 전화번호는 몇 번인가요?

- **银行**对面是公园。
  Yínháng duìmiàn shì gōngyuán.
  은행 맞은편은 공원입니다.

电话号码 diànhuà hàomǎ 명 전화번호 | 多少 duōshao 대 얼마, 몇 | 对面 duìmiàn 명 맞은편, 건너편 | 公园 gōngyuán 명 공원

01-29 제2·3·6·7부분

商店 shāngdiàn
명 상점

- 我昨天在**商店**里看到你了。
  Wǒ zuótiān zài shāngdiàn li kàndào nǐ le.
  저 어제 상점에서 당신을 봤어요.

- 他经过**商店**时，发现了他很喜欢的钱包正在打折。
  Tā jīngguò shāngdiàn shí, fāxiànle tā hěn xǐhuan de qiánbāo zhèngzài dǎzhé.
  그는 상점을 지나갈 때 그가 좋아하는 지갑이 할인 중인 것을 발견했습니다.

昨天 zuótiān 명 어제 | 看到 kàndào 동 보다, 보이다 | 经过 jīngguò 동 지나다 | 发现 fāxiàn 동 발견하다 | 钱包 qiánbāo 명 지갑 | 正在 zhèngzài 부 지금 ~하고 있다 | 打折 dǎzhé 동 할인하다

제2·3부분

🔊 01-30

机场 jīchǎng
명 공항

- 我家离**机场**不远。
  Wǒ jiā lí jīchǎng bù yuǎn.
  우리 집은 공항에서 멀지 않습니다.

- 从我家到**机场**大概需要一个小时。
  Cóng wǒ jiā dào jīchǎng dàgài xūyào yí gè xiǎoshí.
  우리 집에서 공항까지는 대략 한 시간 정도 걸립니다.

离 lí 개 ~에서, ~로부터 | 远 yuǎn 형 멀다 | 从 cóng 개 ~부터 | 大概 dàgài 부 아마, 대개 | 需要 xūyào 동 필요하다 | 小时 xiǎoshí 명 시간

제2·3부분

🔊 01-31

邮局 yóujú
명 우체국

- **邮局**在银行旁边。
  Yóujú zài yínháng pángbiān.
  우체국은 은행 옆에 있습니다.

- 请问，**邮局**怎么走?
  Qǐngwèn, yóujú zěnme zǒu?
  말씀 좀 묻겠습니다. 우체국은 어떻게 가나요?

银行 yínháng 명 은행 | 旁边 pángbiān 명 옆, 근처 | 请问 qǐngwèn 동 말씀 좀 여쭙겠습니다 | 怎么 zěnme 대 어떻게 | 走 zǒu 동 가다

제2·3부분

🔊 01-32

超市 chāoshì

圄 슈퍼마켓, 마트

- 我们一起去**超市**买菜，怎么样？
  Wǒmen yìqǐ qù chāoshì mǎi cài, zěnmeyàng?
  우리 같이 마트에 가서 장봐요. 어때요?

- 我家附近新开了一家大型**超市**。
  Wǒ jiā fùjìn xīn kāile yì jiā dàxíng chāoshì.
  우리 집 근처에 대형 마트 하나가 새로 오픈했습니다.

一起 yìqǐ 囝 같이, 함께 | 买菜 mǎi cài 통 장보다 | 附近 fùjìn 囘 근처, 부근 | 大型 dàxíng 囹 대형의

제2·3·4부분

🔊 01-33

医院 yīyuàn

圄 병원

- 你要不要去**医院**看病？
  Nǐ yào bú yào qù yīyuàn kànbìng?
  병원에 가서 진찰 받아야 하는 거 아니에요?

- 生病时我一般不去**医院**看病，在药店买药吃。
  Shēngbìng shí wǒ yìbān bú qù yīyuàn kànbìng, zài yàodiàn mǎi yào chī.
  아플 때 저는 보통 병원에 가서 진찰을 받지 않고 약국에서 약을 사 먹습니다.

看病 kànbìng 통 진찰받다 | 生病 shēngbìng 통 병이 나다, 병에 걸리다 | 药店 yàodiàn 囘 약국

> **TIP** 병원 관련 어휘
>
> 医生 yīshēng 囘 의사 | 护士 hùshi 囘 간호사 | 打针 dǎzhēn 통 주사 맞다 | 挂号 guàhào 통 접수하다 | 住院 zhùyuàn 통 입원하다 | 出院 chūyuàn 통 퇴원하다

🔊 01-34　　　　　　　　　　　　　　　　　제2·3부분

饭店 fàndiàn
몡 호텔

- 这家**饭店**的服务非常好。
  Zhè jiā fàndiàn de fúwù fēicháng hǎo.
  이 호텔의 서비스가 매우 좋습니다.

- 喂，您好，是美美**饭店**吗？我想取消预定的房间。
  Wéi, nín hǎo, shì Měiměi fàndiàn ma? Wǒ xiǎng qǔxiāo yùdìng de fángjiān.
  여보세요? 안녕하세요. 미미 호텔이죠? 저는 예약한 방을 취소하고 싶습니다.

服务 fúwù 몡 서비스 | 取消 qǔxiāo 동 취소하다 | 预定 yùdìng 동 예약하다, 예정하다 | 房间 fángjiān 몡 방

🔊 01-35　　　　　　　　　　　　　　　　　제2·7부분

运动场 yùndòngchǎng
몡 운동장

- 他在**运动场**上打篮球。
  Tā zài yùndòngchǎng shang dǎ lánqiú.
  그는 운동장에서 농구를 하고 있습니다.

- 他在**运动场**上跑步。
  Tā zài yùndòngchǎng shang pǎobù.
  그는 운동장에서 달리기를 하고 있습니다.

篮球 lánqiú 몡 농구, 농구공 | 跑步 pǎobù 동 달리다

🔊 01-36　　　　　　　　　　　　　　　제2·3부분

学校 xuéxiào
명 학교

- 你们**学校**什么时候放暑假呢?
  Nǐmen xuéxiào shénme shíhou fàng shǔjià ne?
  당신 학교는 언제 여름 방학을 하나요?

- 你去过**学校**附近的公园吗?
  Nǐ qùguo xuéxiào fùjìn de gōngyuán ma?
  학교 근처 공원에 가봤어요?

放暑假 fàng shǔjià 여름 방학을 하다 | 公园 gōngyuán 명 공원

🔊 01-37　　　　　　　　　　　　　　　제2·3부분

快餐店 kuàicāndiàn
명 패스트푸드점

- 今天下课后我们一起去**快餐店**吃汉堡, 怎么样?
  Jīntiān xiàkè hòu wǒmen yìqǐ qù kuàicāndiàn chī hànbǎo, zěnmeyàng?
  오늘 수업 마치고 우리 같이 패스트푸드점 가서 햄버거 먹는 거 어때요?

- 听说公司附近的**快餐店**很好吃。
  Tīngshuō gōngsī fùjìn de kuàicāndiàn hěn hǎochī.
  듣자 하니 회사 근처 패스트푸드점이 맛있대요.

今天 jīntiān 명 오늘 | 下课 xiàkè 통 수업이 끝나다 | 汉堡 hànbǎo 명 햄버거 | 听说 tīngshuō 통 듣자 하니 | 公司 gōngsī 명 회사 | 附近 fùjìn 명 부근, 근처 | 好吃 hǎochī 형 맛있다

TIP 패스트푸드 관련 어휘

汉堡包 hànbǎobāo 명 햄버거 | 比萨 bǐsà 명 피자 | 薯条 shǔtiáo 명 감자튀김

◎ 01-38　　　　　　　　　　　　　　　　　　　　제2·3부분

图书馆 túshūguǎn
명 도서관

- 我在**图书馆**借了两本汉语书。
  Wǒ zài túshūguǎn jièle liǎng běn Hànyǔ shū.
  저는 도서관에서 중국어책 두 권을 빌렸습니다.

- 这个周末我们一起去**图书馆**准备考试，好吗?
  Zhège zhōumò wǒmen yìqǐ qù túshūguǎn zhǔnbèi kǎoshì, hǎo ma?
  이번 주말에 우리 같이 도서관에 가서 시험 준비해요. 어때요?

借 jiè 동 빌리다 | 汉语 Hànyǔ 명 중국어, 한어 | 周末 zhōumò 명 주말 | 准备 zhǔnbèi 명동 준비(하다) | 考试 kǎoshì 명동 시험(을 보다)

◎ 01-39　　　　　　　　　　　　　　　　　　　　제2·3부분

咖啡厅 kāfēitīng
명 카페, 커피숍

- 我每天早上去**咖啡厅**喝一杯果汁。
  Wǒ měi tiān zǎoshang qù kāfēitīng hē yì bēi guǒzhī.
  저는 매일 아침 카페에 가서 과일 주스 한 잔을 마십니다.

- 我觉得这家**咖啡厅**有点儿贵。
  Wǒ juéde zhè jiā kāfēitīng yǒudiǎnr guì.
  제 생각에는 이 카페가 조금 비싼 것 같습니다.

每天 měi tiān 명 매일 | 早上 zǎoshang 명 아침 | 果汁 guǒzhī 명 과일 주스 | 有点儿 yǒudiǎnr 부 조금, 약간 | 贵 guì 형 비싸다

公园 gōngyuán

몡 공원

- 有时候去公园散步，有时候去健身房运动。
  Yǒushíhou qù gōngyuán sànbù, yǒushíhou qù jiànshēnfáng yùndòng.
  때로는 공원에 가서 산책을 하고, 때로는 헬스장에 가서 운동을 합니다.

- 听天气预报说今天下午会下大雨，我们改天再去公园玩儿吧。
  Tīng tiānqì yùbào shuō jīntiān xiàwǔ huì xià dàyǔ, wǒmen gǎitiān zài qù gōngyuán wánr ba.
  일기 예보에 따르면 오늘 오후에 비가 많이 온대요. 우리 다른 날 다시 공원에 가서 놀아요.

有时候 yǒushíhou 뷔 가끔씩 | **散步** sànbù 통 산책하다 | **健身房** jiànshēnfáng 몡 헬스장 | **运动** yùndòng 몡통 운동(하다) | **天气预报** tiānqì yùbào 일기 예보 | **下午** xiàwǔ 몡 오후 | **下雨** xià yǔ 통 비가 오다 | **改天** gǎitiān 몡 다른 날 | **玩儿** wánr 통 놀다, 즐기다

教室 jiàoshì

몡 교실

- 教室里有四个人。
  Jiàoshì li yǒu sì gè rén.
  교실에 네 사람이 있습니다.

- 他们在504号教室上课。
  Tāmen zài wǔ líng sì hào jiàoshì shàngkè.
  그들은 504호 교실에서 수업합니다.

号 hào 몡 번호, 호수 | **上课** shàngkè 통 수업하다, 수업을 듣다

제2·3·4부분

🔊 01-42

动物园 dòngwùyuán
몡 동물원

- 我喜欢去**动物园**。
  Wǒ xǐhuan qù dòngwùyuán.
  저는 동물원에 가는 것을 좋아합니다.

- 这个星期五我要跟家人一起去**动物园**玩儿。
  Zhège xīngqīwǔ wǒ yào gēn jiārén yìqǐ qù dòngwùyuán wánr.
  이번주 금요일에 가족들과 함께 동물원에 가서 놀 것입니다.

喜欢 xǐhuan 통 좋아하다 | 星期五 xīngqīwǔ 금요일 | 跟 gēn 개 ~와 | 家人 jiārén 몡 식구, 가족

제2·3·4·6부분

🔊 01-43

电影院 diànyǐngyuàn
몡 영화관

- 他在**电影院**看电影。
  Tā zài diànyǐngyuàn kàn diànyǐng.
  그는 영화관에서 영화를 보고 있습니다.

- 在我家附近，有我经常去的**电影院**。
  Zài wǒ jiā fùjìn, yǒu wǒ jīngcháng qù de diànyǐngyuàn.
  우리 집 근처에 자주 가는 영화관이 있습니다.

电影 diànyǐng 몡 영화 | 附近 fùjìn 몡 근처, 부근 | 经常 jīngcháng 뷔 늘, 항상, 자주

> **TIP** 영화 종류 관련 어휘
>
> 动作片 dòngzuòpiàn 액션 영화 | 喜剧片 xǐjùpiàn 코미디 영화 | 爱情片 àiqíngpiàn 로맨스 영화 |
> 恐怖片 kǒngbùpiàn 공포 영화 | 纪录片 jìlùpiàn 다큐멘터리 영화

제3·4·6부분

书店 shūdiàn

명 서점, 책방

- 我喜欢去**书店**看书，却不喜欢买书。
  Wǒ xǐhuan qù shūdiàn kàn shū, què bù xǐhuan mǎi shū.
  저는 서점에 가서 책 보는 것을 좋아하지만, 사는 것을 좋아하지는 않습니다.

- 我闲的没事就去**书店**看小说。
  Wǒ xián de méishì jiù qù shūdiàn kàn xiǎoshuō.
  저는 한가하면 서점에 가서 소설을 봅니다.

却 què 도리어, 오히려 | 闲 xián 형 일이 없다, 한가하다 | 여가, 틈 | 没事 méishì 통 일이 없다, 한가하다 | 小说 xiǎoshuō 명 소설

제2·3부분

花店 huādiàn

명 꽃집, 꽃가게

- 这儿附近没有**花店**。
  Zhèr fùjìn méiyǒu huādiàn.
  여기 근처에는 꽃집이 없습니다.

- 离这儿不远就有一家**花店**，我们去那儿买玫瑰花吧。
  Lí zhèr bù yuǎn jiù yǒu yì jiā huādiàn, wǒmen qù nàr mǎi méiguīhuā ba.
  여기에서 멀지 않은 곳에 꽃집이 있어요. 우리 거기 가서 장미 사요.

离 lí 개 ~에서, ~로부터 | 远 yuǎn 형 (공간적·시간적으로) 멀다 | 玫瑰花 méiguīhuā 명 장미

🔊 01-46　　　　　　　　　　　　　　　　제2·3부분

水果店 shuǐguǒdiàn
명 과일 가게

- 那家**水果店**的水果很新鲜。
  Nà jiā shuǐguǒdiàn de shuǐguǒ hěn xīnxiān.
  저 과일 가게의 과일은 신선합니다.

- 这个苹果是在学校附近的**水果店**买的吗?
  Zhège píngguǒ shì zài xuéxiào fùjìn de shuǐguǒdiàn mǎi de ma?
  이 사과는 학교 근처 과일 가게에서 산 것인가요?

新鲜 xīnxiān 형 신선하다 | 苹果 píngguǒ 명 사과 | 学校 xuéxiào 명 학교

> **TIP** 과일 관련 어휘
>
> 橘子 júzi 명 귤 | 梨子 lízi 명 배 | 西瓜 xīguā 명 수박 | 香蕉 xiāngjiāo 명 바나나 | 葡萄 pútáo 명 포도 | 草莓 cǎoméi 명 딸기 | 甜瓜 tiánguā 명 참외 | 李子 lǐzi 명 자두

🔊 01-47　　　　　　　　　　　　　　　　제2·3부분

便利店 biànlìdiàn
명 편의점

- 我常去**便利店**买方便食品吃。
  Wǒ cháng qù biànlìdiàn mǎi fāngbiàn shípǐn chī.
  저는 편의점에 자주 가서 인스턴트 식품을 사 먹습니다.

- 请问，这儿哪儿有**便利店**?
  Qǐngwèn, zhèr nǎr yǒu biànlìdiàn?
  말씀 좀 여쭙겠습니다. 여기 편의점이 어디에 있나요?

方便食品 fāngbiàn shípǐn 인스턴트 식품 | 哪儿 nǎr 대 어디, 어느 곳

◎ 01-48   제2·3·6부분

洗手间 xǐshǒujiān
명 화장실

- 他在洗手间洗手。
  Tā zài xǐshǒujiān xǐ shǒu.
  그는 화장실에서 손을 씻고 있습니다.

- 我把新买的手机落在洗手间里了。
  Wǒ bǎ xīn mǎi de shǒujī làzài xǐshǒujiān li le.
  저는 새로 산 휴대전화를 화장실에 두고 왔습니다.

洗手 xǐ shǒu 통 손을 씻다 | 手机 shǒujī 명 휴대전화 | 落 là 통 빠뜨리다, 가져오는 것을 잊어버리다

◎ 01-49   제2·3부분

地铁站 dìtiězhàn
명 지하철역

- 地铁站对面是花店。
  Dìtiězhàn duìmiàn shì huādiàn.
  지하철역 맞은편은 꽃집입니다.

- 我家附近有地铁站，所以常坐地铁上班。
  Wǒ jiā fùjìn yǒu dìtiězhàn, suǒyǐ cháng zuò dìtiě shàngbān.
  우리 집 주변에 지하철역이 있어서, 자주 지하철을 타고 출근합니다.

对面 duìmiàn 명 맞은편 | 花店 huādiàn 명 꽃집 | 常 cháng 부 늘, 자주 | 地铁 dìtiě 명 지하철 |
上班 shàngbān 통 출근하다

◉ 01-50   제2·3·6부분

游乐场 yóulèchǎng
명 놀이공원, 유원지

- 因为我明天有事，所以不能和你一起去游乐场。
  Yīnwèi wǒ míngtiān yǒu shì, suǒyǐ bù néng hé nǐ yìqǐ qù yóulèchǎng.
  저 내일 일이 있어서 같이 놀이공원 못 갈 것 같아요.

- 游乐场里的游戏真是五花八门，让人一去就舍不得回家。
  Yóulèchǎng li de yóuxì zhēnshi wǔhuā-bāmén, ràng rén yí qù jiù shěbude huí jiā.
  놀이공원 안의 게임은 정말 다양해서, 한번 가면 집에 돌아가기 아쉽습니다.

因为 yīnwèi 접 왜냐하면 | 明天 míngtiān 명 내일 | 有事 yǒu shì 동 일이 있다, 용무가 있다 | 所以 suǒyǐ 접 그래서, 그러므로 | 一起 yìqǐ 부 함께, 같이 | 游戏 yóuxì 명 게임, 놀이 | 真是 zhēnshi 부 정말, 사실상, 실로(강조를 나타냄) | 五花八门 wǔhuā-bāmén 성 각양각색, 다양하다, 형형색색 | 舍不得 shěbude 동 미련이 남다, 헤어지기 섭섭해하다, ~하지 못하다 | 回家 huí jiā 동 집으로 돌아가다, 귀가하다

◉ 01-51   제2·3부분

游泳池 yóuyǒngchí
명 수영장

- 他在游泳池游泳。
  Tā zài yóuyǒngchí yóuyǒng.
  그는 수영장에서 수영을 하고 있습니다.

- 明天你有空的话，咱们一起去游泳池游泳吧。
  Míngtiān nǐ yǒu kòng dehuà, zánmen yìqǐ qù yóuyǒngchí yóuyǒng ba.
  내일 시간 괜찮으면, 우리 같이 수영장에 수영하러 가요.

游泳 yóuyǒng 명동 수영(하다) | 空 kòng 명 공간, 틈, 짬 | 的话 dehuà 조 ~하다면, ~이면 | 咱们 zánmen 대 우리

◎ 01-52   제2·3·4·6·7부분

餐厅 cāntīng
명 식당

- 这家**餐厅**的服务很好。
  Zhè jiā cāntīng de fúwù hěn hǎo.
  이 식당의 서비스가 좋습니다.

- 我家对面新开了一家**餐厅**，
  顾客源源不断，门庭若市，生意非常红火。
  Wǒ jiā duìmiàn xīn kāile yì jiā cāntīng,
  gùkè yuányuán búduàn, méntíng-ruòshì, shēngyi fēicháng hónghuo.
  우리 집 맞은편에 식당 하나가 오픈했는데, 고객이 끊기지 않고, 문전성시를 이루고, 장사가 매우 잘 됩니다.

服务 fúwù 명 서비스 | 顾客 gùkè 명 고객, 손님 | 源源不断 yuányuán búduàn 성 연이어 끊어지지 않다 | 门庭若市 méntíng-ruòshì 성 문전성시를 이루다 | 生意 shēngyi 명 장사, 영업 | 红火 hónghuo 형 (생계나 사업 따위가) 왕성하다, 번창하다

◎ 01-53   제2·4·7부분

房间 fángjiān
명 방

- **房间**里有两只猫。
  Fángjiān li yǒu liǎng zhī māo.
  방 안에 고양이 두 마리가 있습니다.

- 我的**房间**虽不大，但很舒适。
  Wǒ de fángjiān suī bú dà, dàn hěn shūshì.
  제 방은 크지는 않지만 편안합니다.

只 zhī 양 마리 | 猫 māo 명 고양이 | 虽 suī 접 비록 ~이지만 | 舒适 shūshì 형 편하다

◎ 01-54

厨房 chúfáng

명 주방, 부엌

- **厨房**对面就是我的房间。
  Chúfáng duìmiàn jiùshì wǒ de fángjiān.
  주방 맞은편이 제 방입니다.

- 今天是妈妈的生日，孩子为了妈妈在**厨房**里备料准备做菜。
  Jīntiān shì māma de shēngrì, háizi wèile māma zài chúfáng li bèiliào zhǔnbèi zuò cài.
  오늘은 엄마의 생신이라서 아이는 엄마를 위해 주방에서 재료를 준비하며 요리할 준비를 하고 있습니다.

生日 shēngrì 명 생일 | 孩子 háizi 명 아이 | 为了 wèile 개 ~을 하기 위해서 | 备料 bèiliào 동 원자재를 준비하다 | 准备 zhǔnbèi 동 준비하다 | 做菜 zuò cài 동 요리를 하다

TSC 고급 어휘

제2·3부분

◉ 01-55

衣柜 yīguì

몡 옷장, 장롱

- 我想买又漂亮又便宜的衣柜。
  Wǒ xiǎng mǎi yòu piàoliang yòu piányi de yīguì.
  저는 예쁘면서도 저렴한 옷장을 사고 싶습니다.

- 衣柜旁边有一张床。
  Yīguì pángbiān yǒu yì zhāng chuáng.
  옷장 옆에는 침대 하나가 있습니다.

又……又 yòu……yòu ~하기도 하고 ~하기도 하다 | 漂亮 piàoliang 혱 예쁘다 | 便宜 piányi 혱 (값이) 싸다, 저렴하다 | 床 chuáng 몡 침대

제2·3부분

◉ 01-56

冰箱 bīngxiāng

몡 냉장고

- 天太热时，饭菜要放在冰箱里，否则很快就会腐烂。
  Tiān tài rè shí, fàncài yào fàngzài bīngxiāng li, fǒuzé hěn kuài jiù huì fǔlàn.
  날이 너무 더울 때는 요리를 냉장고에 넣어 두어야 하는데, 그렇지 않으면 빨리 상합니다.

- 这瓶酸奶忘记放在冰箱里，如今恐怕已经坏了。
  Zhè píng suānnǎi wàngjì fàngzài bīngxiāng li, rújīn kǒngpà yǐjīng huài le.
  요구르트를 냉장고에 넣어 두는 것을 잊어버렸는데, 지금은 아마 이미 상했을 것입니다.

饭菜 fàncài 밥과 반찬, 식사 | 放 fàng 동 넣다, 두다 | 否则 fǒuzé 젭 만약 그렇지 않으면 | 腐烂 fǔlàn 혱 변질되다 | 瓶 píng 병 | 酸奶 suānnǎi 요구르트 | 忘记 wàngjì 동 잊어버리다 | 如今 rújīn 몡 지금, 이제 | 恐怕 kǒngpà 띰 아마 ~일 것이다 | 坏 huài 동 상하게 하다, 망치다, 썩히다

제2·3부분

台灯 táidēng
명 탁상용 전등, 스탠드

- 桌子上有一个台灯。
  Zhuōzi shang yǒu yí gè táidēng.
  탁자 위에 탁상용 전등 하나가 있습니다.

- 这个台灯质量又好价格又便宜。
  Zhège táidēng zhìliàng yòu hǎo jiàgé yòu piányi.
  이 탁상용 전등은 품질도 좋고 가격도 저렴합니다.

桌子 zhuōzi 명 탁자, 테이블 | 质量 zhìliàng 명 품질 | 价格 jiàgé 명 가격 | 便宜 piányi 형 (가격이) 싸다, 저렴하다

제2·3·7부분

毛巾 máojīn
명 수건

- 我们的毛巾有的是绿色的，有的是白色的，还有的是紫色的。
  Wǒmen de máojīn yǒude shì lǜsè de, yǒude shì báisè de, hái yǒude shì zǐsè de.
  우리 수건은 어떤 것은 녹색이고, 어떤 것은 흰색이고, 또 어떤 것은 보라색입니다.

- 哥哥递给妈妈一块儿毛巾，让她擦擦满脸的汗水。
  Gēge dìgěi māma yíkuàir máojīn, ràng tā cāca mǎnliǎn de hànshuǐ.
  오빠가 엄마에게 얼굴에 가득한 땀을 닦으시라고 수건을 건넸습니다.

有的 yǒude 어떤 것 | 绿色 lǜsè 명 초록색 | 白色 báisè 명 흰색 | 紫色 zǐsè 명 보라색 | 递 dì 동 넘겨주다, 건네다 | 擦 cā 동 (천·수건 등으로) 닦다 | 满脸 mǎnliǎn 명 온 얼굴 | 汗水 hànshuǐ 명 땀

CHAPTER 01 사물, 동물, 장소

◯ 01-59   제2·7부분

闹钟 nàozhōng
명 알람시계, 자명종

- 电脑旁边有一个闹钟。
  Diànnǎo pángbiān yǒu yí gè nàozhōng.
  컴퓨터 옆에는 알람시계 하나가 있습니다.

- 因为闹钟坏了，所以今天我起晚了，可是我上学并没有迟到。
  Yīnwèi nàozhōng huài le, suǒyǐ jīntiān wǒ qǐwǎn le, kěshì wǒ shàngxué bìng méiyǒu chídào.
  알람시계가 망가져서 오늘 늦게 일어났는데 학교는 늦지 않았습니다.

电脑 diànnǎo 명 컴퓨터 | **因为** yīnwèi 접 왜냐하면 | **坏** huài 동 망가지다 | **可是** kěshì 접 그러나, 하지만 | **上学** shàngxué 동 등교하다 | **并** bìng 부 결코, 전혀 | **迟到** chídào 동 지각하다

◯ 01-60   제2·3·5부분

报纸 bàozhǐ
명 신문

- 网络新闻不能代替报纸、电视等传统媒体。
  Wǎngluò xīnwén bù néng dàitì bàozhǐ, diànshì děng chuántǒng méitǐ.
  인터넷 뉴스는 신문, 텔레비전 등과 같은 전통 매체를 대체할 수 없습니다.

- 今天的报纸我只草草地看过一遍。
  Jīntiān de bàozhǐ wǒ zhǐ cǎocǎo de kànguo yí biàn.
  오늘 신문을 대충 한 번 훑어 봤습니다.

网络 wǎngluò 명 네트워크, 인터넷 | **新闻** xīnwén 명 뉴스, 새 소식 | **代替** dàitì 동 대체하다 | **电视** diànshì 명 텔레비전, TV | **等** děng 조 등, 따위 | **传统** chuántǒng 명 전통적이다 | **媒体** méitǐ 명 대중매체 | **草草** cǎocǎo 부 허둥지둥, 대충대충 | **遍** biàn 양 번, 차례, 회

◎ 01-61   제2·6·7부분

钥匙 yàoshi
명 열쇠

- 我又忘了带钥匙了。
  Wǒ yòu wàngle dài yàoshi le.
  저는 또 열쇠를 잊어버리고 안 가지고 왔습니다.

- 你好好想想钥匙搁哪儿了。
  Nǐ hǎohǎo xiǎngxiang yàoshi gē nǎr le.
  열쇠를 어디에 두었는지 잘 생각해 봐요.

忘 wàng 동 (지난 일을) 잊다, 망각하다 | 搁 gē 동 놓다, 두다

◎ 01-62   제3·4·5·6부분

补习班 bǔxíbān
명 학원, 보충 학습반

- 我们一起上汉语补习班吧。
  Wǒmen yìqǐ shàng Hànyǔ bǔxíbān ba.
  우리 같이 중국어 학원 다녀요.

- 上外语补习班有助于提高外语水平。
  Shàng wàiyǔ bǔxíbān yǒuzhùyú tígāo wàiyǔ shuǐpíng.
  외국어 학원에 다니는 것은 외국어 실력을 향상시키는 데 도움이 됩니다.

汉语 Hànyǔ 명 중국어 | 外语 wàiyǔ 명 외국어 | 有助于 yǒuzhùyú 동 ~에 도움이 되다 | 提高 tígāo 동 향상시키다, 높이다 | 水平 shuǐpíng 명 수준

미니 테스트

1 다음 한어병음에 해당하는 어휘와 뜻을 써 보세요.

(1) bīngxiāng

_____

(2) shuǐguǒdiàn

_____

(3) fángjiān

_____

(4) dìtiězhàn

_____

2 다음 우리말에 해당하는 어휘를 쓰고 한어병음을 표시해 보세요.

(1) 볼펜

_____

(2) 상자

_____

(3) 컴퓨터

_____

(4) 꽃집

_____

3 다음 빈칸에 들어갈 알맞은 어휘를 보기에서 고르세요.

| 보기 | 学校 | 公园 | 教室 | 雨伞 | 词典 |

(1) 你们_____什么时候放暑假呢？

(2) 这本_____对我的汉语学习有很大的帮助。

(3) 他们在504号_____上课。

(4) 有时候去_____散步，有时候去健身房运动。

(5) 你能借我用一下你的_____吗？

4 다음 빈칸에 들어갈 알맞은 어휘를 아래에서 고르세요.

(1) 网络新闻不能代替（　　　）、电视等传统媒体。

　① 电影　　　　② 报纸　　　　③ 手机　　　　④ 信息

(2) 今天是妈妈的生日，孩子为了妈妈在（　　　）里备料准备做菜。

　① 洗手间　　　② 客厅　　　　③ 卧室　　　　④ 厨房

(3) 儿子还躺在（　　　）上睡觉。

　① 床　　　　　② 教室　　　　③ 商店　　　　④ 银行

5 아래의 우리말 문장을 보고 빈칸에 알맞은 어휘를 써 보세요.

(1) 我在网店买了＿＿＿＿＿＿，但是还没有收到。
　　인터넷 상점에서 꽃병을 샀는데, 아직도 못 받았습니다.

(2) 爸爸戴着一副黑色的＿＿＿＿＿＿。
　　아빠는 검정색 안경을 쓰고 계십니다.

(3) 这张＿＿＿＿＿＿是谁拍的?
　　이 사진은 누가 찍은 건가요?

정답 | **1** (1) 冰箱 냉장고　(2) 水果店 과일 가게　(3) 房间 방　(4) 地铁站 지하철역
2 (1) 圆珠笔 yuánzhūbǐ　(2) 箱子 xiāngzi　(3) 电脑 diànnǎo　(4) 花店 huādiàn
3 (1) 学校　(2) 词典　(3) 教室　(4) 公园　(5) 雨伞
4 (1) ②　(2) ④　(3) ①
5 (1) 花瓶　(2) 眼镜　(3) 照片

TSC 빈출 질문 및 모범답안

● 01-63 | 제2부분

1 问题 哪种东西比较大?
Nǎ zhǒng dōngxi bǐjiào dà?
어느 것이 비교적 큰가요?

回答 西瓜比苹果更大。
Xīguā bǐ píngguǒ gèng dà.
수박이 사과보다 더 큽니다.

东西 dōngxi 명 것, 물건 | 比较 bǐjiào 튀 비교적 | 西瓜 xīguā 명 수박 | 苹果 píngguǒ 명 사과 | 更 gèng 튀 훨씬, 더

● 01-64 | 제3부분

2 问题 我昨天在商店里看到你了。
Wǒ zuótiān zài shāngdiàn li kàndào nǐ le.
저 어제 상점에서 당신을 봤어요.

回答 真的吗? 我昨天去商店买了些吃的，你呢?
Zhēnde ma? Wǒ zuótiān qù shāngdiàn mǎile xiē chī de, nǐ ne?
정말요? 저는 어제 상점에 가서 먹을 것을 좀 샀는데, 당신은요?

昨天 zuótiān 명 어제 | 商店 shāngdiàn 명 상점, 판매점 | 看到 kàndào 동 보다, 보이다 | 真的 zhēnde 튀 정말로, 진실로

🔊 01-65 | 제3부분

3 问题 这个周末我们一起去电影院看电影，怎么样?

Zhège zhōumò wǒmen yìqǐ qù diànyǐngyuàn kàn diànyǐng, zěnmeyàng?

이번 주말에 우리 같이 영화관 가서 영화 보는 거 어때요?

回答 太好了，我们一起去电影院看电影吧。那这个星期天下午两点在电影院门口见吧。

Tài hǎo le, wǒmen yìqǐ qù diànyǐngyuàn kàn diànyǐng ba. Nà zhège xīngqītiān xiàwǔ liǎng diǎn zài diànyǐngyuàn ménkǒu jiàn ba.

너무 좋아요. 우리 같이 영화관 가서 영화 봐요. 그럼 이번 주 일요일 오후 2시에 영화관 입구에서 만나요.

周末 zhōumò 명 주말 | 一起 yìqǐ 부 함께, 같이 | 电影院 diànyǐngyuàn 명 영화관 | 电影 diànyǐng 명 영화 | 星期天 xīngqītiān 일요일 | 下午 xiàwǔ 명 오후 | 门口 ménkǒu 명 입구

CHAPTER 01 사물, 동물, 장소 **45**

MEMO

CHAPTER 02

여가, 취미, 쇼핑

여가, 취미, 쇼핑 관련 어휘는 주로 제3부분, 제4부분, 제6부분에 자주 출제됩니다. 각 파트별로 사용되는 문장이 다르니 어휘를 보면서 해당되는 문장도 함께 암기해 두는 것이 좋습니다.

TSC 기본 어휘

제4부분

02-01

电视节目 diànshì jiémù
텔레비전 프로그램

- 我喜欢看有关动物方面的**电视节目**。
  Wǒ xǐhuan kàn yǒuguān dòngwù fāngmiàn de diànshì jiémù.
  저는 동물 관련 텔레비전 프로그램 보는 것을 좋아합니다.

- 我什么样的**电视节目**都喜欢。
  Wǒ shénmeyàng de diànshì jiémù dōu xǐhuan.
  저는 어떤 텔레비전 프로그램이든 다 좋아합니다.

有关 yǒuguān 통 관계가 있다 형 관계가 있는 | 动物 dòngwù 명 동물 | 方面 fāngmiàn 명 방면 | 什么样 shénmeyàng 대 어떠한

제3·4·6부분

02-02

电影 diànyǐng
명 영화

- 我喜欢一边吃东西一边看**电影**。
  Wǒ xǐhuan yìbiān chī dōngxi yìbiān kàn diànyǐng.
  저는 먹으면서 영화 보는 것을 좋아합니다.

- 我平时很少看**电影**，因为很浪费时间。
  Wǒ píngshí hěn shǎo kàn diànyǐng, yīnwèi hěn làngfèi shíjiān.
  저는 평소에 영화를 잘 보지 않는데, 시간 낭비이기 때문입니다.

一边……一边 yìbiān……yìbiān ~하면서 ~하다 | 东西 dōngxi 것, 물건 | 平时 píngshí 명 평소 | 因为 yīnwèi 접 왜냐하면 | 浪费 làngfèi 통 낭비하다, 허비하다 | 时间 shíjiān 명 시간

제3·4·6부분

◉ 02-03

比赛 bǐsài

명 경기, 시합 동 경기하다, 시합하다

- 看运动**比赛**时，我喜欢在家看。
  Kàn yùndòng bǐsài shí, wǒ xǐhuan zài jiā kàn.
  스포츠 경기를 볼 때 저는 집에서 보는 것을 좋아합니다.

- 我是个棒球迷，不管什么时候，只要有棒球**比赛**我一定会去看。
  Wǒ shì gè bàngqiúmí, bùguǎn shénme shíhou, zhǐyào yǒu bàngqiú bǐsài wǒ yídìng huì qù kàn.
  저는 야구 팬이라, 언제라도 경기만 있으면 반드시 보러 갑니다.

看 kàn 동 보다, 구경하다 | **运动** yùndòng 명동 운동(하다) | **棒球迷** bàngqiúmí 야구광 | **不管** bùguǎn 접 ~을 막론하고, ~에 관계없이 | **只要** zhǐyào 접 ~하기만 하면 | **一定** yídìng 부 반드시, 필히

> **TIP** 경기 관련 어휘
>
> **比赛场** bǐsàichǎng 경기장, 시합장 | **体育比赛** tǐyù bǐsài 운동 경기 | **足球比赛** zúqiú bǐsài 축구 경기 | **射击比赛** shèjī bǐsài 사격 경기 | **比赛规则** bǐsài guīzé 경기 규칙

제4부분

◉ 02-04

业余 yèyú

명 업무 외, 여가

- 我的**业余**生活很丰富。
  Wǒ de yèyú shēnghuó hěn fēngfù.
  저의 여가 생활은 아주 풍부합니다.

- 我**业余**时间一般跟朋友见面，一起喝喝咖啡、看看电影。
  Wǒ yèyú shíjiān yìbān gēn péngyou jiànmiàn, yìqǐ hēhe kāfēi、 kànkan diànyǐng.
  저는 여가 시간에 보통 친구를 만나 같이 커피를 마시고 영화도 봅니다.

生活 shēnghuó 통 생활(하다) | 丰富 fēngfù 형 많다, 풍부하다 | 一般 yìbān 형 일반적이다, 보통이다 | 跟 gēn 개 ~와, ~과 | 朋友 péngyou 명 친구 | 见面 jiànmiàn 통 만나다 | 喝 hē 통 마시다 | 咖啡 kāfēi 커피

02-05

제3·4·6부분

周末 zhōumò
명 주말

- 我**周末**有时候去公园散步，有时候在家休息。
  Wǒ zhōumò yǒushíhou qù gōngyuán sànbù, yǒushíhou zài jiā xiūxi.
  저는 주말에 때로는 공원에 가서 산책을 하고, 때로는 집에서 쉽니다.

- 我的**周末**生活很丰富。常常跟朋友一起去打保龄球。
  Wǒ de zhōumò shēnghuó hěn fēngfù. Chángcháng gēn péngyou yìqǐ qù dǎ bǎolíngqiú.
  저의 주말 생활은 아주 풍부한데, 자주 친구와 함께 볼링을 치러 갑니다.

有时候 yǒushíhou 가끔씩, 때로 | 公园 gōngyuán 명 공원 | 散步 sànbù 통 산책하다 | 休息 xiūxi 통 휴식하다, 쉬다 | 常常 chángcháng 부 항상, 자주 | 保龄球 bǎolíngqiú 명 볼링

02-06

제3·4·6·7부분

旅行 lǚxíng
동 여행하다

- **旅行**时，我喜欢去自然风景好的地方。
  Lǚxíng shí, wǒ xǐhuan qù zìrán fēngjǐng hǎo de dìfang.
  여행할 때, 저는 자연풍경이 좋은 곳에 가는 것을 좋아합니다.

- 我打算寒假去美国旅行。
  Wǒ dǎsuàn hánjià qù Měiguó lǚxíng.
  저는 겨울 방학 때 미국으로 여행 갈 계획입니다.

自然 zìrán 명 자연 | 风景 fēngjǐng 명 풍경, 경치 | 地方 dìfang 명 부분, 장소 | 打算 dǎsuàn 동 ~하려고 하다, 계획하다 | 寒假 hánjià 명 겨울 방학 | 美国 Měiguó 명 미국

TIP 여행 관련 어휘

国内旅行 guónèi lǚxíng 국내 여행 | 国外旅行 guówài lǚxíng 해외 여행 | 环球旅行 huánqiú lǚxíng 세계 여행 | 徒步旅行 túbù lǚxíng 도보 여행 | 新婚旅行 xīnhūn lǚxíng 신혼 여행 | 旅行包 lǚxíngbāo 명 여행 가방 | 旅行社 lǚxíngshè 명 여행사 | 护照 hùzhào 명 여권 | 签证 qiānzhèng 명 비자

제2·3·4·6·7부분

02-07

音乐 yīnyuè
명 음악

- 我平时很喜欢听音乐。
  Wǒ píngshí hěn xǐhuan tīng yīnyuè.
  저는 평상시에 음악 듣는 것을 매우 좋아합니다.

- 听音乐是我生活的一部分。
  Tīng yīnyuè shì wǒ shēnghuó de yíbùfen.
  음악 듣기는 제 삶의 일부분입니다.

生活 shēnghuó 명 생활 동 생존하다, 살다 | 一部分 yíbùfen 명 (전체 중의) 부분, 일부(분)

제3·4·7부분

◎ 02-08

拍照 pāizhào

동 사진을 찍다

- 我最大的爱好是拍照。
  Wǒ zuì dà de àihào shì pāizhào.
  제 가장 큰 취미는 사진 찍기입니다.

- 我特别喜欢拍照，我经常拍美丽的风景。
  Wǒ tèbié xǐhuan pāizhào, wǒ jīngcháng pāi měilì de fēngjǐng.
  저는 사진 찍는 것을 아주 좋아하고, 아름다운 풍경을 자주 찍습니다.

爱好 àihào 명 취미, 애호 | 特别 tèbié 부 유달리, 특히 | 经常 jīngcháng 부 항상, 자주 | 美丽 měilì 형 아름답다, 예쁘다 | 风景 fēngjǐng 명 풍경, 경치

제2·3·4·6·7부분

◎ 02-09

玩儿游戏 wánr yóuxì

게임하다

- 长时间玩儿游戏会影响日常生活。
  Cháng shíjiān wánr yóuxì huì yǐngxiǎng rìcháng shēnghuó.
  장시간 게임을 하면 일상 생활에 영향을 미칠 수 있습니다.

- 玩儿游戏可以缓解压力。
  Wánr yóuxì kěyǐ huǎnjiě yālì.
  게임을 하면 스트레스를 풀 수 있습니다.

影响 yǐngxiǎng 명동 영향(을 주다) | 日常生活 rìcháng shēnghuó 일상 생활 | 缓解 huǎnjiě 동 (정도가) 완화되다, 개선되다 | 压力 yālì 명 (주로 정신적, 심리적인) 스트레스

제3·4·6·7부분

演唱会 yǎnchànghuì
명 콘서트, 음악회

- 我常常跟朋友去看演唱会。
  Wǒ chángcháng gēn péngyou qù kàn yǎnchànghuì.
  저는 자주 친구와 함께 콘서트를 보러 갑니다.

- 我跟我的朋友性格很像，我们都喜欢看演唱会、购物、听音乐等等。
  Wǒ gēn wǒ de péngyou xìnggé hěn xiàng, wǒmen dōu xǐhuan kàn yǎnchànghuì、gòuwù、tīng yīnyuè děngděng.
  저는 제 친구와 성격이 아주 비슷한데, 우리는 콘서트 보기, 쇼핑, 음악 듣기 등을 좋아합니다.

常常 chángcháng 부 항상, 자주 | 性格 xìnggé 명 성격 | 像 xiàng 동 같다, 닮다 | 购物 gòuwù 동 물건을 사다 | 听 tīng 동 듣다 | 音乐 yīnyuè 명 음악 | 等等 děngděng 조 기타, 등등

제2·3·4·6·7부분

游泳 yóuyǒng
명 수영 동 수영하다

- 他们在游泳池游泳。
  Tāmen zài yóuyǒngchí yóuyǒng.
  그들은 수영장에서 수영을 하고 있습니다.

- 游泳不仅对身体很好，而且还可以减肥。
  Yóuyǒng bùjǐn duì shēntǐ hěn hǎo, érqiě hái kěyǐ jiǎnféi.
  수영은 건강에 좋을 뿐만 아니라, 다이어트도 할 수 있습니다.

游泳池 yóuyǒngchí 명 수영장 | 不仅……而且 bùjǐn……érqiě ~뿐만 아니라 ~도 | 对 duì 개 ~에, ~에 대해 | 身体 shēntǐ 명 몸, 신체 | 减肥 jiǎnféi 동 살을 빼다

CHAPTER 02 여가, 취미, 쇼핑

> **TIP** 운동 관련 어휘
>
> 打篮球 dǎ lánqiú 농구하다 | 打棒球 dǎ bàngqiú 야구하다 | 打羽毛球 dǎ yǔmáoqiú 배드민턴을 치다 | 打高尔夫球 dǎ gāo'ěrfūqiú 골프를 치다 | 踢足球 tī zúqiú 축구를 하다 | 滑冰 huábīng 스케이트를 타다 | 爬山 páshān 통 등산하다 | 去健身房 qù jiànshēnfáng 헬스장에 가다

○ 02-12   제2·3·4·7부분

画画儿 huà huàr
통 그림을 그리다

- 我**画画儿**画得很好。
  Wǒ huà huàr huà de hěn hǎo.
  저는 그림을 잘 그립니다.

- 我周末去补习班学习**画画儿**。
  Wǒ zhōumò qù bǔxíbān xuéxí huà huàr.
  저는 주말에 학원에 가서 그림을 배웁니다.

画 huà 명통 그림(을 그리다) | 周末 zhōumò 명 주말 | 补习班 bǔxíbān 명 학원 | 学习 xuéxí 통 공부하다, 배우다

○ 02-13   제3·6·7부분

健身房 jiànshēnfáng
명 헬스장, 헬스 클럽

- 我每天中午去**健身房**学习健美操。
  Wǒ měi tiān zhōngwǔ qù jiànshēnfáng xuéxí jiànměicāo.
  저는 매일 점심에 헬스장에 가서 에어로빅을 배웁니다.

- 家附近新开了一家健身房。
  Jiā fùjìn xīn kāile yì jiā jiànshēnfáng.
  집 근처에 헬스장이 새로 오픈했습니다.

每天 měi tiān 명 매일 | 中午 zhōngwǔ 명 점심 | 健美操 jiànměicāo 명 에어로빅 | 附近 fùjìn 명 부근, 근처

제4·6·7부분

◎ 02-14

现场 xiànchǎng

명 현장

- 看运动比赛时，我喜欢在现场看。
  Kàn yùndòng bǐsài shí, wǒ xǐhuan zài xiànchǎng kàn.
  운동 경기를 볼 때, 저는 현장에서 보는 것을 좋아합니다.

- 比赛现场的气氛紧张刺激。
  Bǐsài xiànchǎng de qìfēn jǐnzhāng cìjī.
  경기 현장의 분위기는 긴장되고 흥분됩니다.

运动 yùndòng 명동 운동(하다) | 比赛 bǐsài 명 경기, 시합 | 气氛 qìfēn 명 분위기 | 紧张 jǐnzhāng 형 긴장하다 | 刺激 cìjī 동 자극하다, 흥분시키다

제2·3·4·6·7부분

◎ 02-15

看书 kàn shū

동 책을 보다

- 他在图书馆看书。
  Tā zài túshūguǎn kàn shū.
  그는 도서관에서 책을 보고 있습니다.

- **看书**能够学到很多知识。
  Kàn shū nénggòu xuédào hěn duō zhīshi.
  책을 보면 많은 지식을 배울 수 있습니다.

图书馆 túshūguǎn 몡 도서관 | 能够 nénggòu 동 ~할 수 있다 | 知识 zhīshi 몡 지식

> 02-16   제3·4·5·6·7부분

准备 zhǔnbèi
몡 준비, 계획 동 준비하다, ~할 계획이다

- 你**准备**好了吗?
  Nǐ zhǔnbèi hǎo le ma?
  준비 다 했나요?

- 这次考试我没有好好**准备**, 恐怕过不了关。
  Zhè cì kǎoshì wǒ méiyǒu hǎohǎo zhǔnbèi, kǒngpà guòbuliǎo guān.
  이번 시험은 준비가 잘 안돼서, 아마도 통과하지 못할 것 같습니다.

考试 kǎoshì 몡동 시험(을 치다) | 恐怕 kǒngpà 부 아마 ~일 것이다[추측과 짐작을 나타냄] | 过关 guòguān 동 관문을 통과하다, 고비를 넘기다

> 02-17   제3·4·5·6부분

机会 jīhuì
몡 기회, 시기, 찬스

- 这是个好**机会**, 不要放过。
  Zhè shì gè hǎo jīhuì, búyào fàngguò.
  이것은 좋은 기회이므로, 놓치면 안됩니다.

- 别着急，以后你会有机会去的。
  Bié zháojí, yǐhòu nǐ huì yǒu jīhuì qù de.
  조급해 하지 말아요. 나중에 갈 기회가 있을 거예요.

不要 búyào 통 ~하지 마라, ~해서는 안 된다 | **放过** fàngguò 통 놓아주다, (기회를) 놓치다 | **着急** zháojí 통 조급해하다, 초조해하다

제4·5부분

● 02-18

尝试 chángshì

통 시도해 보다, 테스트해 보다

- 多尝试新的工作有很多好处。
  Duō chángshì xīn de gōngzuò yǒu hěn duō hǎochù.
  새로운 일을 많이 시도해 보는 것은 장점이 많습니다.

- 政府为了解决这个问题，尝试过各种方法。
  Zhèngfǔ wèile jiějué zhège wèntí, chángshìguo gè zhǒng fāngfǎ.
  정부는 이 문제를 해결하기 위해서 각종 방법을 시도해 보았습니다.

工作 gōngzuò 명 직업, 일자리, 근무 통 일하다 | **好处** hǎochù 명 좋은 점, 장점 | **政府** zhèngfǔ 명 정부 | **为了** wèile 개 ~을 하기 위해서 | **解决** jiějué 통 해결하다, 없애다 | **问题** wèntí 명 문제 | **各种** gè zhǒng 명 각종의, 갖가지의 | **方法** fāngfǎ 명 방법, 수단, 방식

제3·4부분

● 02-19

爱好 àihào

명 취미 통 ~하기를 즐기다

- 我没有什么爱好。
  Wǒ méiyǒu shénme àihào.
  저는 별다른 취미가 없습니다.

- 听音乐是我唯一的爱好。
  Tīng yīnyuè shì wǒ wéiyī de àihào.
  음악을 듣는 것은 제 유일한 취미입니다.

没有 méiyǒu 통 없다, 가지고 있지 않다 | 音乐 yīnyuè 명 음악 | 唯一 wéiyī 형 유일한, 하나밖에 없는

제3·4부분

● 02-20

兴趣 xìngqù

명 흥미, 취미

- 我对下棋不感兴趣。
  Wǒ duì xiàqí bù gǎn xìngqù.
  저는 장기 두는 것에 관심이 없습니다.

- 最近我对汉语产生了很大的兴趣。
  Zuìjìn wǒ duì Hànyǔ chǎnshēngle hěn dà de xìngqù.
  최근 저는 중국어에 아주 큰 흥미가 생겼습니다.

对 duì 깨 ~에 대해 | 下棋 xiàqí 통 장기를 두다 | 感兴趣 gǎn xìngqù 관심이 있다, 흥미가 있다 | 最近 zuìjìn 명 최근, 요즘 | 汉语 Hànyǔ 명 중국어 | 产生 chǎnshēng 통 생기다, 발생하다

제4·6부분

● 02-21

户外 hùwài

명 집밖, 야외

- 我建议你多做点儿户外运动。
  Wǒ jiànyì nǐ duō zuò diǎnr hùwài yùndòng.
  저는 당신이 야외 운동을 좀 많이 할 것을 제안해요.

- **户外**运动使我们心身强健。
  Hùwài yùndòng shǐ wǒmen xīnshēn qiángjiàn.
  야외 운동은 우리의 심신을 건강하게 합니다.

建议 jiànyì 몡통 제안(하다) | **运动** yùndòng 몡통 운동(하다) | **使** shǐ 통 (~에게) 시키다, 하게 하다 | **心身** xīnshēn 몡 심신, 정신과 신체 | **强健** qiángjiàn 혱 (몸이) 강건하다, 건장하다

◉ 02-22 제3·6부분

会员卡 huìyuánkǎ
멤버십 카드, 회원 카드

- 您有**会员卡**吗?
  Nín yǒu huìyuánkǎ ma?
  회원 카드 있으신가요?

- 我的**会员卡**里有能使用的积分吗?
  Wǒ de huìyuánkǎ li yǒu néng shǐyòng de jīfēn ma?
  제 멤버십 카드에 사용할 수 있는 적립금이 있나요?

使用 shǐyòng 통 사용하다, 쓰다 | **积分** jīfēn 몡 누계 점수, 포인트

◉ 02-23 제2·3·4·6·7부분

喝咖啡 hē kāfēi
커피를 마시다

- 他们在咖啡厅**喝咖啡**。
  Tāmen zài kāfēitīng hē kāfēi.
  그들은 카페에서 커피를 마시고 있습니다.

- 我如果白天**喝咖啡**，晚上就睡不着。
  Wǒ rúguǒ báitiān hē kāfēi, wǎnshang jiù shuìbuzháo.
  저는 낮에 커피를 마시면 밤에 잠을 못자요.

咖啡厅 kāfēitīng 명 커피숍, 카페 | **白天** báitiān 명 대낮 | **晚上** wǎnshang 명 저녁, 밤 | **睡不着** shuìbuzháo 동 잠들지 못하다

TIP 커피 종류 관련 어휘

浓缩咖啡 nóngsuōkāfēi 에스프레소 | **拿铁** nátiě 라떼 | **卡布奇诺** kǎbùqínuò 카푸치노 | **摩卡** mókǎ 모카 | **玛奇朵** mǎqíduǒ 마끼아또 | **星冰乐** xīngbīnglè 프라푸치노 | **焦糖玛奇朵** jiāotángmǎqíduǒ 카라멜마끼아또 | **榛果** zhēnguǒ 헤이즐넛

TIP 커피 주문 관련 어휘

放 fàng	동 넣다 不要**放**奶油。 Búyào fàng nǎiyóu. 휘핑크림은 넣지 말아 주세요.
要 yào	동 원하다, 필요하다 您好，您**要**点什么？ Nín hǎo, nín yào diǎn shénme? 안녕하세요? 어떤 걸로 주문하시겠습니까? 您**要**冰的还是热的？ Nín yào bīng de háishi rè de? 아이스로 드릴까요 따뜻한 걸로 드릴까요?
杯 bēi	명양 잔, 컵 您要什么**杯**子？ Nín yào shénme bēizi? 사이즈는 어떤 걸로 하시겠습니까? 我要中**杯**。 Wǒ yào zhōngbēi. 톨 사이즈로 주세요. **小杯** xiǎobēi 숏(short) 사이즈 | **中杯** zhōngbēi 톨(tall) 사이즈 | **大杯** dàbēi 그란데(grande) 사이즈 | **超大杯** chāodàbēi 벤티(venti) 사이즈

◉ 02-24   제4·5부분

经历 jīnglì
명 경험, 경력 동 몸소 겪다, 체험하다

- 我有在酒店工作的经历。
  Wǒ yǒu zài jiǔdiàn gōngzuò de jīnglì.
  저는 호텔에서 일한 경력이 있습니다.

- 我有一个人去旅行过的经历。
  Wǒ yǒu yí gè rén qù lǚxíngguo de jīnglì.
  저는 혼자 여행 간 경험이 있습니다.

酒店 jiǔdiàn 명 호텔 | **工作** gōngzuò 동 일하다, 근무하다 | **一个人** yí gè rén 혼자 | **旅行** lǚxíng 동 여행하다

◉ 02-25   제4·5부분

方面 fāngmiàn
명 방면, 분야

- 我对音乐方面感兴趣。
  Wǒ duì yīnyuè fāngmiàn gǎn xìngqù.
  저는 음악 방면에 관심이 있습니다.

- 我在饮食方面很讲究卫生。
  Wǒ zài yǐnshí fāngmiàn hěn jiǎngjiu wèishēng.
  저는 먹는 것에 대해 위생적으로 신경을 많이 씁니다.

音乐 yīnyuè 명 음악 | **感兴趣** gǎn xìngqù 관심이 있다, 흥미가 있다 | **饮食** yǐnshí 명동 음식(을 먹고 마시다) | **卫生** wèishēng 명형 위생(적이다) | **讲究** jiǎngjiu 동 중요시하다, ~에 신경 쓰다

◎ 02-26

제2·3·4부분

聊天 liáotiān
잡담, 한담, 채팅

- 我每天都用电脑聊天。
  Wǒ měi tiān dōu yòng diànnǎo liáotiān.
  저는 매일 컴퓨터로 채팅을 합니다.

- 他们正坐在客厅里聊天。
  Tāmen zhèng zuòzài kètīng li liáotiān.
  그들은 거실에 앉아서 이야기를 나누고 있습니다.

每天 měi tiān 부 매일, 날마다 | 用 yòng 동 쓰다, 사용하다 | 电脑 diànnǎo 명 컴퓨터 | 客厅 kètīng 명 거실, 응접실

◎ 02-27

제2·3·6부분

门票 ménpiào
명 입장권

- 门票200元。
  Ménpiào èrbǎi yuán.
  입장권은 200위안입니다.

- 我中奖获得了两张电影首映礼门票。
  Wǒ zhòngjiǎng huòdéle liǎng zhāng diànyǐng shǒuyìnglǐ ménpiào.
  저는 경품에 당첨되어 영화 시사회표 2장을 받았습니다.

中奖 zhòngjiǎng 동 (복권 따위에) 당첨되다 | 获得 huòdé 동 얻다, 취득하다 | 电影 diànyǐng 명 영화 |
首映礼 shǒuyìnglǐ 시사회

◉ 02-28　　　　　　　　　　　　　　　　　　　　　제3·4부분

海边 hǎibiān
명 해변, 바닷가

- 暑假我要去**海边**避暑。
  Shǔjià wǒ yào qù hǎibiān bìshǔ.
  저는 여름 방학 때 해변에 가서 피서할 계획입니다.

- 冬天我喜欢滑雪，夏天喜欢去**海边**游泳。
  Dōngtiān wǒ xǐhuan huáxuě, xiàtiān xǐhuan qù hǎibiān yóuyǒng.
  저는 겨울에는 스키를 좋아하고, 여름에는 바닷가에 가서 수영하는 것을 좋아합니다.

暑假 shǔjià 명 여름 방학 | 避暑 bìshǔ 동 피서하다, 더위를 피하다 | 冬天 dōngtiān 명 겨울 | 滑雪 huáxuě 명동 스키(를 타다) | 夏天 xiàtiān 명 여름 | 游泳 yóuyǒng 명동 수영(하다)

◉ 02-29　　　　　　　　　　　　　　　　　　　　　제3·6부분

话剧 huàjù
명 연극

- 这个**话剧**是由两位青年作家编导的。
  Zhège huàjù shì yóu liǎng wèi qīngnián zuòjiā biāndǎo de.
  이 연극은 두 청년 작가가 연출한 것입니다.

- 我除了电影以外，还喜欢看**话剧**、歌剧、演唱会等。
  Wǒ chúle diànyǐng yǐwài, hái xǐhuan kàn huàjù, gējù, yǎnchànghuì děng.
  저는 영화 이외에도 연극, 오페라, 콘서트 등을 보는 것을 좋아합니다.

青年 qīngnián 명 청년, 젊은이 | 作家 zuòjiā 명 작가 | 编导 biāndǎo 동 각색하고 연출하다 | 除了……以外 chúle……yǐwài ~을 빼고는, ~말고 | 歌剧 gējù 명 가극, 오페라 | 演唱会 yǎnchànghuì 명 음악회, 콘서트

◉ 02-30　　　　　　　　　　　　　　　　　　　　　　제3·6·7부분

玩具 wánjù
명 장난감, 완구

- 孩子在床上摆弄玩具。
  Háizi zài chuáng shang bǎinòng wánjù.
  아이는 침대 위에서 장난감을 가지고 놀고 있습니다.

- 这儿附近哪儿有玩具店?
  Zhèr fùjìn nǎr yǒu wánjùdiàn?
  여기 근처에 완구점이 어디에 있나요?

孩子 háizi 명 아이, 어린이 | 床 chuáng 명 침대 | 摆弄 bǎinòng 동 (손으로) 조작하다, 만지작거리다, 갖고 놀다 | 附近 fùjìn 명 부근, 근처 | 哪儿 nǎr 대 어디, 어느 곳

◉ 02-31　　　　　　　　　　　　　　　　　　　　　　제3·4·6부분

化妆品 huàzhuāngpǐn
명 화장품

- 这是我上周买的化妆品。
  Zhè shì wǒ shàngzhōu mǎi de huàzhuāngpǐn.
  이것은 제가 지난주에 산 화장품입니다.

- 我非常喜欢你们的化妆品，因为你们的化妆品又好又便宜。
  Wǒ fēicháng xǐhuan nǐmen de huàzhuāngpǐn, yīnwèi nǐmen de huàzhuāngpǐn yòu hǎo yòu piányi.
  저는 당신들의 화장품을 매우 좋아합니다. 여기 화장품은 좋으면서도 저렴하기 때문입니다.

上周 shàngzhōu 명 지난주 | 非常 fēicháng 부 대단히, 매우 | 因为 yīnwèi 접 왜냐하면 | 便宜 piányi 형 싸다, 저렴하다

> **TIP** 화장품 관련 어휘

乳液 rǔyè 로션 | 面霜 miànshuāng 크림 | 防晒霜 fángshàishuāng 썬크림 | 眼霜 yǎnshuāng 아이크림 | 睫毛膏 jiémáogāo 마스카라 | 眼线笔 yǎnxiànbǐ 아이라이너 펜슬 | 眼影 yǎnyǐng 아이섀도우 | 口红 kǒuhóng 립스틱 | 唇膏 chúngāo 립스틱, 립글로스 | 粉饼 fěnbǐng 콤팩트 | 洗面奶 xǐmiànnǎi 폼클렌징

○ 02-32

제3·4·6부분

颜色 yánsè

명 색, 색깔

- 你喜欢什么颜色？
  Nǐ xǐhuan shénme yánsè?
  당신은 어떤 색을 좋아하나요?

- 这顶帽子质量又好，颜色又漂亮。
  Zhè dǐng màozi zhìliàng yòu hǎo, yánsè yòu piàoliang.
  이 모자는 품질도 좋고, 색도 예쁩니다.

帽子 màozi 명 모자 | 质量 zhìliàng 명 (생산품이나 일의) 질, 품질 | 漂亮 piàoliang 형 예쁘다

> **TIP** 색 관련 어휘

白色 báisè 명 흰색 | 黑色 hēisè 명 검정색 | 灰色 huīsè 명 회색 | 红色 hóngsè 명 빨간색 | 粉红色 fěnhóngsè 명 분홍색 | 黄色 huángsè 명 노란색 | 绿色 lǜsè 명 초록색 | 蓝色 lánsè 명 파란색 | 紫色 zǐsè 명 보라색 | 棕色 zōngsè 명 갈색

> 02-33 제3·6부분

样式 yàngshì
명 형식, 양식, 모양, 스타일

- 这是现在很流行的样式。
  Zhè shì xiànzài hěn liúxíng de yàngshì.
  이것이 요즘 유행하는 패턴입니다.

- 我喜欢简单的样式。
  Wǒ xǐhuan jiǎndān de yàngshì.
  저는 심플한 스타일을 좋아합니다.

现在 xiànzài 명 지금, 요즘 | 流行 liúxíng 동 유행하다, 성행하다 | 简单 jiǎndān 형 간단하다, 단순하다

> 02-34 제3·4·6부분

大小 dàxiǎo
명 크기

- 大小合适，但太短了。
  Dàxiǎo héshì, dàn tài duǎn le.
  크기는 적당한데, 길이가 너무 짧습니다.

- 这双鞋我穿上大小正合适。
  Zhè shuāng xié wǒ chuānshàng dàxiǎo zhèng héshì.
  이 신발은 신어 보니 사이즈가 딱 맞습니다.

合适 héshì 형 적당하다, 적합하다, 알맞다 | 但 dàn 접 그러나, 하지만 | 短 duǎn 형 짧다 | 鞋 xié 명 신발 | 穿上 chuānshàng 입어 보다

◐ 02-35

제3·4·7부분

款式 kuǎnshì

명 스타일, 타입, 양식

- 这套家具款式新颖。
  Zhè tào jiājù kuǎnshì xīnyǐng.
  이 가구는 스타일이 새롭습니다.

- 哪个款式适合我?
  Nǎge kuǎnshì shìhé wǒ?
  어떤 디자인이 저에게 잘 어울리나요?

家具 jiājù 명 가구 | 新颖 xīnyǐng 형 새롭다, 신선하다 | 适合 shìhé 동 적합하다, 부합하다

◐ 02-36

제3·4부분

搭配 dāpèi

동 결합하다, 짝을 이루다 형 잘 어울리다, 짝이 맞다

- 这双鞋子和这件衬衫很搭配。
  Zhè shuāng xiézi hé zhè jiàn chènshān hěn dāpèi.
  이 신발과 이 셔츠는 매우 잘 어울립니다.

- 颜色搭配得很和谐。
  Yánsè dāpèi de hěn héxié.
  색이 조화롭게 어울립니다.

鞋子 xiézi 명 신발, 구두 | 衬衫 chènshān 명 셔츠 | 颜色 yánsè 명 색, 색깔 | 和谐 héxié 형 잘 어울리다, 조화롭다

CHAPTER 02 여가, 취미, 쇼핑

제3·4·5부분

适合 shìhé

동 적합하다, 어울리다, 적절하다

- 这件外套适合你。
  Zhè jiàn wàitào shìhé nǐ.
  이 외투 당신에게 잘 어울리네요.

- 这双蓝色的运动鞋很适合你。
  Zhè shuāng lánsè de yùndòngxié hěn shìhé nǐ.
  이 파란색 운동화 당신에게 잘 어울려요.

外套 wàitào 명 겉옷, 외투 | 蓝色 lánsè 명 파란색 | 运动鞋 yùndòngxié 명 운동화

TIP 适合 vs. 合适

适合 shìhé	동 적합하다, 적당하다, 알맞다 문장 구조 주어+适合+목적어 这件衣服很适合你。 Zhè jiàn yīfu hěn shìhé nǐ. 이 옷 당신에게 잘 어울리네요.
合适 héshì	형 적합하다, 적당하다, 알맞다 문장 구조 주어+对+목적어+很+合适 or 合适+的+명사 | 合适+목적어 (×) 这件衣服价格很合适。 Zhè jiàn yīfu jiàgé hěn héshì. 이 옷은 가격이 적당하네요.

▶ 02-38   제3·4·6부분

时髦 shímáo

형 유행이다, 최신식이다

- 一些年轻人爱追求**时髦**。
  Yìxiē niánqīngrén ài zhuīqiú shímáo.
  일부 젊은이들은 유행 쫓는 것을 좋아합니다.

- **时髦**的女孩喜欢穿与众不同的服装。
  Shímáo de nǚhái xǐhuan chuān yǔzhòngbùtóng de fúzhuāng.
  세련된 여자 아이는 사람들과 다른 의상을 입는 것을 좋아합니다.

一些 yìxiē 형 약간, 얼마간 | 年轻人 niánqīngrén 명 젊은 사람, 젊은이 | 爱 ài 동 좋아하다, 애호하다 | 追求 zhuīqiú 동 추구하다, 탐구하다 | 穿 chuān 동 (옷·신발·양말 등을) 입다, 신다 | 与众不同 yǔzhòngbùtóng 성 뭇 사람과 다르다, 남다르다 | 服装 fúzhuāng 명 복장, 의류

▶ 02-39   제3·4부분

流行 liúxíng

동 유행하다, 널리 퍼지다 형 유행하는, 성행하는

- 这种发型很**流行**。
  Zhè zhǒng fàxíng hěn liúxíng.
  이 헤어스타일은 매우 유행 중입니다.

- 现在**流行**这种鞋。
  Xiànzài liúxíng zhè zhǒng xié.
  요즘은 이런 신발이 유행입니다.

发型 fàxíng 명 헤어스타일 | 现在 xiànzài 명 지금, 현재, 요즘 | 鞋 xié 명 신발, 구두

⏺ 02-40　　　　　　　　　　　　　　　　　　　제3·4·5부분

过时 guòshí

혱 유행이 지나다, 시대에 뒤떨어지다　됭 시한을 넘기다

- 这种款式已经过时了。
  Zhè zhǒng kuǎnshì yǐjīng guòshí le.
  이런 스타일은 이미 유행이 지났습니다.

- 这种观点早就过时了。
  Zhè zhǒng guāndiǎn zǎojiù guòshí le.
  이러한 관점은 이미 시대에 뒤쳐졌습니다.

款式 kuǎnshì 몡 스타일, 타입 | 已经 yǐjīng 閂 이미, 벌써 | 观点 guāndiǎn 몡 관점, 견해 | 早就 zǎojiù 閂 벌써, 오래전에

⏺ 02-41　　　　　　　　　　　　　　　　　　　제3·4·6부분

减价 jiǎnjià

동 값을 내리다, 가격을 인하하다

- 今天是大减价的最后一天。
  Jīntiān shì dà jiǎnjià de zuìhòu yì tiān.
  오늘은 빅 세일의 마지막 날입니다.

- 我家附近新开的百货商店正在大减价，我们去逛逛，怎么样？
  Wǒ jiā fùjìn xīn kāi de bǎihuò shāngdiàn zhèngzài dà jiǎnjià, wǒmen qù guàngguang, zěnmeyàng?
  우리 집 근처에 새로 오픈한 백화점이 빅 세일 중인데, 우리 같이 구경하러 가는 거 어때요?

最后 zuìhòu 혱 최후의, 맨 마지막의 | 一天 yì tiān 하루 | 百货商店 bǎihuò shāngdiàn 백화점 | 正在 zhèngzài 閂 지금 ~하고 있다 | 逛 guàng 동 거닐다, 구경하다

打折 dǎzhé

동 가격을 깎다, 디스카운트하다

- **打折**活动什么时候结束的?
  Dǎzhé huódòng shénme shíhou jiéshù de?
  세일이 언제 끝났죠?

- 有这里的会员卡的话，可以**打八折**。
  Yǒu zhèli de huìyuánkǎ dehuà, kěyǐ dǎ bā zhé.
  여기 회원 카드가 있으시면, 20% 할인이 가능합니다.

活动 huódòng 동 활동하다, 움직이다 | **结束** jiéshù 동 마치다, 끝나다 | **会员卡** huìyuánkǎ 회원 카드, 멤버십 카드

挑选 tiāoxuǎn

동 고르다, 선택하다

- 这些东西你可以随意**挑选**。
  Zhèxiē dōngxi nǐ kěyǐ suíyì tiāoxuǎn.
  이 물건들은 자유롭게 고르셔도 됩니다.

- 这就是我所**挑选**的书。
  Zhè jiùshì wǒ suǒ tiāoxuǎn de shū.
  이것이 바로 제가 골랐던 책입니다.

东西 dōngxi 명 것, 물건, 사물 | **随意** suíyì 부 (자기) 마음대로, 하고 싶은 대로 | **就是** jiùshì 부 바로[단호하고 확정적이거나 강조를 나타냄]

02-44　　　　　　　　　　　　　　　제3·6부분

零钱 língqián
명 잔돈, 용돈

- 能换成零钱吗?
  Néng huànchéng língqián ma?
  잔돈으로 바꿔 주실 수 있나요?

- 身上有零钱吗?
  Shēnshang yǒu língqián ma?
  수중에 잔돈이 있으신가요?

换成 huànchéng 동 ~로 바꾸다 | 身上 shēnshang 수중(에), 몸(에)

02-45　　　　　　　　　　　　　　　제3·7부분

找钱 zhǎoqián
동 돈을 거슬러 주다, 거스름돈을 주다

- 这是找给你的钱。
  Zhè shì zhǎo gěi nǐ de qián.
  여기 잔돈 거슬러 드리겠습니다.

- 在商店里买了东西，却忘了找钱。
  Zài shāngdiàn lǐ mǎile dōngxi, què wàngle zhǎoqián.
  상점에서 물건을 사고 거스름돈 받는 것을 잊었습니다.

商店 shāngdiàn 명 상점 | 却 què 오히려, 도리어 | 忘 wàng (지난 일을) 잊다, 망각하다

🔊 02-46 제3·6·7부분

售货员 shòuhuòyuán
명 판매원, 점원

- 这里的售货员待客十分礼貌热情。
  Zhèlǐ de shòuhuòyuán dàikè shífēn lǐmào rèqíng.
  여기 종업원들은 손님들을 매우 예의 있고 친절하게 대합니다.

- 售货员热情地向顾客介绍商品。
  Shòuhuòyuán rèqíng de xiàng gùkè jièshào shāngpǐn.
  판매원은 친절하게 고객에게 제품을 소개합니다.

待客 dàikè 동 손님을 대접하다 | 十分 shífēn 부 매우, 대단히 | 礼貌 lǐmào 형 예의 바르다 | 热情 rèqíng 형 열정적이다, 친절하다, 다정하다 | 向 xiàng 개 ~에게, ~을 향하여 | 顾客 gùkè 명 고객, 손님 | 介绍 jièshào 동 소개하다 | 商品 shāngpǐn 명 상품, 제품

🔊 02-47 제3·6부분

服务 fúwù
동 복무하다, 근무하다, 서비스하다

- 这个商店的服务非常好。
  Zhège shāngdiàn de fúwù fēicháng hǎo.
  이 상점의 서비스는 매우 좋습니다.

- 有洗衣服务吗?
  Yǒu xǐyī fúwù ma?
  세탁 서비스가 있나요?

商店 shāngdiàn 명 상점 | 洗衣 xǐyī 동 빨래하다, 세탁하다

> 02-48 제3·6·7부분

营业时间 yíngyè shíjiān
영업 시간

- **营业时间**是早上九点到晚上十点。
  Yíngyè shíjiān shì zǎoshang jiǔ diǎn dào wǎnshang shí diǎn.
  영업 시간은 아침 9시부터 밤 10시까지입니다.

- 本来是九点关门，但是为了你们延长了**营业时间**。
  Běnlái shì jiǔ diǎn guānmén, dànshì wèile nǐmen yáncháng le yíngyè shíjiān.
  원래 9시 마감인데, 당신들을 위해서 영업 시간을 연장했습니다.

早上 zǎoshang 명 아침 | 晚上 wǎnshang 명 저녁 | 本来 běnlái 부 본래, 원래 | 关门 guānmén 동 문을 닫다 | 但是 dànshì 접 그러나, 그렇지만 | 为了 wèile 개 ~을 위하여 | 延长 yáncháng 동 (주로 거리, 시간 등을) 연장하다, 늘이다

> 02-49 제3·6·7부분

发票 fāpiào
명 영수증

- 需要**发票**吗?
  Xūyào fāpiào ma?
  영수증 필요하신가요?

- 请帮我另外开张现金**发票**。
  Qǐng bāng wǒ lìngwài kāi zhāng xiànjīn fāpiào.
  현금 영수증 좀 따로 발급해 주세요.

需要 xūyào 동 필요하다, 요구되다 | 另外 lìngwài 부 별도로, 따로, 달리 | 现金 xiànjīn 명 현금

🔊 02-50   제3·6부분

退货 tuìhuò
동 물건을 물리다, 반품하다

- 回家试穿后，如果尺码不合适能退货吗？
  Huí jiā shìchuān hòu, rúguǒ chǐmǎ bù héshì néng tuìhuò ma?
  집에 돌아가서 입어 보고 사이즈가 안 맞으면 반품이 가능한가요?

- 退货时一定要带着购物小票。
  Tuìhuò shí yídìng yào dàizhe gòuwù xiǎopiào.
  반품하실 때는 반드시 영수증을 지참하셔야 합니다.

回家 huí jiā 통 집으로 돌아가다 | 试穿 shìchuān 통 입어 보다 | 尺码 chǐmǎ 명 (주로 신발, 모자 등의) 길이, 치수, 사이즈 | 合适 héshì 형 적합하다, 알맞다 | 一定 yídìng 부 반드시, 꼭 | 带 dài 통 지니다, 휴대하다 | 购物 gòuwù 통 물품을 구입하다, 물건을 사다 | 小票 xiǎopiào 명 물건 구매 증명, 영수증

🔊 02-51   제3·6부분

退款 tuìkuǎn
동 환불하다, 환급하다 명 환급금, 환불금

- 我突然要去长期出差了，可以退款吗？
  Wǒ tūrán yào qù chángqī chūchāi le, kěyǐ tuìkuǎn ma?
  제가 갑자기 장기 출장을 가게 되었는데, 환불이 가능할까요?

- 衣服上的装饰掉了，所以我想退款。
  Yīfu shang de zhuāngshì diào le, suǒyǐ wǒ xiǎng tuìkuǎn.
  옷에 장식이 떨어져서 환불하려고요.

突然 tūrán 부 갑자기, 문득 | 长期 chángqī 명 장시간, 장기간 | 出差 chūchāi 통 (외지로) 출장 가다 | 衣服 yīfu 명 옷, 의복 | 装饰 zhuāngshì 명통 장식(하다) | 掉 diào 통 떨어지다, 빠뜨리다

02-52

信用卡 xìnyòngkǎ
명 신용 카드

- 可以刷信用卡吗?
  Kěyǐ shuā xìnyòngkǎ ma?
  신용 카드 되나요?

- 对不起，我把信用卡落在家里了。
  Duìbuqǐ, wǒ bǎ xìnyòngkǎ làzài jiāli le.
  죄송해요. 신용 카드를 집에 두고 왔어요.

刷卡 shuākǎ **동** 카드를 긁다, 카드로 결제하다 | 对不起 duìbuqǐ **동** 죄송합니다, 미안합니다 | 落 là **동** 빠뜨리다 | 家 jiā **명** 집

02-53

现金 xiànjīn
명 현금

- 去日本旅游的时候带现金最好。
  Qù Rìběn lǚyóu de shíhou dài xiànjīn zuìhǎo.
  일본 여행을 갈 때는 현금을 가지고 가는 것이 가장 좋습니다.

- 对不起，这儿不能刷卡，只收现金。
  Duìbuqǐ, zhèr bù néng shuākǎ, zhǐ shōu xiànjīn.
  죄송합니다. 여기는 카드 결제는 안 되고, 현금 결제만 됩니다.

日本 Rìběn **명** 일본 | 旅游 lǚyóu **동** 여행하다, 관광하다 | 带 dài **동** 지니다, 휴대하다 | 最好 zuìhǎo **형** 가장 좋다 | 只 zhǐ **부** 단지, 오직 | 收 shōu **동** 받다

제3·6·7부분

结账 jiézhàng

동 계산하다, 결산하다

- 可以用美元结账吗?
  Kěyǐ yòng měiyuán jiézhàng ma?
  달러로 계산할 수 있나요?

- 您用信用卡结账吗?
  Nín yòng xìnyòngkǎ jiézhàng ma?
  신용 카드로 결제하시겠습니까?

用 yòng 동 사용하다, 쓰다 | 美元 měiyuán 명 미국 달러

제2·3·4·6·7부분

购物 gòuwù

동 물품을 구입하다, 물건을 사다

- 这个周末想跟我一块儿去购物吗?
  Zhège zhōumò xiǎng gēn wǒ yíkuàir qù gòuwù ma?
  이번 주말에 저와 함께 쇼핑 가실래요?

- 在购物时你通常最关心什么?
  Zài gòuwù shí nǐ tōngcháng zuì guānxīn shénme?
  쇼핑할 때, 당신은 보통 무엇에 제일 관심을 기울이나요?

周末 zhōumò 명 주말 | 一块儿 yíkuàir 부 함께, 같이 | 通常 tōngcháng 형 보통이다, 일반적이다 | 关心 guānxīn 동 관심을 갖다, 관심을 기울이다

02-56 积分 jīfēn
제3·6부분

명 포인트, 점수의 합계 동 포인트를 쌓다

- 我用会员卡的积分订购了电影票。
  Wǒ yòng huìyuánkǎ de jīfēn dìnggòule diànyǐngpiào.
  저는 회원 카드 포인트로 영화표를 예매했습니다.

- 您有积分卡吗?
  Nín yǒu jīfēnkǎ ma?
  적립 카드 있으신가요?

会员卡 huìyuánkǎ 멤버십 카드, 회원 카드 | 订购 dìnggòu 동 예매하다 | 电影票 diànyǐngpiào 명 영화표 | 卡 kǎ 명 카드

02-57 网上购物 wǎngshàng gòuwù
제4·5·6부분

명 온라인 쇼핑, 인터넷 쇼핑

- 虽然网上购物很方便，但是质量和售后服务都无法保证。
  Suīrán wǎngshàng gòuwù hěn fāngbiàn, dànshì zhìliàng hé shòuhòufúwù dōu wúfǎ bǎozhèng.
  인터넷 쇼핑은 편리하긴 하지만 품질과 애프터 서비스를 보장받을 수 없습니다.

- 我觉得网上购物的最大好处就是不用出门，就可以购物。
  Wǒ juéde wǎngshàng gòuwù de zuìdà hǎochù jiùshì búyòng chūmén, jiù kěyǐ gòuwù.
  제 생각에 인터넷 쇼핑의 가장 큰 장점은 집을 나서지 않고도 물건을 구매할 수 있다는 것입니다.

虽然 suīrán 접 비록 ~하지만 | 方便 fāngbiàn 형 편리하다 | 质量 zhìliàng 명 품질 | 售后服务 shòuhòufúwù 명 애프터 서비스 | 无法 wúfǎ 방법이 없다 | 保证 bǎozhèng 동 보증하다, 담보하다 | 最大 zuìdà 형 제일 크다, 최대이다 | 好处 hǎochù 명 장점, 좋은 점 | 出门 chūmén 동 외출하다, 집을 나서다 | 购物 gòuwù 동 물건을 사다

> 02-58 제3·4·6·7부분

大型超市 dàxíng chāoshì
대형 마트

- 最近我家附近又开了一家**大型超市**。
  Zuìjìn wǒ jiā fùjìn yòu kāile yì jiā dàxíng chāoshì.
  최근 우리 집 근처에 대형 마트 하나가 또 개업했습니다.

- **大型超市**里的食品种类非常丰富。
  Dàxíng chāoshì li de shípǐn zhǒnglèi fēicháng fēngfù.
  대형 마트의 식품 종류는 매우 다양합니다.

最近 zuìjìn 명 최근, 요즘 | 又 yòu 부 또, 다시 | 食品 shípǐn 명 식품 | 种类 zhǒnglèi 명 종류 | 丰富 fēngfù 형 많다, 풍부하다

> 02-59 제3·6·7부분

试穿 shìchuān
동 입어 보다

- 没有**试穿**图吗?
  Méiyǒu shìchuān tú ma?
  착용 컷은 없나요?

- 合不合身，请**试穿**一下。
  Hé bù héshēn, qǐng shìchuān yíxià.
  맞나 안 맞나 한번 입어 보세요.

图 tú 명 그림, 사진 | 合身 héshēn 형 (의복이) 몸에 맞다 | 一下 yíxià 양 시험삼아 해 보다, 좀 ~하다

CHAPTER 02 여가, 취미, 쇼핑

제3·4·6부분

◎ 02-60

新鲜 xīnxiān

형 신선하다, 싱싱하다

- 新鲜的空气对健康是非常重要的。
  Xīnxiān de kōngqì duì jiànkāng shì fēicháng zhòngyào de.
  신선한 공기는 건강에 매우 중요합니다.

- 她每天早晨到公园锻炼身体，呼吸新鲜的空气。
  Tā měi tiān zǎochén dào gōngyuán duànliàn shēntǐ, hūxī xīnxiān de kōngqì.
  그녀는 매일 아침 공원에 가서 몸을 단련하고 신선한 공기를 마십니다.

空气 kōngqì 명 공기 | 健康 jiànkāng 명 건강하다 | 重要 zhòngyào 형 중요하다 | 每天 měi tiān 명 매일, 날마다 | 早晨 zǎochén 명 (이른) 아침, 새벽 | 公园 gōngyuán 명 공원 | 锻炼 duànliàn 동 단련하다 | 身体 shēntǐ 명 몸, 신체, 건강 | 呼吸 hūxī 동 호흡하다, 숨을 쉬다

제2·3·4·6부분

◎ 02-61

价格 jiàgé

명 가격, 값

- 这件上衣很合身，只是价格有点儿贵。
  Zhè jiàn shàngyī hěn héshēn, zhǐshì jiàgé yǒudiǎnr guì.
  이 상의는 몸에 잘 맞는데, 다만 가격이 조금 비쌉니다.

- 这顶帽子好看是好看，就是价格太高了。
  Zhè dǐng màozi hǎokàn shì hǎokàn, jiùshì jiàgé tài gāo le.
  이 모자는 예쁘긴 예쁜데, 가격이 너무 높습니다.

上衣 shàngyī 명 상의, 윗도리 | 合身 héshēn 형 (의복이) 몸에 맞다 | 只是 zhǐshì 부 단지, 다만 | 贵 guì 형 (가격이) 비싸다, 높다 | 帽子 màozi 명 모자 | 好看 hǎokàn 형 아름답다, 보기 좋다

● 02-62 제3·5·6·7부분

种类 zhǒnglèi
명 종류

- 为了增长知识，我们要广泛地阅读不同**种类**的书籍。
  Wèile zēngzhǎng zhīshi, wǒmen yào guǎngfàn de yuèdú bùtóng zhǒnglèi de shūjí.
  지식을 늘리기 위해서, 우리는 다른 종류의 서적을 폭넓게 읽어야 합니다.

- 我家附近的水果店里的水果**种类**非常丰富。
  Wǒ jiā fùjìn de shuǐguǒdiàn li de shuǐguǒ zhǒnglèi fēicháng fēngfù.
  우리 집 근처 과일 가게의 과일 종류는 매우 풍부합니다.

为了 wèile 개 ~을 하기 위해서 | **增长** zēngzhǎng 동 증가하다, 늘어나다 | **知识** zhīshi 명 지식 | **广泛** guǎngfàn 형 광범위하다, 폭넓다 | **阅读** yuèdú 열독하다, 보다 | **不同** bùtóng 형 같지 않다, 다르다 | **书籍** shūjí 명 서적 | **水果店** shuǐguǒdiàn 과일 가게 | **丰富** fēngfù 형 풍부하다, 많다

● 02-63 제2·3·4·6·7부분

逛 guàng
동 거닐다, 돌아다니다, 구경하다

- 等一会儿我们去**逛**超市吧。
  Děng yíhuìr wǒmen qù guàng chāoshì ba.
  좀 이따 우리 장 보러 가요.

- 咱们吃完饭后去百货商店**逛一逛**，怎么样？
  Zánmen chīwán fàn hòu qù bǎihuò shāngdiàn guàng yi guàng, zěnmeyàng?
  우리 밥 먹은 후에 백화점 가서 구경하는 거 어때요?

等一会儿 děng yíhuìr 좀 기다리다 | **超市** chāoshì 명 마트 | **咱们** zánmen 대 우리 | **百货商店** bǎihuò shāngdiàn 백화점

广告 guǎnggào

명 광고, 선전

- 我买东西时，不受广告影响。
  Wǒ mǎi dōngxi shí, bú shòu guǎnggào yǐngxiǎng.
  저는 물건을 살 때 광고의 영향을 받지 않습니다.

- 制作和发布虚假广告是欺骗群众的行为。
  Zhìzuò hé fābù xūjiǎ guǎnggào shì qīpiàn qúnzhòng de xíngwéi.
  거짓된 광고를 제작하고 발표하는 것은 대중을 속이는 행위입니다.

影响 yǐngxiǎng 명 동 영향(을 주다) | 制作 zhìzuò 동 제작하다 | 发布 fābù 동 선포하다, 발포하다 | 虚假 xūjiǎ 형 거짓의, 허위의 | 欺骗 qīpiàn 동 속이다 | 群众 qúnzhòng 명 대중 | 行为 xíngwéi 명 행위, 행동

产品 chǎnpǐn

명 생산품, 제품

- 这个产品很受欢迎。
  Zhège chǎnpǐn hěn shòu huānyíng.
  이 제품은 인기가 많습니다.

- 这个产品又便宜又漂亮。
  Zhège chǎnpǐn yòu piányi yòu piàoliang.
  이 제품은 저렴하면서 예쁩니다.

受 shòu 동 받다, 받아들이다 | 欢迎 huānyíng 동 환영하다, 기쁘게 맞이하다 | 便宜 piányi 형 저렴하다 | 漂亮 piàoliang 형 예쁘다, 아름답다

◉ 02-66   제3·4·6부분

换 huàn
동 교환하다, 바꾸다

- 你换工作了吗?
  Nǐ huàn gōngzuò le ma?
  당신 직장을 바꿨나요?

- 我想把美元换成人民币。
  Wǒ xiǎng bǎ měiyuán huànchéng rénmínbì.
  달러를 인민폐로 환전하고 싶습니다.

工作 gōngzuò 명 직업, 일자리 | 美元 měiyuán 명 미국 달러 | 人民币 rénmínbì 명 인민폐

◉ 02-67   제3·6부분

售后服务 shòuhòufúwù
명 애프터 서비스(A/S)

- 喂,你好,是售后服务中心吗?
  Wéi, nǐ hǎo, shì shòuhòufúwù zhōngxīn ma?
  여보세요? 안녕하세요. 애프터 서비스 센터죠?

- 这个产品的售后服务怎么样?
  Zhège chǎnpǐn de shòuhòufúwù zěnmeyàng?
  이 제품의 애프터 서비스는 어떤가요?

喂 wéi 감 (전화상에서) 여보세요 | 中心 zhōngxīn 명 중심, 센터

🔊 02-68   제3·4·6부분

优惠 yōuhuì
혱 특혜의, 우대의, 할인의

- 我家附近的百货商店经常搞优惠活动。
  Wǒ jiā fùjìn de bǎihuò shāngdiàn jīngcháng gǎo yōuhuì huódòng.
  우리 집 근처 백화점은 할인 행사를 자주 합니다.

- 只有申请升级才能享用这些优惠。
  Zhǐyǒu shēnqǐng shēngjí cái néng xiǎngyòng zhèxiē yōuhuì.
  등업 신청을 해야만 이러한 혜택을 누리실 수 있습니다.

经常 jīngcháng 튀 항상, 자주 | 搞 gǎo 통 하다, 처리하다 | 活动 huódòng 통 활동하다, 움직이다 | 只有 zhǐyǒu 젭 ~해야만 ~이다 | 申请 shēnqǐng 통 신청하다 | 升级 shēngjí 통 승급하다, 업그레이드하다 | 才能 cái néng 튀 ~해야 비로소 ~할 수 있다 | 享用 xiǎngyòng 통 누리다, 향유하다

TSC 고급 어휘

🔊 02-69   제3·4·6부분

高档 gāodàng
혱 고급의, 상등의

- 看起来很高档。
  Kàn qǐlái hěn gāodàng.
  고급스러워 보이네요.

- 这件衣服既漂亮又高档。
  Zhè jiàn yīfu jì piàoliang yòu gāodàng.
  이 옷은 예쁘면서도 고급스럽네요.

看起来 kàn qǐlái 동 보아하니 ~하다 | 衣服 yīfu 명 옷, 의복 | 既……又 jì……yòu ~하고 또 ~하다

○ 02-70   제2·3부분

物美价廉 wùměijiàlián
성 상품의 질이 좋고 값도 저렴하다

- 那家商店里有很多**物美价廉**的商品。
  Nà jiā shāngdiàn li yǒu hěn duō wùměijiàlián de shāngpǐn.
  그 상점에는 싸고 좋은 제품이 많습니다.

- 这里的东西真是**物美价廉**。
  Zhèli de dōngxi zhēnshi wùměijiàlián.
  여기 물건은 정말 값도 저렴하고 품질도 좋네요.

商店 shāngdiàn 명 상점, 판매점 | 商品 shāngpǐn 명 상품, 제품 | 真是 zhēnshi 부 정말, 실로

○ 02-71   제3·6부분

更衣室 gēngyīshì
명 탈의실

- 要去**更衣室**换衣服。
  Yào qù gēngyīshì huàn yīfu.
  탈의실에 가서 갈아입어야 합니다.

- 那边有**更衣室**。
  Nàbiān yǒu gēngyīshì.
  저 쪽에 탈의실이 있습니다.

换 huàn 동 바꾸다, 교체하다 | 那边 nàbiān 대 그 쪽, 저 쪽

미니 테스트

1 다음 한어병음에 해당하는 어휘와 뜻을 써 보세요.

(1) lǔxíng

_____

(2) bǐsài

_____

(3) yóuyǒng

_____

(4) liáotiān

_____

2 다음 우리말에 해당하는 어휘를 쓰고 한어병음을 표시해 보세요.

(1) 현장

_____

(2) 연극

_____

(3) 회원 카드

_____

(4) 화장품

_____

3 다음 빈칸에 들어갈 알맞은 어휘를 보기에서 고르세요.

| 보기 | 兴趣 | 看书 | 方面 | 户外 | 尝试 |

(1) 多_____新的工作有很多好处。

(2) 我对下棋不感_____。

(3) 我闲的没事就去书店_____。

(4) 我在饮食_____很讲究卫生。

(5) 我建议你多做点儿_____运动。

4 다음 빈칸에 들어갈 알맞은 어휘를 아래에서 고르세요.

(1) 我有在酒店工作的(　　).
　① 事情　　② 打工　　③ 经历　　④ 准备

(2) 这是个好(　　), 不要放过.
　① 考试　　② 机会　　③ 比赛　　④ 健身房

(3) 我平时很喜欢听(　　).
　① 音乐　　② 电影　　③ 电视　　④ 杂志

5 아래의 우리말 문장을 보고 빈칸에 알맞은 어휘를 써 보세요.

(1) 我的_____生活很丰富.
　저의 여가 생활은 아주 풍부합니다.

(2) 长时间_____会影响日常生活.
　장시간 게임을 하면 일상생활에 영향을 미칠 수 있습니다.

(3) 我什么样的_____都很喜欢.
　저는 어떤 텔레비전 프로그램이든 다 좋아합니다.

정답 │ **1** (1) 旅行 여행하다　(2) 比赛 경기(하다)　(3) 游泳 수영(하다)　(4) 聊天 잡담
2 (1) 现场 xiànchǎng　(2) 话剧 huàjù　(3) 会员卡 huìyuánkǎ　(4) 化妆品 huàzhuāngpǐn
3 (1) 尝试　(2) 兴趣　(3) 看书　(4) 方面　(5) 户外
4 (1) ③　(2) ②　(3) ①
5 (1) 业余　(2) 玩儿游戏　(3) 电视节目

TSC 빈출 질문 및 모범답안

🔊 02-72 | 제4부분

1 问题 你喜欢看有关动物方面的电视节目吗?
Nǐ xǐhuan kàn yǒuguān dòngwù fāngmiàn de diànshì jiémù ma?
당신은 동물 관련 텔레비전 프로그램 보는 것을 좋아합니까?

回答 我喜欢看有关动物方面的电视节目。我非常喜欢动物,尤其喜欢小狗。看动物电视节目可以让我缓解压力,所以我一般回家后坐在沙发上看动物节目。
Wǒ xǐhuan kàn yǒuguān dòngwù fāngmiàn de diànshì jiémù. Wǒ fēicháng xǐhuan dòngwù, yóuqí xǐhuan xiǎogǒu. Kàn dòngwù diànshì jiémù kěyǐ ràng wǒ huǎnjiě yālì, suǒyǐ wǒ yìbān huí jiā hòu zuòzài shāfā shang kàn dòngwù jiémù.

저는 동물 관련 텔레비전 프로그램 보는 것을 좋아합니다. 저는 동물을 매우 좋아하는데, 특히 강아지를 좋아합니다. 동물 프로그램을 보면 스트레스가 풀립니다. 그래서 저는 보통 집에 가면 소파 위에 앉아서 동물 프로그램을 봅니다.

> 有关 yǒuguān 통 관계가 있다 형 관계가 있는 | 动物 dòngwù 명 동물 | 方面 fāngmiàn 명 방면, 부분 | 电视 diànshì 명 TV, 텔레비전 | 节目 jiémù 명 프로그램, 종목 | 尤其 yóuqí 뷔 더욱이, 특히 | 小狗 xiǎogǒu 명 강아지 | 缓解 huǎnjiě 통 완화되다, 풀리다 | 压力 yālì 명 스트레스 | 一般 yìbān 형 보통이다, 일반적이다 | 沙发 shāfā 명 소파

🔊 02-73 | 제3부분

2 问题 这次旅行你跟谁一起去呢?
Zhè cì lǚxíng nǐ gēn shéi yìqǐ qù ne?
이번 여행은 누구와 같이 가나요?

回答 这次我一个人去旅游。一个人去旅游很自由,不用看别人的脸色。
Zhè cì wǒ yí gè rén qù lǚyóu. Yí gè rén qù lǚyóu hěn zìyóu, búyòng kàn biérén de liǎnsè.

이번에 저는 혼자 여행 가요. 혼자 가면 자유롭고, 다른 사람 눈치를 볼 필요가 없어요.

旅行 lǚxíng 동 여행하다 | 跟 gēn 개 ~와 | 谁 shéi 대 누구 | 一起 yìqǐ 부 함께, 같이 | 旅游 lǚyóu 동 여행하다 | 自有 zìyóu 형 자유롭다 | 别人 biérén 대 남, 타인, 다른 사람 | 脸色 liǎnsè 명 안색

● 02-74 | 제4부분

3 问题 你平时在哪儿学习?
Nǐ píngshí zài nǎr xuéxí?
당신은 평소에 어디에서 공부를 하나요?

回答 我平时在学校图书馆学习。因为我们学校图书馆比较安静，能让我集中精力去学习。
Wǒ píngshí zài xuéxiào túshūguǎn xuéxí. Yīnwèi wǒmen xuéxiào túshūguǎn bǐjiào ānjìng, néng ràng wǒ jízhōng jīnglì qù xuéxí.
저는 평소에 학교 도서관에서 공부를 합니다. 왜냐하면 우리 학교 도서관은 비교적 조용하고, 집중해서 공부할 수 있기 때문입니다.

平时 píngshí 명 평소, 평상시 | 学校 xuéxiào 명 학교 | 图书馆 túshūguǎn 명 도서관 | 安静 ānjìng 형 조용하다 | 集中 jízhōng 동 집중하다 | 精力 jīnglì 명 정신과 체력

CHAPTER 03

건강, 운동, 학교, 학습

건강, 운동, 학교, 학습은 제3부분, 제4부분, 제5부분, 제6부분에 고루 나오는 주제입니다. 제3부분에서는 건강의 상태를 이야기하는 문제, 제4부분에서는 건강 관리를 어떻게 하는지 등을 물어보는 문제가 출제됩니다. 이렇게 파트별로 같은 키워드이지만 다른 문제들이 출제될 수 있으므로 자신의 언어로 이야기할 수 있도록 반드시 입으로 암기해 두어야 합니다.

TSC 기본 어휘

● 03-01

제3부분

头 tóu

명 머리, 머리카락

- 我今天有点儿头疼。
  Wǒ jīntiān yǒudiǎnr tóu téng.
  저는 오늘 머리가 조금 아픕니다.

- 我动不动就头不舒服。
  Wǒ dòngbúdòng jiù tóu bù shūfu.
  저는 걸핏하면 머리가 아픕니다.

有点儿 yǒudiǎnr 부 약간, 조금 | 疼 téng 형 아프다 | 动不动 dòngbúdòng 부 걸핏하면, 툭하면, 자주 | 不舒服 bùshūfu 형 (몸이) 아프다, 불편하다

TIP 신체 관련 어휘

眼睛 yǎnjing 명 눈 | 鼻子 bízi 명 코 | 嘴 zuǐ 명 입 | 嗓子 sǎngzi 명 목구멍 | 脖子 bózi 명 목 | 胳膊 gēbo 명 팔 | 手 shǒu 명 손 | 腿 tuǐ 명 다리 | 脚 jiǎo 명 발

● 03-02

제3부분

疼 téng

형 아프다

- 我从昨天晚上开始头疼。
  Wǒ cóng zuótiān wǎnshang kāishǐ tóu téng.
  저는 어제 저녁부터 머리가 아프기 시작했습니다.

- 我现在嗓子疼。
  Wǒ xiànzài sǎngzi téng.
  저는 지금 목구멍이 아픕니다.

昨天 zuótiān 명 어제 | 开始 kāishǐ 동 시작하다, 시작되다 | 现在 xiànzài 명 지금, 현재 | 嗓子 sǎngzi 명 목구멍

03-03

不舒服 bù shūfu
형 (기분이) 언짢다, (몸이) 아프다, 불편하다

- 你哪儿不舒服?
  Nǐ nǎr bù shūfu?
  어디가 불편하세요?

- 我现在嗓子疼、发烧、流鼻涕、浑身不舒服。
  Wǒ xiànzài sǎngzi téng、fāshāo、liú bítì、húnshēn bù shūfu.
  저는 지금 목이 아프고, 열이 나고, 콧물이 나고 온몸이 아픕니다.

发烧 fāshāo 동 열이 나다 | 流鼻涕 liú bítì 콧물이 나다 | 浑身 húnshēn 전신, 온몸

03-04

生病 shēngbìng
동 병이 나다, 병에 걸리다

- 听说小李生病住院了。
  Tīngshuō Xiǎo Lǐ shēngbìng zhùyuàn le.
  듣자 하니 샤오리가 병이 나서 입원했대요.

- 我昨天生病了，所以没去上课。
  Wǒ zuótiān shēngbìng le, suǒyǐ méi qù shàngkè.
  저는 어제 병이 나서 수업에 못 갔습니다.

听说 tīngshuō 동 듣자 하니, 듣건대 | 住院 zhùyuàn 동 (환자가) 입원하다 | 昨天 zuótiān 명 어제 | 上课 shàngkè 동 수업을 듣다

TIP 질병, 부상 관련 어휘

着凉 zháoliáng 동 감기에 걸리다 | 过敏 guòmǐn 동 알레르기 반응을 보이다 | 咳嗽 késou 동 기침하다 | 发烧 fāshāo 동 열이 나다 | 发炎 fāyán 동 염증이 생기다 | 流鼻涕 liú bítì 콧물이 나다 | 肚子疼 dùzi téng 배가 아프다 | 打喷嚏 dǎ pēntì 재채기를 하다 | 恶心 ěxin 동 구역이 나다, 메스껍다 | 晕 yùn 동 현기증이 나다 yūn 동 어지럽다 | 感冒 gǎnmào 동 감기에 걸리다 | 没胃口 méi wèikǒu 식욕이 없다 | 跌倒 diēdǎo 동 넘어지다, 쓰러지다 | 烫伤 tàngshāng 동 화상을 입다, 뜨거운 것에 데이다 | 烧伤 shāoshāng 동 (불에) 화상을 입다 | 骨折 gǔzhé 동 골절되다, 뼈가 부러지다 | 流鼻血 liú bíxuè 코피를 흘리다 | 扭伤 niǔshāng 동 삐다, 접질리다 | 摔伤 shuāishāng 낙상하다

제3부분

🔊 03-05

严重 yánzhòng

형 위급하다, 심각하다

- 咳嗽太严重了。
  Késou tài yánzhòng le.
  기침이 너무 심하네요.

- 我最近失眠很严重。
  Wǒ zuìjìn shīmián hěn yánzhòng.
  저 요즘 불면증이 심각해요.

咳嗽 késou 동 기침하다 | 最近 zuìjìn 명 최근, 요즘 | 失眠 shīmián 동 잠을 이루지 못하다, 불면증에 걸리다

제3·4·5부분

健康 jiànkāng
명 건강 형 건강하다

- 他的身体很健康。
  Tā de shēntǐ hěn jiànkāng.
  그의 몸은 매우 건강합니다.

- 为了健康长寿，我觉得重要的事情有很多。
  Wèile jiànkāng chángshòu, wǒ juéde zhòngyào de shìqing yǒu hěn duō.
  건강하게 오래 살기 위해 중요한 것은 매우 많다고 생각합니다.

身体 shēntǐ 명 몸, 신체, 건강 | 为了 wèile 개 ~을 하기 위하여 | 长寿 chángshòu 형 장수하다, 오래 살다 | 重要 zhòngyào 형 중요하다 | 事情 shìqing 명 일, 사건, 사고

제3·4·6·7부분

减肥 jiǎnféi
동 살을 빼다, 체중을 줄이다

- 最近也在减肥吗？
  Zuìjìn yě zài jiǎnféi ma?
  요즘도 다이어트 해요?

- 有减肥秘诀吗？
  Yǒu jiǎnféi mìjué ma?
  다이어트 비법이 있나요?

秘诀 mìjué 명 비결, 비법

CHAPTER 03 건강, 운동, 학교, 학습

病房 bìngfáng

명 입원실, 병실

- 在**病房**里会很无聊的。
  Zài bìngfáng li huì hěn wúliáo de.
  병실에 있으면 굉장히 무료합니다.

- 你住在几号**病房**？
  Nǐ zhùzài jǐ hào bìngfáng?
  당신은 몇 호 병실에 있나요?

无聊 wúliáo 형 무료하다, 따분하다 | 住 zhù 동 숙박하다, 묵다 | 号 hào 명 번호, 호수

医生 yīshēng

명 의사

- 听**医生**说，我还得住一个星期左右。
  Tīng yīshēng shuō, wǒ hái děi zhù yí ge xīngqī zuǒyòu.
  의사 선생님이 아직 일주일 더 입원해야 한다고 했습니다.

- 听**医生**说，你会马上好起来的。
  Tīng yīshēng shuō, nǐ huì mǎshàng hǎo qǐlái de.
  의사 선생님이 당신 곧 좋아질 거라고 했어요.

得 děi 조동 ~해야 한다 | 星期 xīngqī 명 요일 | 左右 zuǒyòu 명 가량 | 马上 mǎshàng 부 곧, 즉시

> **TIP** 진료 과목 관련 어휘
>
> 耳鼻喉科 ěrbíhóukē 명 이비인후과 | 妇产科 fùchǎnkē 명 산부인과 | 泌尿科 mìniàokē 명 비뇨기과 | 眼科 yǎnkē 안과 | 牙科 yákē 명 치과 | 外科 wàikē 명 외과 | 内科 nèikē 명 내과

● 03-10   제3·6부분

住院 zhùyuàn
동 (환자가) 입원하다

- 他为什么住院了?
  Tā wèi shénme zhùyuàn le?
  그는 왜 입원했나요?

- 一周前就住院了，说是明天就可以出院。
  Yì zhōu qián jiù zhùyuàn le, shuō shì míngtiān jiù kěyǐ chūyuàn.
  일주일 전에 입원했는데, 내일은 퇴원을 해도 된다고 합니다.

为什么 wèi shénme 부 왜, 무엇 때문에 | 一周 yì zhōu 명 일주일 | 明天 míngtiān 명 내일 | 可以 kěyǐ 동 ~할 수 있다, 가능하다 | 出院 chūyuàn 동 퇴원하다

● 03-11   제3·6부분

出院 chūyuàn
동 퇴원하다

- 我明天就能出院。
  Wǒ míngtiān jiù néng chūyuàn.
  저는 내일이면 퇴원할 수 있습니다.

- 祝你早日恢复健康，早日出院。
  Zhù nǐ zǎorì huīfù jiànkāng, zǎorì chūyuàn.
  하루 빨리 건강을 회복해서, 하루 빨리 퇴원하시길 바랍니다.

祝 zhù 동 축복하다, 기원하다 | 早日 zǎorì 부 일찍이, 빨리, 곧 | 恢复 huīfù 동 회복하다, 회복시키다 | 健康 jiànkāng 명·형 건강(하다)

看病 kànbìng

동 (의사가) 진찰하다, (의사에게) 진찰을 받다

- 明天我要去看病。
  Míngtiān wǒ yào qù kànbìng.
  내일 저는 진찰을 받으러 가야 합니다.

- 你先吃点儿药吧，如果还疼的话，我们去看病吧。
  Nǐ xiān chī diǎnr yào ba, rúguǒ hái téng dehuà, wǒmen qù kànbìng ba.
  당신 먼저 약을 좀 먹어 봐요. 그래도 아프면 우리 같이 진찰 받으러 가요.

药 yào 명 약 | 疼 téng 형 아프다 | 的话 dehuà 조 ~하다면

休息 xiūxi

동 휴식하다, 휴식을 취하다

- 我喜欢在家休息。
  Wǒ xǐhuan zài jiā xiūxi.
  저는 집에서 쉬는 것을 좋아합니다.

- 你太累了，你得好好休息休息。
  Nǐ tài lèi le, nǐ děi hǎohǎo xiūxi xiūxi.
  당신 너무 무리했어요. 잘 쉬어야 해요.

累 lèi 형 피곤하다 | 得 děi 조동 ~해야 한다

제4·5부분

◉ 03-14

睡眠 shuìmián

명 수면, 잠 동 수면하다, 잠자다

- 晚上玩儿手机会影响睡眠。
  Wǎnshang wánr shǒujī huì yǐngxiǎng shuìmián.
  밤에 휴대전화를 하면 수면에 영향을 끼칩니다.

- 我平时睡眠时间不够。
  Wǒ píngshí shuìmián shíjiān búgòu.
  저는 평상시에 수면 시간이 부족합니다.

玩儿 wánr 동 놀다, 즐기다 | 手机 shǒujī 명 휴대전화 | 影响 yǐngxiǎng 명 동 영향(을 주다) | 平时 píngshí 명 평소, 평상시, 보통 때 | 时间 shíjiān 명 시간 | 不够 búgòu 형 부족하다, 충족하지 않다

제4·5부분

◉ 03-15

饮食 yǐnshí

명 음식 동 음식을 먹고 마시다

- 培养良好的饮食习惯很重要。
  Péiyǎng liánghǎo de yǐnshí xíguàn hěn zhòngyào.
  좋은 식습관을 기르는 것은 매우 중요합니다.

- 我喜欢看有关饮食方面的电视节目。
  Wǒ xǐhuan kàn yǒuguān yǐnshí fāngmiàn de diànshì jiémù.
  저는 음식 분야와 관련된 텔레비전 프로그램 보는 것을 좋아합니다.

培养 péiyǎng 동 양성하다, 기르다 | 良好 liánghǎo 형 좋다, 양호하다 | 习惯 xíguàn 명 버릇, 습관 동 습관이 되다, 익숙해지다 | 重要 zhòngyào 형 중요하다 | 有关 yǒuguān 동 관계가 있다, 관련이 있다 | 方面 fāngmiàn 명 방면, 부분, 분야 | 电视节目 diànshì jiémù 텔레비전 프로그램

CHAPTER 03 건강, 운동, 학교, 학습

🔊 03-16   제5·7부분

运动会 yùndònghuì
명 운동회, 체육 대회

- 学校每年都举办**运动会**有很多好处。
  Xuéxiào měi nián dōu jǔbàn yùndònghuì yǒu hěn duō hǎochù.
  학교에서 매년 운동회를 개최하는 것에는 많은 장점이 있습니다.

- 大部分学校每年都举办**运动会**。
  Dàbùfen xuéxiào měi nián dōu jǔbàn yùndònghuì.
  대부분의 학교는 해마다 운동회를 개최합니다.

学校 xuéxiào 명 학교 | **每年** měi nián 매년, 해마다 | **举办** jǔbàn 동 개최하다 | **好处** hǎochù 명 장점 | **大部分** dàbùfen 명 대부분

🔊 03-17   제2·3·4·7부분

学习 xuéxí
동 공부하다, 학습하다, 배우다

- **学习**汉语很有意思。
  Xuéxí Hànyǔ hěn yǒu yìsi.
  중국어를 배우는 것은 재미있습니다.

- 我在补习班**学习**英语。
  Wǒ zài bǔxíbān xuéxí Yīngyǔ.
  저는 학원에서 영어를 공부합니다.

汉语 Hànyǔ 명 중국어 | **有意思** yǒu yìsi 형 재미있다, 흥미 있다 | **补习班** bǔxíbān 명 학원, 보습 학원 | **英语** Yīngyǔ 명 영어

제4·7부분

◐ 03-18

读书 dúshū
동 책을 읽다, 학교를 다니다, 공부하다

- 我喜欢边读书边喝咖啡。
  Wǒ xǐhuan biān dúshū biān hē kāfēi.
  저는 책을 읽으면서 커피 마시는 것을 좋아합니다.

- 我最近很用心地读书了。
  Wǒ zuìjìn hěn yòngxīn de dúshū le.
  저는 요즘 열심히 공부했습니다.

边……边 biān……biān ~하면서 ~하다 | 咖啡 kāfēi 명 커피 | 用心 yòngxīn 형 열심이다, 부지런하다

제3·4·5부분

◐ 03-19

知道 zhīdào
동 알다, 이해하다

- 你知道班长的手机号码吗?
  Nǐ zhīdào bānzhǎng de shǒujī hàomǎ ma?
  반장 휴대전화 번호 알아요?

- 你知道百货商店几点关门吗?
  Nǐ zhīdào bǎihuò shāngdiàn jǐ diǎn guānmén ma?
  백화점이 몇 시에 문을 닫는지 아나요?

班长 bānzhǎng 명 반장, 조장 | 手机号码 shǒujī hàomǎ 휴대전화 번호 | 百货商店 bǎihuò shāngdiàn 백화점 | 几点 jǐ diǎn 몇시 | 关门 guānmén 동 문을 닫다, 영업을 마치다

◉ 03-20

제4·5·7부분

了解 liǎojiě

동 자세하게 알다, 이해하다

- 你**了解**他吗?
  Nǐ liǎojiě tā ma?
  당신은 그에 대해서 잘 아나요?

- 学习外语可以**了解**外国文化。
  Xuéxí wàiyǔ kěyǐ liǎojiě wàiguó wénhuà.
  외국어를 배우면 외국 문화를 이해할 수 있습니다.

学习 xuéxí 동 배우다, 학습하다 | 外语 wàiyǔ 명 외국어 | 外国 wàiguó 명 외국 | 文化 wénhuà 명 문화

◉ 03-21

제4·5부분

懂 dǒng

동 알다, 이해하다, 터득하다

- 你听**懂**了今天上课的内容吗?
  Nǐ tīngdǒngle jīntiān shàngkè de nèiróng ma?
  당신 오늘 수업한 내용 이해했나요?

- 不好意思,我不太**懂**汉语。
  Bù hǎoyìsi, wǒ bú tài dǒng Hànyǔ.
  죄송하지만 저는 중국어를 잘 모릅니다.

上课 shàngkè 동 수업하다 | 内容 nèiróng 명 내용 | 不好意思 bù hǎoyìsi 죄송합니다, 미안합니다 | 不太 bú tài 그다지 ~하지 않다, 별로

◉ 03-22　　　　　　　　　　　　　　　　　　　　　제2·3·4·5·6·7부분

汉语 Hànyǔ

명 중국어, 한어

- 你**汉语**说得很流利。
  Nǐ Hànyǔ shuō de hěn liúlì.
  중국어를 유창하게 잘 하시네요.

- 我想提高我的**汉语**水平。
  Wǒ xiǎng tígāo wǒ de Hànyǔ shuǐpíng.
  저는 제 중국어 수준을 향상시키고 싶습니다.

流利 liúlì 형 유창하다, 막힘이 없다 | 提高 tígāo 동 향상시키다, 높이다 | 水平 shuǐpíng 명 수준

◉ 03-23　　　　　　　　　　　　　　　　　　　　　제3·4·5부분

外语 wàiyǔ

명 외국어

- 我最近在学习很多**外语**。
  Wǒ zuìjìn zài xuéxí hěn duō wàiyǔ.
  저는 요즘 많은 외국어를 배우고 있습니다.

- 在我们国家，**外语**能力非常重要。
  Zài wǒmen guójiā, wàiyǔ nénglì fēicháng zhòngyào.
  우리나라에서는 외국어 능력이 매우 중요합니다.

国家 guójiā 명 국가 | 能力 nénglì 명 능력, 역량 | 重要 zhòngyào 형 중요하다

> **TIP** 언어 관련 어휘
>
> 韩语 Hányǔ 명 한국어 | 英语 Yīngyǔ 명 영어 | 日语 Rìyǔ 명 일본어 | 法语 Fǎyǔ 명 프랑스어, 불어 |
> 德语 Déyǔ 명 독일어 | 西班牙语 Xībānyáyǔ 명 스페인어 | 意大利语 Yìdàlìyǔ 명 이탈리아어

제5부분

03-24

课程 kèchéng

명 교육 과정, 커리큘럼

- 大学里的 课程 一般有必修和选修两种。
  Dàxué lǐ de kèchéng yìbān yǒu bìxiū hé xuǎnxiū liǎng zhǒng.
  대학 교육 과정은 보통 필수와 선택 두 가지 종류가 있습니다.

- 为了减轻学生的负担，学校相应地减少 课程，增加了课外活动。
  Wèile jiǎnqīng xuéshēng de fùdān, xuéxiào xiāngyìng de jiǎnshǎo kèchéng, zēngjiāle kèwài huódòng.
  학생들의 부담을 줄이기 위해서 학교는 적절하게 교과 과정을 줄이고, 방과후 활동을 늘렸습니다.

大学 dàxué 명 대학 | 一般 yìbān 형 보통이다, 평범하다 | 必修 bìxiū 동 필수 과목으로 이수하다 | 选修 xuǎnxiū 동 선택 과목으로 이수하다 | 减轻 jiǎnqīng 동 경감하다, 감소하다 | 负担 fùdān 명 부담, 책임 | 相应 xiāngyìng 동 적합하다, 적절하다 | 减少 jiǎnshǎo 동 감소하다, 줄이다 | 增加 zēngjiā 동 증가하다, 더하다 | 课外活动 kèwài huódòng 과외 활동

제3·4·5부분

03-25

新闻 xīnwén

명 뉴스, 새 소식

- 你看了今天的 新闻 吗？
  Nǐ kànle jīntiān de xīnwén ma?
  오늘 뉴스 봤나요?

- 我觉得网络 新闻 能取代报纸。
  Wǒ juéde wǎngluò xīnwén néng qǔdài bàozhǐ.
  저는 인터넷 뉴스가 신문을 대체할 수 있다고 생각합니다.

网络 wǎngluò 명 인터넷 | 取代 qǔdài 동 대체하다 | 报纸 bàozhǐ 명 신문

제4·5부분

◐ 03-26

知识 zhīshi

명 지식

- 他的历史**知识**很浅薄。
  Tā de lìshǐ zhīshi hěn qiǎnbó.
  그의 역사 지식은 매우 얕습니다.

- 从书本里可以吸取到大量的**知识**。
  Cóng shūběn li kěyǐ xīqǔ dào dàliàng de zhīshi.
  책으로부터 많은 지식을 얻을 수 있습니다.

历史 lìshǐ 명 역사 | 浅薄 qiǎnbó 형 미미하다, 깊지 않다 | 书本 shūběn 명 책 | 吸取 xīqǔ 동 흡수하다, 빨아들이다, 얻다 | 大量 dàliàng 형 대량의, 많은 양의

제2·3부분

◐ 03-27

杂志 zázhì

명 잡지

- 他坐在沙发上看**杂志**。
  Tā zuòzài shāfā shang kàn zázhì.
  그는 소파에 앉아서 잡지를 보고 있습니다.

- 这本**杂志**很有趣。
  Zhè běn zázhì hěn yǒuqù.
  이 잡지는 재미있습니다.

坐 zuò 동 앉다 | 沙发 shāfā 명 소파 | 有趣 yǒuqù 형 재미있다, 흥미가 있다

◐ 03-28   제3·4·5·6부분

上网 shàngwǎng
동 인터넷을 하다, 인터넷을 연결하다

- 这是**上网**查到的。
  Zhè shì shàngwǎng chádào de.
  이것은 인터넷에서 찾은 것입니다.

- 你经常**上网**聊天吗?
  Nǐ jīngcháng shàngwǎng liáotiān ma?
  당신은 자주 인터넷 채팅을 하나요?

查 chá 동 검사하다, 조사하다 | 经常 jīngcháng 부 늘, 항상, 자주 | 聊天 liáotiān 잡담, 채팅

◐ 03-29   제2·3·4·7부분

上课 shàngkè
동 수업을 듣다, 수업하다, 강의하다

- 我每天从八点到十点**上**汉语**课**。
  Wǒ měi tiān cóng bā diǎn dào shí diǎn shàng Hànyǔ kè.
  저는 매일 8시부터 10시까지 중국어 수업을 듣습니다.

- 几点开始**上课**?
  Jǐ diǎn kāishǐ shàngkè?
  몇 시에 수업을 시작하나요?

每天 měi tiān 부 매일 | 汉语 Hànyǔ 명 중국어 | 几点 jǐ diǎn 몇 시 | 开始 kāishǐ 시작하다

> **TIP** 수업 관련 어휘
>
> 下课 xiàkè 동 수업이 끝나다, 수업을 마치다 | 开学 kāixué 동 개학하다 | 上学 shàngxué 동 등교하다 | 毕业 bìyè 동 졸업하다 | 逃课 táokè 동 수업을 빼먹다, 무단 결석하다 | 旷课 kuàngkè 동 무단 결석하다 | 缺课 quēkè 동 결석하다 | 补课 bǔkè 동 보충 학습을 하다

🔊 03-30

제3·4부분

放假 fàngjià

⑧ 방학하다, (학교나 직장이) 쉬다

- 你什么时候**放假**?
  Nǐ shénme shíhou fàngjià?
  언제 방학해요?

- **放假**的时候我要去中国旅游。
  Fàngjià de shíhou wǒ yào qù Zhōngguó lǚyóu.
  방학에 중국 여행 가려고요.

什么时候 shénme shíhou 언제, 어느 때 | **中国** Zhōngguó ⑲ 중국 | **旅游** lǚyóu ⑧ 여행하다

> **TIP** 방학 관련 어휘
>
> **暑假** shǔjià ⑲ 여름 방학, 여름 휴가 | **寒假** hánjià ⑲ 겨울 방학

🔊 03-31

제3·4부분

课 kè

⑲ 과목, 수업

- 我明天九点有**课**。
  Wǒ míngtiān jiǔ diǎn yǒu kè.
  저는 내일 9시에 수업이 있어요.

- 你明天上几节**课**?
  Nǐ míngtiān shàng jǐ jié kè?
  내일 수업을 몇 교시 듣나요?

明天 míngtiān ⑲ 내일 | **节** jié ⑱ 수업 시간 수의 양사

◎ 03-32   제3·4·6부분

社团 shètuán
명 서클, 동아리

- 我想加入读书社团。
  Wǒ xiǎng jiārù dúshū shètuán.
  저는 독서 동아리에 가입하고 싶습니다.

- 参加社团的话，能接触到各种各样的人。
  Cānjiā shètuán dehuà, néng jiēchù dào gèzhǒnggèyàng de rén.
  동아리에 가입하면 다양한 사람들을 만날 수 있습니다.

加入 jiārù **동** 넣다, 가입하다 | 读书 dúshū **동** 책을 읽다, 독서하다 | 参加 cānjiā **동** 참가하다, 가입하다 | 接触 jiēchù **동** 닿다, 접촉하다 | 各种各样 gèzhǒnggèyàng **성** 여러 종류, 각종, 각양각색

◎ 03-33   제4·5부분

专业 zhuānyè
명 전공, 전문 **형** 전문의

- 我对我的专业很满意。
  Wǒ duì wǒ de zhuānyè hěn mǎnyì.
  저는 제 전공에 매우 만족합니다.

- 你读什么专业？
  Nǐ dú shénme zhuānyè?
  당신의 전공은 무엇인가요?

满意 mǎnyì **형** 만족하다, 만족스럽다 | 读 dú **동** 책을 읽다, 학교를 다니다

TIP 전공 관련 어휘

中文系 zhōngwénxì 중문학과 | 英文系 yīngwénxì 영문학과 | 经营系 jīngyíngxì 경영학과 | 经济系 jīngjìxì 경제학과 | 国际系 guójìxì 국제학과 | 贸易系 màoyìxì 무역학과 | 历史系 lìshǐxì 역사학과

> 03-34   제2·3·4·7부분

做作业 zuò zuòyè
숙제를 하다

- 他正在**做作业**。
  Tā zhèngzài zuò zuòyè.
  그는 숙제를 하고 있습니다.

- 他没**做作业**，老师训了他一顿。
  Tā méi zuò zuòyè, lǎoshī xùnle tā yí dùn.
  그가 숙제를 하지 않아 선생님께서 한바탕 훈계를 하셨습니다.

正在 zhèngzài 🖫 한창 ~하고 있다 | 老师 lǎoshī 🖫 선생님 | 训 xùn 🖫 훈련하다, 가르치다, 훈계하다 |
一顿 yí dùn (욕, 꾸지람) 한바탕

> 03-35   제3·4부분

复习 fùxí
🖫 복습하다

- 我每天回家都会**复习**今天学的内容。
  Wǒ měi tiān huí jiā dōu huì fùxí jīntiān xué de nèiróng.
  저는 매일 집에 가서 오늘 배운 내용을 복습합니다.

- 我觉得**复习**比预习更重要。
  Wǒ juéde fùxí bǐ yùxí gèng zhòngyào.
  저는 예습보다 복습이 더 중요하다고 생각합니다.

回家 huí jiā 🖫 집으로 돌아가다 | 内容 nèiróng 🖫 내용 | 比 bǐ 🖫 비교하다 | 预习 yùxí 🖫 예습하다 |
更 gèng 🖫 더욱, 훨씬 | 重要 zhòngyào 🖫 중요하다

▶ 03-36　　　　　　　　　　　　　　　　　　　　　　제3·4·7부분

成绩 chéngjì
명 성적, 결과

• 考试成绩出来了吗?
　Kǎoshì chéngjì chūlái le ma?
　시험 결과가 나왔나요?

• 在老师的关怀下，这次考试他取得了良好的成绩。
　Zài lǎoshī de guānhuái xià, zhè cì kǎoshì tā qǔdéle liánghǎo de chéngjì.
　선생님의 보살핌 아래, 이번 시험에서 그는 좋은 성적을 얻었습니다.

考试 kǎoshì 명통 시험(을 치다) | 出来 chūlái 통 나오다 | 关怀 guānhuái 통 (주로 윗사람이 아랫사람에게) 관심을 가지고 보살피다 | 取得 qǔdé 통 취득하다, 얻다 | 良好 liánghǎo 형 좋다, 양호하다

▶ 03-37　　　　　　　　　　　　　　　　　　　　　　제3·4·6·7부분

考试 kǎoshì
명 시험, 고사　통 시험을 치다

• 他考试得了满分。
　Tā kǎoshì déle mǎnfēn.
　그는 시험에서 만점을 받았습니다.

• 我考试考得不太好。
　Wǒ kǎoshì kǎo de bú tài hǎo.
　저는 시험을 잘 못봤습니다.

得 dé 통 얻다, 획득하다, 받다 | 满分 mǎnfēn 명 만점 | 不太 bú tài 그다지 ~하지 않다

TIP 시험 관련 어휘

补考 bǔkǎo 통 재시험을 보다 | 期中考试 qīzhōng kǎoshì 중간고사 | 期末考试 qīmò kǎoshì 기말고사 | 及格 jígé 통 합격하다 | 通过 tōngguò 통 (시험을) 통과하다

◯ 03-38　　　　　　　　　　　　　　　　　　　제4·5부분

学历 xuélì
명 학력

- 我觉得就业时**学历**会起到不小的影响。
  Wǒ juéde jiùyè shí xuélì huì qǐdào bù xiǎo de yǐngxiǎng.
  저는 취업할 때 학력이 적지 않은 영향을 끼칠 것이라고 생각합니다.

- 我觉得找工作时能力比**学历**更重要。
  Wǒ juéde zhǎo gōngzuò shí nénglì bǐ xuélì gèng zhòngyào.
  저는 직업을 구할 때 능력이 학력보다 더 중요하다고 생각합니다.

就业 jiùyè 동 취직하다, 취업하다 | 起到 qǐdào 동 초래하다, 일으키다 | 影响 yǐngxiǎng 명동 영향(을 주다) | 找工作 zhǎo gōngzuò 일을 찾다, 구직하다 | 能力 nénglì 명 (일을 할 수 있는) 능력, 역량 | 重要 zhòngyào 형 중요하다

◯ 03-39　　　　　　　　　　　　　　　　　　　제3·4·7부분

上 shàng
동 ~에 다니다

- 我们**上**哪个补习班好呢?
  Wǒmen shàng nǎge bǔxíbān hǎo ne?
  우리 어느 학원에 다니는 것이 좋을까요?

- 很多父母都希望自己的孩子能**上**一所重点学校。
  Hěn duō fùmǔ dōu xīwàng zìjǐ de háizi néng shàng yì suǒ zhòngdiǎn xuéxiào.
  많은 부모들은 자신의 아이가 중점 학교에 다닐 수 있길 바랍니다.

哪个 nǎge 대 어느 (것) | 补习班 bǔxíbān 명 학원 | 父母 fùmǔ 명 부모 | 希望 xīwàng 동 바라다, 희망하다 | 自己 zìjǐ 대 자기, 자신 | 孩子 háizi 명 아이, 자녀 | 重点 zhòngdiǎn 명 중점, 중요한, 주요한 | 学校 xuéxiào 명 학교

> **TIP** 학교 관련 어휘

小学 xiǎoxué 📖 초등학교 | 初中 chūzhōng 📖 중학교 | 高中 gāozhōng 📖 고등학교 | 大学 dàxué 📖 대학교 | 学院 xuéyuàn 📖 단과 대학 | 补习班 bǔxíbān 📖 학원 | 图书馆 túshūguǎn 📖 도서관 | 宿舍 sùshè 📖 기숙사 | 食堂 shítáng 📖 학생 식당, 구내 식당 | 体育馆 tǐyùguǎn 📖 체육관

제2·3·4·5·6·7부분

○ 03-40

学生 xuéshēng

📖 학생

- 一个班有多少个学生?
  Yí gè bān yǒu duōshao gè xuéshēng?
  한 반에 몇 명의 학생이 있나요?

- 教室里面有两个学生。
  Jiàoshì lǐmiàn yǒu liǎng gè xuéshēng.
  교실 안에 두 명의 학생이 있습니다.

班 bān 📖 조, 반, 그룹 | 多少 duōshao 때 얼마, 몇 | 教室 jiàoshì 📖 교실 | 里面 lǐmiàn 📖 안, 안쪽

> **TIP** 학교 내 신분 관련 어휘

小学生 xiǎoxuéshēng 📖 초등학생 | 初中生 chūzhōngshēng 📖 중학생 | 高中生 gāozhōngshēng 📖 고등학생 | 大学生 dàxuéshēng 📖 대학생 | 研究生 yánjiūshēng 📖 대학원생 | 班长 bānzhǎng 📖 반장 | 班主任 bānzhǔrèn 📖 담임 교사 | 老师 lǎoshī 📖 선생님 | 校长 xiàozhǎng 📖 교장 | 教授 jiàoshòu 📖 교수

体验 tǐyàn

명 체험 동 체험하다

- 我觉得亲身**体验**很重要。
  Wǒ juéde qīnshēn tǐyàn hěn zhòngyào.
  저는 직접 체험하는 것이 중요하다고 생각합니다.

- 我认为通过亲身**体验**来获得知识比从书本中获得知识更重要。
  Wǒ rènwéi tōngguò qīnshēn tǐyàn lái huòdé zhīshi bǐ cóng shūběn zhōng huòdé zhīshi gèng zhòngyào.
  저는 직접 체험을 통해서 지식을 얻는 것이 책에서 지식을 얻는 것보다 더 중요하다고 생각합니다.

亲身 qīnshēn 부 친히, 직접 | 认为 rènwéi 동 여기다, 생각하다 | 通过 tōngguò 동 ~을 통하다 | 获得 huòdé 동 얻다, 취득하다, 획득하다 | 知识 zhīshi 명 지식 | 书本 shūběn 명 책

TSC 고급 어휘

제4·5·6부분

◉ 03-42

坚持不懈 jiānchíbúxiè

[성] 조금도 느슨해지지 않고 끝까지 견지하다

- 经过一年**坚持不懈**的努力，我的汉语考了班级第一名。
  Jīngguò yì nián jiānchíbúxiè de nǔlì, wǒ de Hànyǔ kǎole bānjí dì-yī míng.
  일년간의 끊임없는 노력을 거쳐서 저는 반에서 중국어 1등을 했습니다.

- 做任何事都要**坚持不懈**，不能半途而废，这样才能把事做好。
  Zuò rènhé shì dōu yào jiānchíbúxiè, bù néng bàntú'érfèi, zhèyàng cái néng bǎ shì zuòhǎo.
  어떤 일을 하든지 끝까지 해야 하고, 중간에 포기하면 안됩니다. 그래야만 일을 잘 할 수 있습니다.

经过 jīngguò [동] 거치다, 걸리다 | 努力 nǔlì [동] 노력하다, 힘쓰다 | 班级 bānjí [명] 반 | 第一名 dì-yī míng [명] 제1위, 일등 | 任何 rènhé [대] 어떠한, 무슨 | 半途而废 bàntú'érfèi [성] 일을 중도에 그만두다

제5부분

◉ 03-43

肥胖 féipàng

[형] 뚱뚱하다, 비만하다

- 长期食用过多的高热量食物会导致**肥胖**。
  Chángqī shíyòng guòduō de gāo rèliàng shíwù huì dǎozhì féipàng.
  장기간 지나치게 칼로리가 높은 음식을 먹으면 비만을 초래할 수 있습니다.

- 我国的**肥胖**病人正在逐年增加。
  Wǒ guó de féipàng bìngrén zhèngzài zhúnián zēngjiā.
  우리나라의 비만 환자 수가 매년 증가하고 있습니다.

长期 chángqī [명] 장시간, 장기간 | 食用 shíyòng [동] 식용하다, 먹다 | 过多 guòduō [형] 과다하다, 너무 많다 | 热量 rèliàng [명] 열량 | 食物 shíwù [명] 음식물 | 导致 dǎozhì [동] (어떤 사태를) 야기하다, 초래하다, 가져오다 | 病人 bìngrén [명] 환자, 병자 | 逐年 zhúnián [부] 해마다 | 增加 zēngjiā [동] 증가하다, 더하다

제5부분

疾病 jíbìng
명 병, 질병

- 我们要注意卫生，预防疾病。
  Wǒmen yào zhùyì wèishēng, yùfáng jíbìng.
  우리는 위생에 주의해서 질병을 예방해야 합니다.

- 失眠症可以说是最近现代人拥有的疾病。
  Shīmiánzhèng kěyǐ shuō shì zuìjìn xiàndàirén yōngyǒu de jíbìng.
  불면증은 현대인의 질병이라고 말할 수 있습니다.

注意 zhùyì 동 주의하다 | 卫生 wèishēng 명형 위생(적이다) | 预防 yùfáng 동 예방하다 | 失眠症 shīmiánzhèng 불면증 | 现代人 xiàndàirén 현대인 | 拥有 yōngyǒu 동 보유하다, 소유하다

TIP 질병 관련 어휘

心脏病 xīnzàngbìng 명 심장병 | 高血压 gāoxuèyā 명 고혈압 | 糖尿病 tángniàobìng 명 당뇨병 | 癌 ái 명 암 | 痛经 tòngjīng 명 생리통 | 胃病 wèibìng 명 위장병

제3·4·5부분

心情 xīnqíng
명 기분, 마음, 심정

- 要保持乐观、愉快的心情。
  Yào bǎochí lèguān、yúkuài de xīnqíng.
  긍정적이고 즐거운 기분을 유지해야 합니다.

- 我今天没那个心情。
  Wǒ jīntiān méi nàge xīnqíng.
  저는 오늘 그럴 기분이 아닙니다.

保持 bǎochí 동 유지하다, 지키다 | 乐观 lèguān 형 긍정적이다 | 愉快 yúkuài 형 기쁘다, 유쾌하다

热门 rèmén

명 인기 있는 것, 유행하는 것

- 选择大学专业时，我会考虑专业是否**热门**。
  Xuǎnzé dàxué zhuānyè shí, wǒ huì kǎolǜ zhuānyè shìfǒu rèmén.
  대학 전공을 선택할 때, 저는 이 전공의 인기 여부를 고려할 것입니다.

- 现在电脑专业是个**热门**专业。
  Xiànzài diànnǎo zhuānyè shì gè rèmén zhuānyè.
  요즘 컴퓨터 전공은 인기 있는 전공입니다.

选择 xuǎnzé 동 고르다, 선택하다 | **大学** dàxué 명 대학교 | **专业** zhuānyè 명 전공 | **考虑** kǎolǜ 동 고려하다, 구상하다 | **是否** shìfǒu 부 ~인지 아닌지 | **电脑** diànnǎo 명 컴퓨터

前景 qiánjǐng

명 장래, 앞날, 전망

- 选择一个就业**前景**好的专业尤为重要。
  Xuǎnzé yí gè jiùyè qiánjǐng hǎo de zhuānyè yóuwéi zhòngyào.
  취업 전망이 좋은 전공을 선택하는 것은 특히 중요합니다.

- 今年的经济**前景**比去年乐观得多。
  Jīnnián de jīngjì qiánjǐng bǐ qùnián lèguān de duō.
  올해의 경제 전망은 작년보다 훨씬 낙관적입니다.

就业 jiùyè 동 취직하다, 취업하다 | **尤为** yóuwéi 부 특히, 유달리 | **重要** zhòngyào 형 중요하다 | **经济** jīngjì 명 경제, 경제 활동 | **去年** qùnián 명 작년 | **乐观** lèguān 형 낙관적이다, 긍정적이다

注重 zhùzhòng

동 중시하다, 중점을 두다

- 我是个注重外表的人。
  Wǒ shì gè zhùzhòng wàibiǎo de rén.
  저는 외모를 중시하는 사람입니다.

- 当今社会既注重学历又注重能力。
  Dāngjīn shèhuì jì zhùzhòng xuélì yòu zhùzhòng nénglì.
  현대 사회는 학력도 중시하고 능력도 중시합니다.

外表 wàibiǎo 명 겉모습, 외모 | 当今 dāngjīn 명 지금, 현재 | 社会 shèhuì 명 사회 | 既……又 jì…… yòu …… ~하고 또 ~하다 | 学历 xuélì 명 학력 | 能力 nénglì 명 능력

看法 kànfǎ

명 견해, 의견

- 对这个问题有两种不同的看法。
  Duì zhège wèntí yǒu liǎng zhǒng bùtóng de kànfǎ.
  이 문제에 대해서는 두 가지의 다른 견해가 있습니다.

- 我对这个问题有几种看法。
  Wǒ duì zhège wèntí yǒu jǐ zhǒng kànfǎ.
  저는 이 문제에 대해 몇 가지 견해를 가지고 있습니다.

对 duì 개 ~에 대해 | 问题 wèntí 명 문제 | 种 zhǒng 양 종류, 종 | 不同 bùtóng 형 같지 않다, 다르다

제5부분

素质 sùzhì
명 소양, 자질

- 理性和判断力是作为一个领导者的基本素质。
  Lǐxìng hé pànduànlì shì zuòwéi yí gè lǐngdǎozhě de jīběn sùzhì.
  이성과 판단력은 리더로서의 기본적인 소양입니다.

- 人力资源的技能素质将会影响工作效率和质量。
  Rénlì zīyuán de jìnéng sùzhì jiāng huì yǐngxiǎng gōngzuò xiàolǜ hé zhìliàng.
  인력 자원의 기능과 자질은 업무 능률과 질에 영향을 끼칠 것입니다.

理性 lǐxìng 이성 | **判断力** pànduànlì 명 판단력 | **作为** zuòwéi 동 ~의 신분으로서 | **领导者** lǐngdǎozhě 지도자 | **基本** jīběn 형 기본의, 근본적인, 주요한, 중요한 | **人力** rénlì 인력 | **资源** zīyuán 명 자원 | **技能** jìnéng 기능, 솜씨 | **将** jiāng 분 ~하게 될 것이다, ~일 것이다 | **影响** yǐngxiǎng 동 영향을 주다 | **效率** xiàolǜ 명 (작업 등의) 능률, (기계, 전기 등의) 효율 | **质量** zhìliàng 명 질, 품질

제5·7부분

经验 jīngyàn
명 경험, 체험 동 경험하다, 몸소 겪다, 체험하다

- 打工可以积累社会经验。
  Dǎgōng kěyǐ jīlěi shèhuì jīngyàn.
  아르바이트를 하면 사회 경험을 쌓을 수 있습니다.

- 挫折和失败会给我们很多宝贵的经验和教训。
  Cuòzhé hé shībài huì gěi wǒmen hěn duō bǎoguì de jīngyàn hé jiàoxùn.
  좌절과 실패는 우리에게 귀한 경험과 교훈을 줍니다.

打工 dǎgōng 동 아르바이트하다, 일하다 | **积累** jīlěi 동 쌓이다 | **社会** shèhuì 명 사회 | **挫折** cuòzhé 명동 좌절(시키다) | **失败** shībài 동 실패하다 | **宝贵** bǎoguì 형 진귀한, 소중한 | **教训** jiàoxùn 명 교훈

TIP 经验 vs. 经历 vs. 体验

经验 jīngyàn	몡 경험 통 경험하다, 체험하다 (어떤 일에서 얻은 지식, 소감, 방법 등을 강조) 经验主义 jīngyàn zhǔyì 경험주의 经验交流 jīngyàn jiāoliú 경험을 교류하다 不要轻易相信陌生人，这是老人们的经验之谈。 Búyào qīngyì xiāngxìn mòshēngrén, zhè shì lǎorénmen de jīngyàn zhī tán. 함부로 낯선 사람을 믿지 말라는 것은 노인들의 경험담입니다.
经历 jīnglì	몡 경험, 경력 통 겪다, 경험하다 (전후로 하고, 보고, 겪었던 어떤 일을 강조, 일찍이 어떤 일을 겪었음을 강조) 经历战争 jīnglì zhànzhēng 전쟁을 겪다 他经历了千辛万苦，终于见到了日夜思念的她。 Tā jīnglìle qiānxīnwànkǔ, zhōngyú jiàndàole rìyèsīniàn de tā. 그는 천신만고 끝에 마침내 밤낮으로 그리워하던 그녀를 만났습니다.
体验 tǐyàn	몡 체험 통 체험하다 (개인의 느낌, 감상을 강조) 体验痛苦 tǐyàn tòngkǔ 고통을 체험하다 体验幸福 tǐyàn xìngfú 행복을 느끼다 我们都当过兵，体验过军营生活。 Wǒmen dōu dāngguo bīng, tǐyànguo jūnyíng shēnghuó. 우리는 모두 군대에 다녀왔고 병역 생활을 체험했습니다.

제5부분
○ 03-52

培养 péiyǎng

통 배양하다, 양성하다, 기르다

- 我们每个人都要培养自我管理能力。
  Wǒmen měi gè rén dōu yào péiyǎng zìwǒ guǎnlǐ nénglì.
  우리는 모두 자기 관리 능력을 길러야 합니다.

- 我们要培养外语能力。
Wǒmen yào péiyǎng wàiyǔ nénglì.
우리는 외국어 능력을 길러야 합니다.

自我 zìwǒ 때 자기 자신 | 管理 guǎnlǐ 통 관리하다, 돌보다 | 外语 wàiyǔ 명 외국어

◉ 03-53   제5부분

就业 jiùyè
통 취직하다, 취업하다

- 在我们国家，就业时年龄是个很重要的部分。
Zài wǒmen guójiā, jiùyè shí niánlíng shì gè hěn zhòngyào de bùfen.
우리나라에서는 취업할 때 나이가 매우 중요한 부분입니다.

- 最近的学生为了就业在付出很大的努力。
Zuìjìn de xuéshēng wèile jiùyè zài fùchū hěn dà de nǔlì.
요즘 학생들은 취업을 위해서 많은 노력을 기울입니다.

国家 guójiā 명 나라, 국가 | 年龄 niánlíng 명 연령, 나이, 연세 | 部分 bùfen 명 부분, 일부분 | 为了 wèile 개 ~을 하기 위하여 | 付出 fùchū 통 (돈이나 대가를) 지급하다, 내주다, 지불하다 | 努力 nǔlì 통 노력하다, 힘쓰다, 열심히 하다

◉ 03-54   제5·7부분

遇到 yùdào
통 맞닥뜨리다, 만나다, 마주치다

- 无论遇到什么波折，我们也要坚持下去。
Wúlùn yùdào shénme bōzhé, wǒmen yě yào jiānchí xiàqù.
어떠한 풍파를 만나더라도, 우리는 지속해 나가야 합니다.

• 做事情贵在坚持到底，不能遇到困难就半途而废。
Zuò shìqing guìzài jiānchí dàodǐ, bù néng yùdào kùnnan jiù bàntú'érfèi.
일은 끝까지 해내는 것이 중요하지, 어려움을 만났을 때 중도에 그만두면 안됩니다.

无论 wúlùn 접 ~을 막론하고 | 波折 bōzhé 명 풍파, 곡절 | 坚持 jiānchí 동 견지하다, 유지하다 | 贵在 guìzài ~하는 것이 중요하다 | 坚持到底 jiānchí dàodǐ 끝까지 견디어 내다 | 困难 kùnnan 명 곤란, 어려움 | 半途而废 bàntú'érfèi 성 도중에 포기하다, 일을 중도에 그만두다

제4·5부분

◎ 03-55

小组 xiǎozǔ

명 그룹, 소그룹, 팀, 동아리

• 我觉得跟别人组成小组学习比较好。
Wǒ juéde gēn biérén zǔchéng xiǎozǔ xuéxí bǐjiào hǎo.
저는 다른 사람과 팀을 구성해서 공부하는 것이 비교적 좋다고 생각합니다.

• 我们班同学都参加了课外活动小组。
Wǒmen bān tóngxué dōu cānjiāle kèwài huódòng xiǎozǔ.
우리 반 학생들은 모두 방과 후 활동 그룹에 참여했습니다.

别人 biérén 대 다른 사람, 남 | 组成 zǔchéng 명동 구성(하다), 조직하다 | 参加 cānjiā 동 참가하다, 참석하다 | 课外活动 kèwài huódòng 과외 활동

미니 테스트

1 다음 한어병음에 해당하는 어휘와 뜻을 써 보세요.

(1) bìngfáng

_____

(2) wàiyǔ

_____

(3) chūyuàn

_____

(4) shuìmián

_____

2 다음 우리말에 해당하는 어휘를 쓰고 한어병음을 표시해 보세요.

(1) 지식

_____

(2) 방학하다

_____

(3) 숙제를 하다

_____

(4) 진찰을 받다

_____

3 다음 빈칸에 들어갈 알맞은 어휘를 보기에서 고르세요.

| 보기 | 汉语 | 肥胖 | 心情 | 前景 | 疾病 |

(1) 我们要注意卫生，预防_____。

(2) 选择一个就业_____好的专业尤为重要。

(3) 要保持乐观、愉快的_____。

(4) 我国的_____病人正在逐年增加。

(5) 我想提高我的_____水平。

4 다음 빈칸에 들어갈 알맞은 어휘를 아래에서 고르세요.

(1) 你看了今天的(　　)吗?
　　① 电视　　② 新闻　　③ 消息　　④ 信息

(2) 我想加入读书(　　)。
　　① 社团　　② 跟团　　③ 课　　④ 专业

(3) 考试(　　)出来了吗?
　　① 考　　② 期中　　③ 成绩　　④ 号码

5 아래의 우리말 문장을 보고 빈칸에 알맞은 어휘를 써 보세요.

(1) 教室里面有两个＿＿＿＿＿＿。
　　교실 안에 학생 두 명이 있습니다.

(2) 你经常＿＿＿＿＿＿聊天吗?
　　당신은 자주 인터넷 채팅을 하나요?

(3) 我觉得＿＿＿＿＿＿比预习更重要。
　　저는 예습보다 복습이 더 중요하다고 생각합니다.

정답 | **1** (1) 病房 병실　(2) 外语 외국어　(3) 出院 퇴원하다　(4) 睡眠 수면, 잠자다
2 (1) 知识 zhīshi　(2) 放假 fàngjià　(3) 做作业 zuò zuòyè　(4) 看病 kànbìng
3 (1) 疾病　(2) 前景　(3) 心情　(4) 肥胖　(5) 汉语
4 (1) ②　(2) ①　(3) ③
5 (1) 学生　(2) 上网　(3) 复习

CHAPTER 03 건강, 운동, 학교, 학습

TSC 빈출 질문 및 모범답안

○ 03-56 | 제3부분

1 问题 我们一起加入网球社团怎么样?

Wǒmen yìqǐ jiārù wǎngqiú shètuán zěnmeyàng?

우리 같이 테니스 동아리 가입하는 거 어때요?

回答 好主意,我也喜欢打网球。
我们今天一起去加入吧。

Hǎo zhǔyi, wǒ yě xǐhuan dǎ wǎngqiú. Wǒmen jīntiān yìqǐ qù jiārù ba.

좋은 생각이에요. 나도 테니스 치는 거 좋아해요. 우리 오늘 같이 가입하러 가요.

加入 jiārù 통 가입하다, 참가하다 | 网球 wǎngqiú 명 테니스 | 社团 shètuán 명 서클, 동아리 | 主意 zhǔyi 명 의견, 방법, 아이디어

○ 03-57 | 제3부분

2 问题 我们今天下课后一起去图书馆做作业怎么样?

Wǒmen jīntiān xiàkè hòu yìqǐ qù túshūguǎn zuò zuòyè zěnmeyàng?

우리 오늘 수업 끝나고 같이 도서관 가서 숙제하는 거 어때요?

回答 不好意思,我今天有点儿不舒服,从上午开始发烧、头疼。
我想早点儿回家休息。我们下次再一起去图书馆做作业吧。

Bù hǎoyìsi, wǒ jīntiān yǒudiǎnr bù shūfu, cóng shàngwǔ kāishǐ fāshāo、tóu téng. Wǒ xiǎng zǎodiǎnr huí jiā xiūxi. Wǒmen xià cì zài yìqǐ qù túshūguǎn zuò zuòyè ba.

미안해요. 나 오늘 몸이 좀 안 좋아요. 오전부터 열이 나고 머리가 아파서 일찍 집에 가서 쉬고 싶어요. 우리 다음에 같이 도서관 가서 숙제해요.

下课 xiàkè 통 수업이 끝나다 | 图书馆 túshūguǎn 명 도서관 | 做作业 zuò zuòyè 숙제를 하다 | 不舒服 bù shūfu 형 (몸이) 아프다, 불편하다 | 上午 shàngwǔ 명 오전 | 开始 kāishǐ 통 시작하다 | 发烧 fāshāo 통 열이 나다 | 头疼 tóu téng 형 머리가 아프다 | 休息 xiūxi 통 휴식하다, 휴식을 취하다 | 下次 xià cì 명 다음 번

● 03-58 | 제3부분

3 问题 这个周末我们一起去图书馆复习，怎么样？

Zhège zhōumò wǒmen yìqǐ qù túshūguǎn fùxí, zěnmeyàng?

이번 주말에 우리 같이 도서관 가서 복습하는 거 어때요?

回答 太好了，我们一起去图书馆复习吧。那这个星期六上午十点在图书馆门口见吧。

Tài hǎo le, wǒmen yìqǐ qù túshūguǎn fùxí ba. Nà zhège xīngqīliù shàngwǔ shí diǎn zài túshūguǎn ménkǒu jiàn ba.

너무 좋아요. 우리 같이 도서관 가서 복습해요. 그럼 이번 주 토요일 오전 10시에 도서관 입구에서 만나요.

周末 zhōumò 명 주말 | 复习 fùxí 통 복습하다 | 门口 ménkǒu 명 입구

MEMO

CHAPTER 04

성격, 인물, 습관, 생활

성격, 인물, 습관, 생활과 관련된 어휘는 주로 제4부분과 제5부분에서 자주 출제됩니다. 성격을 묘사하는 형용사 및 이 주제에 자주 사용되는 어휘와 문형들은 반드시 입으로 암기해 두어야 합니다.

제4부분

◐ 04-01

长 zhǎng

동 자라다, 생기다

- 他长得很帅。
  Tā zhǎng de hěn shuài.
  그는 잘 생겼습니다.

- 她长得很可爱。
  Tā zhǎng de hěn kě'ài.
  그녀는 귀엽게 생겼습니다.

帅 shuài 형 잘생기다, 보기 좋다 | 可爱 kě'ài 형 귀엽다, 사랑스럽다

제4·5부분

◐ 04-02

外貌 wàimào

명 외모, 용모, 생김새

- 我是个注重外貌的人。
  Wǒ shì gè zhùzhòng wàimào de rén.
  저는 외모를 중시하는 사람입니다.

- 我觉得找工作时外貌重要是重要，但不是最重要的。
  Wǒ juéde zhǎo gōngzuò shí wàimào zhòngyào shì zhòngyào, dàn bú shì zuì zhòngyào de.
  저는 직업을 구할 때 외모가 중요하긴 하지만, 가장 중요한 것은 아니라고 생각합니다.

注重 zhùzhòng 동 중시하다, 중점을 두다 | 找工作 zhǎo gōngzuò 구직하다, 직업을 찾다 | 重要 zhòngyào 형 중요하다 | 最 zuì 부 가장, 제일

TIP 외모 관련 어휘

个子 gèzi 몡 키 | 身材 shēncái 몡 몸매, 체격 | 皮肤 pífū 몡 피부 | 头发 tóufa 몡 머리카락 | 脸 liǎn 몡 얼굴 | 鼻子 bízi 몡 코 | 嘴 zuǐ 몡 입 | 眼睛 yǎnjing 몡 눈 | 单眼皮 dānyǎnpí 몡 홑꺼풀, 외꺼풀 | 双眼皮 shuāngyǎnpí 몡 쌍꺼풀 | 声音 shēngyīn 몡 목소리 | 额头 étóu 몡 이마

04-03

제2·4부분

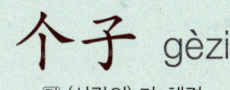

个子 gèzi

몡 (사람의) 키, 체격

- 他的个子很高。
  Tā de gèzi hěn gāo.
  그의 키는 큽니다.

- 她的个子有点儿矮。
  Tā de gèzi yǒudiǎnr ǎi.
  그녀의 키는 조금 작습니다.

高 gāo 형 키가 크다 | 有点儿 yǒudiǎnr 부 조금, 약간 | 矮 ǎi 형 키가 작다

TIP 외모 묘사 관련 어휘

胖 pàng 형 뚱뚱하다 | 瘦 shòu 형 마르다, 여위다 | 苗条 miáotiao 형 아름답고 날씬하다, 늘씬하다 | 白 bái 형 하얗다, 희다 | 黑 hēi 형 검다, 까맣다 | 嫩 nèn 형 여리다, 부드럽다 | 光滑 guānghuá 형 매끌매끌하다, 반들반들하다 | 粗糙 cūcāo 형 거칠다, 까칠까칠하다 | 长 cháng 형 길다 | 短 duǎn 형 짧다 | 漂亮 piàoliang 형 예쁘다, 아름답다 | 丑 chǒu 형 추하다, 못생기다 | 帅 shuài 형 잘생기다, 멋지다 | 性感 xìnggǎn 형 섹시하다

性格 xìnggé

명 성격

- 我的**性格**很外向。
  Wǒ de xìnggé hěn wàixiàng.
  저의 성격은 외향적입니다.

- 我的**性格**很内向。
  Wǒ de xìnggé hěn nèixiàng.
  저의 성격은 내성적입니다.

外向 wàixiàng 형 외향적이다 | 内向 nèixiàng 형 내향적이다

TIP 성격 관련 어휘

马大哈 mǎdàhā 형 덜렁대다, 세심하지 못하다 | 덜렁꾼 | 急性子 jíxìngzi (성질·성격이) 성급한, 조급한 | 조급한 사람, 성급한 사람 | 优点 yōudiǎn 명 장점 | 缺点 quēdiǎn 명 단점 | 活泼 huópo 형 활발하다, 활기차다 | 开朗 kāilǎng 명랑하다, 쾌활하다 | 粗心 cūxīn 덜렁대다, 소홀하다 | 仔细 zǐxì 형 세심하다, 꼼꼼하다 | 认真 rènzhēn 형 진지하다, 열심이다 | 亲切 qīnqiè 형 친절하다 | 严格 yángé 형 엄격하다, 엄하다 | 幽默 yōumò 형 유머러스하다 | 温柔 wēnróu 형 부드럽고 상냥하다 | 谦虚 qiānxū 형 겸손하다 | 骄傲 jiāo'ào 형 거만하다, 교만하다 | 乐观 lèguān 형 낙관적이다 | 自信 zìxìn 형 자신만만하다, 자신감 있다 | 真诚 zhēnchéng 형 진실하다 | 积极 jījí 형 적극적이다, 열성적이다 | 文静 wénjìng 형 얌전하다, 차분하다 | 耐心 nàixīn 형 참을성이 있다

像 xiàng
동 같다, 비슷하다, 닮다 | 부 마치 ~인 것 같다

- 我长得很像妈妈。
  Wǒ zhǎng de hěn xiàng māma.
  저는 엄마를 닮았습니다.

- 姐妹俩长得很像。
  Jiěmèi liǎ zhǎng de hěn xiàng.
  두 자매는 많이 닮았습니다.

长 zhǎng 동 자라다, 생기다 | 姐妹 jiěmèi 명 자매, 언니와 여동생 | 俩 liǎ 쉬 두 사람

脾气 píqi
명 성격, 성질, 성미

- 他动不动就发脾气。
  Tā dòngbúdòng jiù fā píqi.
  그는 툭하면 성질을 부립니다.

- 她从来没发过脾气。
  Tā cónglái méi fāguo píqi.
  그녀는 여태껏 성질을 부려 본 적이 없습니다.

动不动 dòngbúdòng 부 걸핏하면, 툭하면 | 从来 cónglái 부 (과거부터) 지금까지, 여태껏

改变 gǎibiàn
동 바꾸다, 변하다, 달라지다

- 在我的性格中，没有想改变的部分。
  Zài wǒ de xìnggé zhōng, méiyǒu xiǎng gǎibiàn de bùfen.
  제 성격에서 고치고 싶은 부분이 없습니다.

- 人们的生活水平提高了，生活方式也有很大改变。
  Rénmen de shēnghuó shuǐpíng tígāo le, shēnghuó fāngshì yě yǒu hěn dà gǎibiàn.
  사람들의 생활 수준이 향상되었고, 생활 방식 또한 많이 달라졌습니다.

性格 xìnggé 명 성격 | **部分** bùfen 명 (전체 중의) 부분, 일부 | **生活** shēnghuó 명통 생활(하다), 살다 | **水平** shuǐpíng 명 수준 | **提高** tígāo 통 향상시키다, 제고하다 | **方式** fāngshì 명 방식, 방법

矛盾 máodùn
명 갈등, 대립 형 모순적이다

- 在生活中，难免会发生矛盾和误解。
  Zài shēnghuó zhōng, nánmiǎn huì fāshēng máodùn hé wùjiě.
  생활 속에서 갈등과 오해를 피할 수는 없습니다.

- 我和同事之间经常有矛盾。
  Wǒ hé tóngshì zhījiān jīngcháng yǒu máodùn.
  저와 동료 사이에 자주 갈등이 있습니다.

难免 nánmiǎn 형 면하기 어렵다, 피하기 어렵다 | **发生** fāshēng 통 (원래 없던 현상이) 생기다, 일어나다, 발생하다 | **误解** wùjiě 명통 오해(하다) | **同事** tóngshì 명 직장 동료 | **之间** zhījiān 명 (~의) 사이, 기간 | **经常** jīngcháng 부 늘, 항상, 자주

제3·4부분

04-09

生活 shēnghuó

명 생활 동 살다, 생존하다

- 我家周围的生活环境非常好。
  Wǒ jiā zhōuwéi de shēnghuó huánjìng fēicháng hǎo.
  우리 집 주변의 생활 환경은 매우 좋습니다.

- 百货商店为我们提供了生活的便利。
  Bǎihuò shāngdiàn wèi wǒmen tígōngle shēnghuó de biànlì.
  백화점은 우리에게 생활의 편리함을 제공해 주었습니다.

周围 zhōuwéi 명 주위, 주변 | 环境 huánjìng 명 환경, 주위 상황 | 百货商店 bǎihuò shāngdiàn 백화점 | 提供 tígōng 동 (자료, 물자, 의견 등을) 제공하다, 공급하다 | 便利 biànlì 형 편리하다 동 편리하게 하다

제4·6부분

04-10

习惯 xíguàn

명 버릇, 습관 동 습관이 되다, 익숙해지다

- 我有早睡早起的好习惯。
  Wǒ yǒu zǎo shuì zǎo qǐ de hǎo xíguàn.
  저는 일찍 자고 일찍 일어나는 좋은 습관이 있습니다.

- 我想改掉晚睡晚起的坏习惯。
  Wǒ xiǎng gǎidiào wǎn shuì wǎn qǐ de huài xíguàn.
  저는 늦게 자고 늦게 일어나는 나쁜 습관을 고치고 싶습니다.

早睡早起 zǎo shuì zǎo qǐ 일찍 자고 일찍 일어나다 | 改掉 gǎidiào 동 고쳐버리다 | 晚睡晚起 wǎn shuì wǎn qǐ 늦게 자고 늦게 일어나다 | 坏 huài 형 나쁘다

> **TIP 습관 관련 어휘**
>
> 早睡早起 zǎo shuì zǎo qǐ 일찍 자고 일찍 일어나다 | 吃早饭 chī zǎofàn 아침식사를 하다 | 运动 yùndòng 명동 운동(하다) | 吃宵夜 chī xiāoyè 야식을 먹다 | 抽烟 chōuyān 담배를 피우다 | 喝酒 hē jiǔ 술을 마시다 | 开夜车 kāi yèchē 일이나 공부를 하며 밤을 새다 | 熬夜 áoyè 동 밤새다, 철야하다 | 说谎 shuōhuǎng 동 거짓말하다 | 晚睡晚起 wǎn shuì wǎn qǐ 늦게 자고 늦게 일어나다 | 锻炼身体 duànliàn shēntǐ 몸을 단련하다 | 看新闻 kàn xīnwén 뉴스를 보다 | 洗澡 xǐzǎo 동 목욕하다, 몸을 씻다 | 洗漱 xǐshù 동 세수하고 양치질하다 | 写日记 xiě rìjì 일기를 쓰다 | 遵守时间 zūnshǒu shíjiān 시간을 준수하다 | 存钱 cúnqián 동 저축하다 | 玩儿游戏 wánr yóuxì 게임하다

● 04-11

제4부분

养成 yǎngchéng

동 습관이 되다, 길러지다

- 我们从小就要**养成**良好的生活习惯。
  Wǒmen cóngxiǎo jiù yào yǎngchéng liánghǎo de shēnghuó xíguàn.
  우리는 어렸을 때부터 좋은 생활 습관을 길러야 합니다.

- 坚持不懈是你应该**养成**的一个习惯。
  Jiānchíbúxiè shì nǐ yīnggāi yǎngchéng de yí gè xíguàn.
  끝까지 해내는 것은 당신이 반드시 길러야 할 습관입니다.

从小 cóngxiǎo 분 어릴 때부터 | 良好 liánghǎo 형 좋다, 훌륭하다 | 生活习惯 shēnghuó xíguàn 생활 습관 | 坚持不懈 jiānchíbúxiè 성 조금도 느슨해지지 않고 끝까지 견지하다

제4·6부분

改掉 gǎidiào
동 고쳐 버리다

- 你一定要改掉丢三落四的坏习惯。
  Nǐ yídìng yào gǎidiào diūsānlàsì de huài xíguàn.
  당신은 덜렁거리고 잃어버리는 나쁜 습관을 반드시 고쳐야 합니다.

- 我决心彻底改掉浪费的坏习惯。
  Wǒ juéxīn chèdǐ gǎidiào làngfèi de huài xíguàn.
  저는 낭비하는 나쁜 습관을 철저히 고쳐 버리기로 결심했습니다.

一定 yídìng 부 반드시, 꼭 | 丢三落四 diūsānlàsì 성 이것저것 빠뜨리다, 덜렁거리다 | 决心 juéxīn 동 결심하다, 다짐하다 | 彻底 chèdǐ 형 철저하다, 철저히 하다 | 浪费 làngfèi 동 낭비하다, 허비하다

제4부분

决心 juéxīn
명 결심, 결의, 다짐 동 결심하다, 다짐하다

- 我下定了决心，要努力学习。
  Wǒ xiàdìngle juéxīn, yào nǔlì xuéxí.
  저는 열심히 공부하겠다고 결심했습니다.

- 只要下定决心，就一定要努力完成。
  Zhǐyào xiàdìng juéxīn, jiù yídìng yào nǔlì wánchéng.
  결심을 했다면, 반드시 노력해서 끝마쳐야 합니다.

下定决心 xiàdìng juéxīn 결심을 내리다 | 努力 nǔlì 동 노력하다, 힘쓰다 | 只要 zhǐyào 접 ~하기만 하면 | 完成 wánchéng 동 완성하다, 끝내다

CHAPTER 04 성격, 인물, 습관, 생활　135

제4부분

打发 dǎfa

동 시간을 보내다, 시간을 때우다

- 坐地铁的时候，我会用手机来打发时间。
  Zuò dìtiě de shíhou, wǒ huì yòng shǒujī lái dǎfa shíjiān.
  지하철을 탈 때, 저는 휴대전화를 하면서 시간을 보냅니다.

- 我没事时就玩儿电脑来打发时间。
  Wǒ méishì shí jiù wánr diànnǎo lái dǎfa shíjiān.
  저는 별일 없을 때 컴퓨터를 하면서 시간을 때웁니다.

地铁 dìtiě 명 지하철 | 没事 méishì 동 일이 없다, 한가하다 | 玩儿电脑 wánr diànnǎo 컴퓨터를 하다

제3·4·6부분

每天 měi tiān

부 매일, 날마다

- 我每天早上都会去咖啡厅喝咖啡。
  Wǒ měi tiān zǎoshang dōu huì qù kāfēitīng hē kāfēi.
  저는 매일 아침 카페에 가서 커피를 마십니다.

- 我每天去家附近的书店看书。
  Wǒ měi tiān qù jiā fùjìn de shūdiàn kàn shū.
  저는 매일 집 근처 서점에 가서 책을 봅니다.

咖啡厅 kāfēitīng 명 카페, 커피숍 | 附近 fùjìn 명 부근, 근처 | 书店 shūdiàn 명 서점

> **TIP** 빈도, 시간 관련 어휘
>
> 大概 dàgài 형 대략적인, 대강의 | 一般 yìbān 형 보통이다, 일반적이다 | 通常 tōngcháng 형 보통이다, 일반적이다 | 经常 jīngcháng 부 자주, 늘 | 偶尔 ǒu'ěr 부 간혹, 가끔씩 | 有时候 yǒushíhou 어떤 때 | 很少 hěn shǎo 드물게 | 每隔 měi gé 매 ~마다 | 半个月 bàn gè yuè 보름 | 半年 bàn nián 반년

04-16　제4·6부분

保持 bǎochí

동 (지속적으로) 유지하다, 지키다

- 请保持安静。
  Qǐng bǎochí ānjìng.
  조용히 해 주세요.

- 想要身体健康，就要保持良好的生活习惯。
  Xiǎngyào shēntǐ jiànkāng, jiù yào bǎochí liánghǎo de shēnghuó xíguàn.
  건강하고 싶다면, 좋은 생활 습관을 유지해야 합니다.

安静 ānjìng 형 조용하다 | 想要 xiǎngyào 동 ~하려고 하다 | 身体 shēntǐ 명 몸, 신체 | 健康 jiànkāng 명/형 건강(하다) | 良好 liánghǎo 형 좋다, 양호하다

04-17　제4부분

疲劳 píláo

형 피곤하다, 지치다

- 早睡早起可以缓解疲劳。
  Zǎo shuì zǎo qǐ kěyǐ huǎnjiě píláo.
  일찍 자고 일찍 일어나면 피로를 풀 수 있습니다.

- 连续工作了三个星期，我感到很疲劳。
  Liánxù gōngzuòle sān gè xīngqī, wǒ gǎndào hěn píláo.
  3주간 연속해서 업무를 했더니 매우 피곤합니다.

缓解 huǎnjiě 동 완화되다, 호전되다, 풀리다 | 连续 liánxù 동 연속하다, 계속하다 | 星期 xīngqī 명 요일 | 感到 gǎndào 동 느끼다

● 04-18   제4·7부분

收入 shōurù
명 수입, 소득 동 받다, 받아들이다

- 我的收入不稳定。
  Wǒ de shōurù bù wěndìng.
  제 수입은 안정적이지 않습니다.

- 小李用自己勤工俭学的收入为妈妈买了一条围巾。
  Xiǎo Lǐ yòng zìjǐ qíngōngjiǎnxué de shōurù wèi māma mǎile yì tiáo wéijīn.
  샤오리는 공부하면서 번 수입으로 엄마를 위해 스카프 하나를 샀습니다.

稳定 wěndìng 형 안정되다, 안정적이다 | 勤工俭学 qíngōngjiǎnxué 명 고학, 일하면서 공부함 | 围巾 wéijīn 명 목도리, 스카프

● 04-19   제4·6부분

支出 zhīchū
명 지출 동 지출하다

- 我的支出取决于我的收入。
  Wǒ de zhīchū qǔjué yú wǒ de shōurù.
  제 지출은 제 수입에 의해 결정됩니다.

- 看看你是如何把钱花出去的，再看看有哪些支出是可以免去或者减少的？
  Kànkan nǐ shì rúhé bǎ qián huā chūqù de, zài kànkan yǒu nǎxiē zhīchū shì kěyǐ miǎnqù huòzhě jiǎnshǎo de?
  당신이 돈을 어떻게 썼는지 살펴 보고, 어떤 지출을 안 쓰거나 줄일 수 있는지 다시 살펴 보세요.

取决 qǔjué 동 ~에 달려 있다 | 如何 rúhé 대 어떠한가, 어떻게 | 钱 qián 명 돈, 재물 | 花 huā 동 (돈, 시간) 쓰다 | 免去 miǎnqù 면제하다, 모면하다, 피하다 | 或者 huòzhě 접 ~이던가 아니면 ~이다 | 减少 jiǎnshǎo 동 감소하다, 줄다

04-20   제4·6부분

花钱 huā qián
동 (돈을) 쓰다, 들이다, 소비하다

- 她是个很节俭的人，舍不得乱花钱。
  Tā shì gè hěn jiéjiǎn de rén, shěbude luàn huā qián.
  그녀는 검소한 사람이라서 돈을 허투루 쓰는 것을 아까워합니다.

- 去国外留学，需要花很多钱。
  Qù guówài liúxué, xūyào huā hěn duō qián.
  해외로 유학을 가려면 많은 돈이 필요합니다.

节俭 jiéjiǎn 형 검소하다, 검약하다 | 舍不得 shěbude 동 ~하지 못하다, ~하기 아까워하다 | 乱 luàn 형 어지럽다, 무질서하다 | 国外 guówài 명 국외, 외국 | 留学 liúxué 동 유학하다 | 需要 xūyào 동 필요하다, 요구되다

TIP 비용 관련 어휘

房租 fángzū 명 집세, 임대료 | 生活费 shēnghuófèi 명 생활비 | 电费 diànfèi 명 전기 요금, 전기세 | 交通费 jiāotōngfèi 명 교통비 | 学费 xuéfèi 명 학비, 수업료 | 油费 yóufèi 명 기름값, 주유비 | 抚养费 fǔyǎngfèi 명 양육비 | 税金 shuìjīn 명 세금 | 话费 huàfèi 명 전화비

04-21   제4·5부분

保险 bǎoxiǎn
명 보험 형 안전하다, 믿음직스럽다

- 在我们国家，买保险的人比较多。
  Zài wǒmen guójiā, mǎi bǎoxiǎn de rén bǐjiào duō.
  우리나라에는 보험을 드는 사람이 비교적 많습니다.

- 保险可以给我们的生活提供保障。
  Bǎoxiǎn kěyǐ gěi wǒmen de shēnghuó tígōng bǎozhàng.
  보험은 우리 생활에 보장을 제공해 줄 수 있습니다.

CHAPTER 04 성격, 인물, 습관, 생활   139

国家 guójiā 명 국가, 나라 | 比较 bǐjiào 부 비교적, 상대적으로 | 提供 tígōng 동 제공하다, 공급하다 | 保障 bǎozhàng 동 보장하다, 보증하다

> **TIP** 보험 관련 어휘
>
> 医疗保险 yīliáo bǎoxiǎn 의료 보험 | 失业保险 shīyè bǎoxiǎn 실업 보험 | 养老保险 yǎnglǎo bǎoxiǎn 양로 보험, 실버 보험 | 健康保险 jiànkāng bǎoxiǎn 건강 보험 | 意外保险 yìwài bǎoxiǎn 상해 보험, 재해 보험 | 汽车保险 qìchē bǎoxiǎn 자동차 보험 | 人身保险 rénshēn bǎoxiǎn 생명 보험, 상해 보험

TSC 고급 어휘

제4·5부분

◎ 04-22

消费 xiāofèi

동 소비하다

- 广告会对我们的消费观念产生一种潜移默化的影响。
  Guǎnggào huì duì wǒmen de xiāofèi guānniàn chǎnshēng yì zhǒng qiányí-mòhuà de yǐngxiǎng.
  광고는 우리의 소비 관념에 무의식적인 영향을 끼칩니다.

- 名牌商品在消费者心目中威信很高。
  Míngpái shāngpǐn zài xiāofèizhě xīnmù zhōng wēixìn hěn gāo.
  명품은 소비자들의 마음속에서 신망이 매우 높습니다.

广告 guǎnggào 명 광고 | 观念 guānniàn 명 관념, 생각 | 产生 chǎnshēng 동 생기다, 발생하다 | 潜移默化 qiányí-mòhuà 성 은연중에 감화되다, 무의식 중에 감화되다 | 影响 yǐngxiǎng 명동 영향(을 주다) | 名牌 míngpái 명 유명 상표, 유명 브랜드 | 心目 xīnmù 명 마음속, 안중 | 威信 wēixìn 명 위신, 신망

04-23 因人而异 yīnrén'éryì

[성] 사람에 따라 다른 대책을 세우다, 사람마다 다르다

- 对这件事的看法因人而异。
  Duì zhè jiàn shì de kànfǎ yīnrén'éryì.
  이 일에 대한 견해는 사람마다 다릅니다.

- 每个学生的学习成绩不尽相同。有十分优秀的，有一般的，也有学习较困难的，因人而异。
  Měi gè xuéshēng de xuéxí chéngjì bújìn xiāngtóng. Yǒu shífēn yōuxiù de, yǒu yìbān de, yě yǒu xuéxí jiào kùnnan de, yīnrén'éryì.
  모든 학생의 학습 성적은 서로 다릅니다. 우수한 학생도 있고, 일반적인 학생도 있고, 학습에 어려움이 있는 학생도 있고 서로 다 다릅니다.

看法 kànfǎ [명] 견해 | 成绩 chéngjì [명] 성적 | 不尽 bújìn [부] 모두 ~한 것은 아니다 | 相同 xiāngtóng [형] 서로 같다, 일치하다 | 优秀 yōuxiù [형] 아주 뛰어나다 | 困难 kùnnan [형] 곤란하다, 어렵다

04-24 作息 zuòxī

[동] 일하고 휴식하다

- 要养成一个规律的作息时间。
  Yào yǎngchéng yí gè guīlǜ de zuòxī shíjiān.
  규칙적인 휴식 시간을 습관화해야 합니다.

- 小学生要养成按时作息的好习惯。
  Xiǎoxuéshēng yào yǎngchéng ànshí zuòxī de hǎo xíguàn.
  초등학생은 제때에 쉬는 좋은 습관을 길러야 합니다.

养成 yǎngchéng [동] 습관이 되다, 길러지다 | 规律 guīlǜ [명][형] 규칙(적이다) | 按时 ànshí [부] 제때에

미니 테스트

1 다음 한어병음에 해당하는 어휘와 뜻을 써 보세요.

(1) wàimào

_____

(2) píqi

_____

(3) zhīchū

_____

(4) xíguàn

_____

2 다음 우리말에 해당하는 어휘를 쓰고 한어병음을 표시해 보세요.

(1) 피곤하다

_____

(2) 보험

_____

(3) 유지하다

_____

(4) 소비하다

_____

3 다음 빈칸에 들어갈 알맞은 어휘를 보기에서 고르세요.

| 보기 | 改变 | 性格 | 个子 | 像 | 打发 |

(1) 坐地铁的时候，我会用手机来_____时间。

(2) 在我的性格中，没有想_____的部分。

(3) 我的_____很外向。

(4) 他的_____很高。

(5) 我张得很_____妈妈。

4 다음 빈칸에 들어갈 알맞은 어휘를 아래에서 고르세요.

(1) 他（　　）得很帅。
　　① 漂亮　　② 长　　③ 脸　　④ 外貌

(2) 我们从小就要（　　）良好的生活习惯。
　　① 养成　　② 像　　③ 改掉　　④ 改善

(3) 我家周围的（　　）环境非常好。
　　① 保护　　② 家　　③ 生活　　④ 房子

5 아래의 우리말 문장을 보고 빈칸에 알맞은 어휘를 써 보세요.

(1) 我_____早上都会去咖啡厅喝咖啡。
　　저는 매일 아침 카페에 가서 커피를 마십니다.

(2) 我下定了_____，要努力学习。
　　저는 열심히 공부하겠다고 결심했습니다.

(3) 我和同事之间经常有_____。
　　저와 동료 사이에 자주 갈등이 있습니다.

정답 | 1 (1) 外貌 외모　(2) 脾气 성질　(3) 支出 지출(하다)　(4) 习惯 습관(이 되다)
2 (1) 疲劳 píláo　(2) 保险 bǎoxiǎn　(3) 保持 bǎochí　(4) 消费 xiāofèi
3 (1) 打发　(2) 改变　(3) 性格　(4) 个子　(5) 像
4 (1) ②　(2) ①　(3) ③
5 (1) 每天　(2) 决心　(3) 矛盾

TSC 빈출 질문 및 모범답안

◉ 04-25 | 제5부분

1 问题 你是个重视外貌的人吗?

Nǐ shì gè zhòngshì wàimào de rén ma?

당신은 외모를 중요시하는 사람인가요?

回答 我不是个重视外貌的人。我觉得外貌虽然对第一印象会起到不小的影响，但是并不能代表一个人的全部。

Wǒ bú shì gè zhòngshì wàimào de rén. Wǒ juéde wàimào suīrán duì dì-yī yìnxiàng huì qǐdào bù xiǎo de yǐngxiǎng, dànshì bìng bù néng dàibiǎo yí gè rén de quánbù.

저는 외모를 중요시하는 사람이 아닙니다. 저는 물론 외모가 첫 인상에 적지 않은 영향을 미친다고 생각하지만, 한 사람의 전부를 대표한다고는 생각하지 않습니다.

重视 zhòngshì 동 중요시하다 | 外貌 wàimào 명 외모 | 虽然 suīrán 접 비록 ~하지만 | 第一印象 dì-yī yìnxiàng 첫인상 | 影响 yǐngxiǎng 명동 영향(을 주다) | 代表 dàibiǎo 명동 대표(하다) | 全部 quánbù 명 전부, 전체

◉ 04-26 | 제4부분

2 问题 你是个外向的人还是内向的人呢?

Nǐ shì gè wàixiàng de rén háishi nèixiàng de rén ne?

당신은 외향적인 사람인가요 아니면 내성적인 사람인가요?

回答 我是个外向的人。我喜欢与人交流，所以我周围有很多朋友。我喜欢跟朋友们去咖啡厅一边喝咖啡一边聊天儿。

Wǒ shì gè wàixiàng de rén. Wǒ xǐhuan yǔ rén jiāoliú, suǒyǐ wǒ zhōuwéi yǒu hěn duō péngyou. Wǒ xǐhuan gēn péngyǒumen qù kāfēitīng yìbiān hē kāfēi yìbiān liáotiānr.

저는 외향적인 사람입니다. 저는 사람들과 교류하는 것을 좋아해서, 주변에 친구들이 많습니다. 저는 친구들과 카페에 가서 커피를 마시며 수다 떠는 것을 좋아합니다.

外向 wàixiàng 형 외향적이다 | 内向 nèixiàng 형 내성적이다 | 交流 jiāoliú 동 교류하다 | 周围 zhōuwéi 명 주위, 주변 | 咖啡厅 kāfēitīng 명 카페 | 一边……一边 yìbiān……yìbiān ~하면서 ~하다 | 咖啡 kāfēi 명 커피 | 聊天儿 liáotiānr 동 잡담하다

● 04-27 | 제4부분

3 问题 请你介绍一下你的生活习惯。
Qǐng nǐ jièshào yíxià nǐ de shēnghuó xíguàn.
당신의 생활 습관을 소개해 주세요.

回答 我有每天早上吃水果的习惯。水果不但含有丰富的营养，而且能够帮助消化。
Wǒ yǒu měi tiān zǎoshang chī shuǐguǒ de xíguàn. Shuǐguǒ búdàn hányǒu fēngfù de yíngyǎng, érqiě nénggòu bāngzhù xiāohuà.
저는 매일 아침 과일을 먹는 습관이 있습니다. 과일은 풍부한 영양을 지니고 있을 뿐 아니라, 소화도 도울 수 있습니다.

介绍 jièshào 동 소개하다 | 水果 shuǐguǒ 명 과일 | 不但……而且 búdàn……érqiě 접 ~뿐만 아니라 | 含有 hányǒu 동 함유하다, 포함하다 | 丰富 fēngfù 형 많다, 풍부하다 | 营养 yíngyǎng 명 영양 | 能够 nénggòu 동 ~할 수 있다 | 消化 xiāohuà 동 소화하다

CHAPTER 05

가정, 관계

가정, 관계와 관련된 어휘는 주로 제4부분에서 자주 출제됩니다.
Chapter 04에서 배운 어휘들과 연관되어 나오는 어휘들이 많으니,
연계해서 공부해 두는 것이 좋습니다.

TSC 기본 어휘

제4부분

05-01

热闹 rènao

형 (광경이나 분위기가) 번화하다, 떠들썩하다

- 我喜欢去**热闹**的地方。
  Wǒ xǐhuan qù rènao de dìfang.
  저는 번화한 장소에 가는 것을 좋아합니다.

- 我家附近的夜市非常**热闹**。
  Wǒ jiā fùjìn de yèshì fēicháng rènao.
  우리 집 근처 야시장은 매우 떠들썩합니다.

地方 dìfang 명 장소, 곳 | **附近** fùjìn 명 부근, 근처 | **夜市** yèshì 명 야시장

제4부분

05-02

家人 jiārén

명 한 집안 식구, 한 가족

- 我和**家人**常去家附近的中国餐厅吃饭。
  Wǒ hé jiārén cháng qù jiā fùjìn de Zhōngguó cāntīng chī fàn.
  저와 가족들은 집 근처 중국 식당에 가서 자주 식사를 합니다.

- 我跟**家人**约好了这个星期六一起去爬山。
  Wǒ gēn jiārén yuēhǎole zhège xīngqīliù yìqǐ qù páshān.
  이번 주 토요일에 저는 가족들과 등산을 가기로 약속했습니다.

中国 Zhōngguó 중국 | **餐厅** cāntīng 명 식당 | **吃饭** chī fàn 통 밥을 먹다, 식사하다 | **约** yuē 통 약속하다 | **星期六** xīngqīliù 토요일 | **一起** yìqǐ 부 함께, 같이 | **爬山** páshān 통 산을 오르다, 등산하다

05-03

亲戚 qīnqi
명 친척, 친지

- 我不常跟亲戚联系。
  Wǒ bù cháng gēn qīnqi liánxì.
  저는 친척과 자주 연락하지 않습니다.

- 每年过春节的时候亲戚们都聚在我们家一起吃饺子。
  Měi nián guò Chūnjié de shíhou qīnqimen dōu jùzài wǒmen jiā yìqǐ chī jiǎozi.
  매년 설을 보낼 때 친척들은 모두 우리 집에 모여서 함께 만두를 먹습니다.

联系 liánxì 동 연락하다 | 每年 měi nián 매년, 해마다 | 过 guò 동 지내다, 보내다 | 春节 Chūnjié 명 설, 춘절 | 聚 jù 동 모이다, 집합하다 | 饺子 jiǎozi 명 만두

05-04

冲突 chōngtū
동 충돌하다, 싸우다, 부딪치다 명 충돌, 모순

- 老年人和年轻人的教育理念不一致而产生矛盾和冲突。
  Lǎoniánrén hé niánqīngrén de jiàoyù lǐniàn bù yízhì ér chǎnshēng máodùn hé chōngtū.
  노인과 젊은이들의 교육 이념이 달라서 갈등과 충돌이 생깁니다.

- 子女与父母发生冲突的主要原因就是沟通不够。
  Zǐnǚ yǔ fùmǔ fāshēng chōngtū de zhǔyào yuányīn jiùshì gōutōng búgòu.
  자녀와 부모가 충돌이 생기는 주된 원인은 소통 부족입니다.

老年人 lǎoniánrén 노인 | 年轻人 niánqīngrén 젊은 사람, 젊은이 | 教育 jiàoyù 명동 교육(하다) | 理念 lǐniàn 신념, 이념, 믿음 | 一致 yízhì 일치하다 | 产生 chǎnshēng 동 생기다, 발생하다 | 矛盾 máodùn 명 갈등, 대립 | 子女 zǐnǚ 명 자녀 | 与 yǔ 접 ~와 | 父母 fùmǔ 명 부모 | 发生 fāshēng 동 생기다, 발생하다 | 主要 zhǔyào 형 주요한, 주된 | 原因 yuányīn 명 원인 | 沟通 gōutōng 동 소통하다, 교류하다, 의견을 나누다 | 不够 búgòu 형 부족하다, 충족하지 않다

제4부분

缺乏 quēfá
동 결핍되다, 결여되다

- 沉迷手机令家庭成员之间缺乏沟通。
  Chénmí shǒujī lìng jiātíng chéngyuán zhījiān quēfá gōutōng.
  휴대전화에 깊이 빠지는 것은 가족 구성원 간의 소통이 결여되게 만듭니다.

- 如果部门之间缺乏沟通协调，容易影响工作。
  Rúguǒ bùmén zhījiān quēfá gōutōng xiétiáo, róngyì yǐngxiǎng gōngzuò.
  만약 부서 간의 소통이 결여되고 조화롭지 못하면, 업무에 영향을 주기 쉽습니다.

沉迷 chénmí 동 깊이 빠지다 | 手机 shǒujī 명 휴대전화 | 令 lìng 동 ~하게 하다, ~을 시키다 | 家庭 jiātíng 가정 | 成员 chéngyuán 명 성원, 구성원 | 之间 zhījiān 명 (~의) 사이, 지간 | 沟通 gōutōng 동 교류하다, 소통하다 | 部门 bùmén 명 부서, 부 | 协调 xiétiáo 형 어울리다, 조화롭다 | 容易 róngyì 형 ~하기 쉽다 | 影响 yǐngxiǎng 명동 영향(을 주다)

제4·5부분

家庭成员 jiātíng chéngyuán
가족 구성원

- 家庭成员之间如何有效沟通？
  Jiātíng chéngyuán zhījiān rúhé yǒuxiào gōutōng?
  가족 구성원 간에 어떻게 효과적으로 소통을 하나요?

- 家庭成员之间的交流方式非常重要。
  Jiātíng chéngyuán zhījiān de jiāoliú fāngshì fēicháng zhòngyào.
  가족 구성원 간의 교류 방식은 매우 중요합니다.

如何 rúhé 대 어떠한가, 어떻게, 왜 | 有效 yǒuxiào 형 유용하다, 유효하다, 효과가 있다 | 交流 jiāoliú 동 서로 소통하다, 교류하다 | 方式 fāngshì 명 방식, 방법 | 重要 zhòngyào 형 중요하다

> **TIP** 가족 관계 및 호칭 관련 어휘

父子关系 fùzǐ guānxì 부자 관계 | 夫妻关系 fūqī guānxì 부부 관계 | 婆媳关系 póxí guānxì 고부 관계 | 爷爷 yéye 명 할아버지 | 奶奶 nǎinai 명 할머니 | 外公 wàigōng 명 외할아버지 | 外婆 wàipó 명 외할머니 | 姑姑 gūgu 명 고모 | 叔叔 shūshu 명 삼촌, 숙부, 아저씨 | 舅舅 jiùjiu 명 외삼촌, 외숙 | 阿姨 āyí 명 이모, 아주머니 | 侄子 zhízi 명 조카 | 父母 fùmǔ 명 부모 | 母子 mǔzǐ 명 모자 | 母女 mǔnǚ 명 모녀 | 子女 zǐnǚ 명 자녀 | 独生子女 dúshēngzǐnǚ 외아들이나 외동딸 | 儿女 érnǚ 명 자녀, 아들과 딸 | 孩子 háizi 명 아이 | 儿子 érzi 명 아들 | 女儿 nǚ'ér 명 딸 | 兄弟姐妹 xiōngdìjiěmèi 형제자매 | 哥哥 gēge 명 형, 오빠 | 姐姐 jiějie 명 언니, 누나 | 妹妹 mèimei 명 여동생 | 弟弟 dìdi 명 남동생 | 夫妻 fūqī 명 부부, 남편과 아내 | 丈夫 zhàngfu 명 남편 | 妻子 qīzi 명 아내

제4·5부분

05-07

人际 rénjì
명 사람과 사람 사이

- 建立良好的**人际**关系非常重要。
  Jiànlì liánghǎo de rénjì guānxì fēicháng zhòngyào.
  좋은 인간 관계를 만드는 것은 매우 중요합니다.

- **人际**交往是人类社会中不可缺少的组成部分，人的许多需要都是在**人际**交往中得到满足的。
  Rénjì jiāowǎng shì rénlèi shèhuì zhōng bùkě quēshǎo de zǔchéng bùfen, rén de xǔduō xūyào dōu shì zài rénjì jiāowǎng zhōng dédào mǎnzú de.
  사람 사이의 교류는 인류 사회에서 없어서는 안될 구성 부분이며, 사람의 대부분의 수요는 모두 사람과의 교류 중에서 얻는 만족입니다.

建立 jiànlì 동 세우다, 만들다, 맺다 | 良好 liánghǎo 형 좋다, 양호하다 | 关系 guānxì 명 (사람과 사람 또는 사물 사이의) 관계, 연줄 | 交往 jiāowǎng 명 교제, 왕래 동 교제하다 | 人类 rénlèi 명 인류 | 社会 shèhuì 명 사회 | 不可缺少 bùkě quēshǎo 없어서는 안 되는 | 组成 zǔchéng 명 동 구성(하다), 조직하다 | 许多 xǔduō 형 매우 많다, 허다하다 | 需要 xūyào 명 요구, 욕망 | 得到 dédào 동 얻다, 획득하다 | 满足 mǎnzú 동 만족하다, 흡족하다

CHAPTER 05 가정, 관계

제5부분

大家庭 dàjiātíng

명 대가정, 대가족

- 生活在**大家庭**的好处比较多。
  Shēnghuó zài dàjiātíng de hǎochù bǐjiào duō.
  대가족에서 생활하는 것의 장점이 비교적 많습니다.

- 小家庭、**大家庭**各有利弊。
  Xiǎojiātíng、dàjiātíng gè yǒu lìbì.
  소가족, 대가족 각각 장단점이 있습니다.

生活 shēnghuó 명 생활 동 살다, 생존하다 | **好处** hǎochù 명 장점, 좋은 점 | **小家庭** xiǎojiātíng 명 소가정, 핵가족 | **利弊** lìbì 명 이로움과 폐단, 좋은 점과 나쁜 점

제4부분

和睦 hémù

형 화목하다, 사이가 좋다

- 能够和家人**和睦**相处，这是人生的重大成就。
  Nénggòu hé jiārén hémù xiāngchǔ, zhè shì rénshēng de zhòngdà chéngjiù.
  가족과 화목하게 지낼 수 있는 것은 인생의 중대한 성취입니다.

- 我们要和邻居**和睦**相处。
  Wǒmen yào hé línjū hémù xiāngchǔ.
  우리는 이웃과 사이 좋게 지내야 합니다.

能够 nénggòu 동 ~할 수 있다 | **家人** jiārén 명 가족, 식구 | **相处** xiāngchǔ 동 함께 지내다(살다) | **人生** rénshēng 명 인생 | **重大** zhòngdà 형 중대하다, 무겁고 크다 | **成就** chéngjiù 명 성취, 성과, 업적 | **邻居** línjū 명 이웃집, 이웃 사람

05-10

제3·4·5·6·7부분

幸福 xìngfú

명 행복 형 행복하다

- 认为成功总是带来**幸福**是一种普遍的谬见。
  Rènwéi chénggōng zǒngshì dàilái xìngfú shì yì zhǒng pǔbiàn de miùjiàn.
  성공이 항상 행복을 가져다 준다고 생각하는 것은 일종의 보편적인 오해입니다.

- 我们一家生活得十分**幸福**。
  Wǒmen yìjiā shēnghuó de shífēn xìngfú.
  우리 가족은 매우 행복하게 생활합니다.

认为 rènwéi 통 여기다, 생각하다 | 成功 chénggōng 통 성공하다 | 总是 zǒngshì 부 늘, 줄곧, 언제나 | 带来 dàilái 통 가져오다, 가져다 주다 | 普遍 pǔbiàn 형 보편적인, 일반적인 | 谬见 miùjiàn 명 잘못된 생각, 그릇된 견해 | 一家 yìjiā 명 한 집안, 일가 | 生活 shēnghuó 통 살다, 생존하다 | 十分 shífēn 부 매우, 아주, 대단히

05-11

제4부분

交际 jiāojì

통 교제하다, 서로 사귀다

- 语言是重要的**交际**工具。
  Yǔyán shì zhòngyào de jiāojì gōngjù.
  언어는 중요한 교제 수단입니다.

- 爸爸善于**交际**，结识了很多朋友。
  Bàba shànyú jiāojì, jiéshíle hěn duō péngyou.
  아버지는 교제에 능하셔서, 많은 친구들을 사귀셨습니다.

语言 yǔyán 명 언어 | 工具 gōngjù 명 수단, 도구, 방법 | 善于 shànyú ~를 잘하다, ~에 능(숙)하다 | 结识 jiéshí 통 사귀다, 교제하다, 친분을 맺다 | 朋友 péngyou 명 친구

05-12

误会 wùhuì

명 오해 동 오해하다

- 和朋友之间产生了误会，你会怎么处理？
  Hé péngyou zhījiān chǎnshēngle wùhuì, nǐ huì zěnme chǔlǐ?
  친구와의 사이에 오해가 생긴다면, 당신은 어떻게 해결할 건가요?

- 误会是缺乏交流引起的。
  Wùhuì shì quēfá jiāoliú yǐnqǐ de.
  오해는 교류가 부족해서 생기는 것입니다.

产生 chǎnshēng 동 생기다, 발생하다 | 处理 chǔlǐ 동 처리하다, 해결하다 | 缺乏 quēfá 동 결핍되다, 결여되다 | 交流 jiāoliú 동 서로 소통하다, 교류하다 | 引起 yǐnqǐ 동 (주의를) 끌다, (사건 등을) 일으키다

05-13

感到 gǎndào

동 느끼다, 여기다

- 我对我们国家的教育体制感到相当失望。
  Wǒ duì wǒmen guójiā de jiàoyù tǐzhì gǎndào xiāngdāng shīwàng.
  저는 우리나라의 교육 체제에 대해서 상당한 실망감을 느낍니다.

- 如果有兄弟姐妹，不会感到孤独。
  Rúguǒ yǒu xiōngdìjiěmèi, bú huì gǎndào gūdú.
  만약 형제자매가 있다면 외로움을 느끼지 않을 것입니다.

国家 guójiā 명 국가, 나라 | 教育 jiàoyù 명 교육 | 体制 tǐzhì 명 체제, 제도 | 相当 xiāngdāng 부 상당히, 무척 | 失望 shīwàng 동 실망하다 | 兄弟姐妹 xiōngdìjiěmèi 형제자매 | 孤独 gūdú 형 외롭다, 쓸쓸하다

05-14

兄弟姐妹 xiōngdìjiěmèi
형제자매

- 有个**兄弟姐妹**，在成长的年岁里会有很多有趣的回忆。
  Yǒu gè xiōngdìjiěmèi, zài chéngzhǎng de niánsuì lǐ huì yǒu hěn duō yǒuqù de huíyì.
  형제자매가 있으면, 성장하는 시기 동안 더 많은 재미있는 추억들이 있을 것입니다.

- 有**兄弟姐妹**最大的好处是，碰到什么事可以互相支撑。
  Yǒu xiōngdìjiěmèi zuìdà de hǎochù shì, pèngdào shénme shì kěyǐ hùxiāng zhīchēng.
  형제자매가 있으면 가장 큰 장점은 어떤 일에 부딪혔을 때 서로 지탱해 줄 수 있다는 것입니다.

成长 chéngzhǎng 图 성장하다, 자라다 | 年岁 niánsuì 图 시대, 시기, 오랜 시간 | 有趣 yǒuqù 图 재미있다, 흥미가 있다 | 回忆 huíyì 图 회상, 추억 | 好处 hǎochù 图 장점, 좋은 점 | 碰到 pèngdào 만나다 | 互相 hùxiāng 图 서로, 상호 | 支撑 zhīchēng 图 버티다, 받치다, 지탱하다

05-15

支持 zhīchí
图 지지하다, 견디다, 지탱하다

- 我对这件事持**支持**的态度。
  Wǒ duì zhè jiàn shì chí zhīchí de tàidù.
  저는 이 일에 대해 지지하는 태도를 가지고 있습니다.

- 我希望你们**支持**和尊重我的选择。
  Wǒ xīwàng nǐmen zhīchí hé zūnzhòng wǒ de xuǎnzé.
  저는 당신들이 저의 선택을 지지해 주고 존중해 주길 바랍니다.

事 shì 图 일, 업무, 사건 | 持 chí 图 가지다, 주장하다 | 态度 tàidù 图 태도 | 希望 xīwàng 图 바라다, 희망하다 | 尊重 zūnzhòng 图 존중하다, 중시하다 | 选择 xuǎnzé 图图 선택(하다), 고르다

05-16

态度 tàidù

명 태도

- 他总是以乐观的**态度**对待生活。
  Tā zǒngshì yǐ lèguān de tàidù duìdài shēnghuó.
  그는 늘 낙관적인 태도로 생활을 대합니다.

- 健康来自健康的生活习惯，健康需要有乐观开朗的生活**态度**。
  Jiànkāng láizì jiànkāng de shēnghuó xíguàn, jiànkāng xūyào yǒu lèguān kāilǎng de shēnghuó tàidù.
  건강은 건강한 생활 습관으로부터 나오고, 건강하려면 낙관적이고 명랑한 생활 태도가 필요합니다.

总是 zǒngshì 뮈 늘, 줄곧, 언제나 | 以 yǐ 게 ~을 가지고, ~을 근거로 | 乐观 lèguān 혱 낙관적이다, 희망차다 | 对待 duìdài 동 다루다, 대응하다 | 生活 shēnghuó 동 살다, 생활하다 | 健康 jiànkāng 혱 건강(하다) | 来自 láizì 동 ~(로)부터 오다, 에서 나오다 | 习惯 xíguàn 명 버릇, 습관 | 需要 xūyào 동 필요하다 | 开朗 kāilǎng 혱 명랑하다, 활달하다

05-17

关心 guānxīn

동 관심을 갖다, 관심을 기울이다

- 我对保护环境这个问题十分**关心**。
  Wǒ duì bǎohù huánjìng zhège wèntí shífēn guānxīn.
  저는 환경 보호 이 문제에 대해 매우 관심이 있습니다.

- 父母要**关心**子女的学习和生活。
  Fùmǔ yào guānxīn zǐnǚ de xuéxí hé shēnghuó.
  부모님은 자녀의 공부와 생활에 관심을 가져야 합니다.

保护 bǎohù 동 보호하다 | 环境 huánjìng 명 환경, 주위 상황 | 问题 wèntí 명 문제 | 十分 shífēn 뮈 매우, 대단히 | 父母 fùmǔ 명 부모 | 子女 zǐnǚ 명 자녀, 아들과 딸 | 生活 shēnghuó 명 생활 동 살다

제3·4·5부분

婚礼 hūnlǐ

명 결혼식, 혼례

- 这个星期六我要去参加我妹妹的婚礼。
  Zhège xīngqīliù wǒ yào qù cānjiā wǒ mèimei de hūnlǐ.
  이번 주 토요일 저는 여동생의 결혼식에 참석해야 합니다.

- 他邀请我参加婚礼。
  Tā yāoqǐng wǒ cānjiā hūnlǐ.
  그는 나를 결혼식에 초대했습니다.

参加 cānjiā 동 참가하다, 참석하다 | 妹妹 mèimei 명 여동생 | 邀请 yāoqǐng 동 초대하다

제3·4부분

结婚 jiéhūn

동 결혼하다

- 听说你下个月就要结婚了，对吗？
  Tīngshuō nǐ xià gè yuè jiùyào jiéhūn le, duì ma?
  당신 다음 달에 결혼한다고 들었는데, 맞아요?

- 有人说结婚一定要门当户对，你也同意这意见吗？
  Yǒu rén shuō jiéhūn yídìng yào méndāng-hùduì, nǐ yě tóngyì zhè yìjiàn ma?
  어떤 사람은 결혼할 때 서로의 집안 배경이 비슷해야 한다고 말하는데, 당신도 이 의견에 동의하나요?

听说 tīngshuō 동 듣자 하니, 들은 바로는 | 就要 jiùyào 부 머지않아, 곧 | 门当户对 méndāng-hùduì 성 (옛날, 혼인 관계에 있어서) 남녀 두 집안의 사회적 지위와 경제적 형편이 걸맞다, 남녀 두 집안이 엇비슷하다 | 同意 tóngyì 동 동의하다, 찬성하다 | 意见 yìjiàn 명 의견, 견해

CHAPTER 05 가정, 관계

> **TIP 결혼 관련 어휘**
>
> 办喜事 bànxǐshì 동 결혼식을 치르다, 경사를 치르다 | 嫁妆 jiàzhuang 명 혼수 | 彩礼 cǎilǐ 명 예물 | 新娘 xīnniáng 명 신부 | 新郎 xīnláng 명 신랑 | 喜酒 xǐjiǔ 명 결혼 축하주, 결혼 축하연 | 礼金 lǐjīn 명 축의금 | 订婚 dìnghūn 동 약혼하다 | 戒指 jièzhi 명 반지

제5부분

05-20 家庭教育 jiātíng jiàoyù
가정 교육

- 我认为跟学校教育相比，**家庭教育**同样重要。
  Wǒ rènwéi gēn xuéxiào jiàoyù xiāngbǐ, jiātíng jiàoyù tóngyàng zhòngyào.
  저는 학교 교육과 비교했을 때, 가정 교육도 똑같이 중요하다고 생각합니다.

- **家庭教育**是对孩子健康成长不可缺少的一种教育。
  Jiātíng jiàoyù shì duì háizi jiànkāng chéngzhǎng bùkě quēshǎo de yì zhǒng jiàoyù.
  가정 교육은 아이가 건강하게 성장하는 데에 있어서 없어서는 안 될 교육입니다.

认为 rènwéi 동 여기다, 생각하다 | 学校 xuéxiào 명 학교 | 教育 jiàoyù 명동 교육(하다) | 相比 xiāngbǐ 동 비교하다, 견주다 | 同样 tóngyàng 형 서로 같다, 다름없다 | 健康 jiànkāng 명형 건강(하다) | 成长 chéngzhǎng 동 성장하다, 자라다 | 不可缺少 bùkě quēshǎo 필수 불가결한, 없어서는 안 될

◉ 05-21   제4·5부분

上班族 shàngbānzú
명 출퇴근족, 샐러리맨, 봉급 생활자

- 我是个上班族，平时工作很忙，根本就没有时间做家务。
  Wǒ shì gè shàngbānzú, píngshí gōngzuò hěn máng, gēnběn jiù méiyǒu shíjiān zuò jiāwù.
  저는 회사원이라 평소에 일이 바빠서 집안일을 할 시간이 전혀 없습니다.

- 我是上班族，我在政府机关工作。
  Wǒ shì shàngbānzú, wǒ zài zhèngfǔ jīguān gōngzuò.
  저는 직장인이고, 정부 기관에서 일하고 있습니다.

平时 píngshí 명 평소, 평상시 | 根本 gēnběn 부 전혀, 아예 | 时间 shíjiān 명 시간 | 家务 jiāwù 명 집안일, 가사 | 政府 zhèngfǔ 명 정부 | 机关 jīguān 명 기관

◉ 05-22   제3·4부분

做客 zuòkè
동 손님이 되다, 친지를 방문하다

- 有朋友来做客的时候，我们通常会出去吃饭。
  Yǒu péngyou lái zuòkè de shíhou, wǒmen tōngcháng huì chūqù chī fàn.
  친구가 집에 놀러 올 때면 우리는 보통 나가서 밥을 먹습니다.

- 我想邀请你来我家做客。
  Wǒ xiǎng yāoqǐng nǐ lái wǒ jiā zuòkè.
  당신을 우리 집에 초대하고 싶습니다.

朋友 péngyou 명 친구 | 通常 tōngcháng 부 보통이다, 일반적이다 | 出去 chūqù 동 나가다 | 吃饭 chī fàn 동 밥을 먹다, 식사하다 | 邀请 yāoqǐng 동 초청하다, 초대하다

家庭主妇 jiātíng zhǔfù
명 가정주부

- 我的妈妈是家庭主妇。
  Wǒ de māma shì jiātíng zhǔfù.
  저희 어머니는 가정주부이십니다.

- 我的妻子是家庭主妇，她的手艺非常好。
  Wǒ de qīzi shì jiātíng zhǔfù, tā de shǒuyì fēicháng hǎo.
  제 아내는 가정주부라서 음식 솜씨가 매우 좋습니다.

妻子 qīzi 명 아내 | 手艺 shǒuyì 명 손재간, 솜씨

关系 guānxì
명 관계

- 我和家人的关系很好。
  Wǒ hé jiārén de guānxì hěn hǎo.
  저와 가족들의 관계는 매우 좋습니다.

- 在公司工作，人际关系很重要。
  Zài gōngsī gōngzuò, rénjì guānxì hěn zhòngyào.
  회사에서 업무를 할 때 인간 관계는 매우 중요합니다.

家人 jiārén 명 한 집안 식구, 한 가족 | 公司 gōngsī 명 회사, 직장 | 人际 rénjì 명 사람과 사람 사이

05-25

家务 jiāwù

명 가사, 집안일

- 我平时没有时间做家务。
  Wǒ píngshí méiyǒu shíjiān zuò jiāwù.
  저는 평소에 집안일을 할 시간이 없습니다.

- 我们家的家务一般由我妈妈来做。
  Wǒmen jiā de jiāwù yìbān yóu wǒ māma lái zuò.
  우리 집의 집안일은 보통 저희 어머니가 하십니다.

平时 píngshí 몡 평소, 평상시 | 一般 yìbān 혱 보통이다, 일반적이다 | 由 yóu 꽤 ~이(가), ~에서

TIP 집안일 관련 어휘

做饭 zuò fàn 동 밥을 하다 | 洗衣服 xǐ yīfu 옷을 빨다, 빨래하다 | 洗碗 xǐwǎn 설거지하다 | 扫地 sǎodì 동 바닥을 청소하다 | 拖地 tuō dì 바닥을 닦다

05-26

打扫 dǎsǎo

동 청소하다, 깨끗이 정리하다

- 我平时不打扫我的房间。
  Wǒ píngshí bù dǎsǎo wǒ de fángjiān.
  저는 평소에 제 방을 청소하지 않습니다.

- 今天我来打扫吧。
  Jīntiān wǒ lái dǎsǎo ba.
  오늘은 제가 청소할게요.

房间 fángjiān 몡 방 | 今天 jīntiān 몡 오늘

TSC 고급 어휘

05-27

제5부분

跨国 kuàguó

동 국경선을 뛰어넘다, 국적을 초월하다

- 最近**跨国**婚姻的人越来越多。
  Zuìjìn kuàguó hūnyīn de rén yuèláiyuè duō.
  요즘 국제 결혼을 하는 사람이 점점 많아지고 있습니다.

- **跨国**婚姻既有好处也有坏处。
  Kuàguó hūnyīn jì yǒu hǎochù yě yǒu huàichù.
  국제 결혼은 장점도 있고 단점도 있습니다.

最近 zuìjìn 명 최근, 요즘 | 婚姻 hūnyīn 명 혼인, 결혼 | 越来越 yuèláiyuè 부 더욱더, 점점, 갈수록 | 既……也 jì……yě ~하고 또 ~하다 | 好处 hǎochù 명 장점, 좋은 점 | 坏处 huàichù 명 단점, 나쁜 점

05-28

제5부분

移民 yímín

명 이민, 이민한 사람 동 이민하다

- 我周围**移民**到国外生活的人非常多。
  Wǒ zhōuwéi yímín dào guówài shēnghuó de rén fēicháng duō.
  제 주변에는 해외로 이민 가서 생활하는 사람들이 많습니다.

- 很多人**移民**到国外的主要原因就是不满意自己国家的社会环境。
  Hěn duō rén yímín dào guówài de zhǔyào yuányīn jiùshì bù mǎnyì zìjǐ guójiā de shèhuì huánjìng.
  많은 사람들이 해외로 이민을 가는 주된 원인은 자기 나라의 사회 환경에 만족하지 못해서입니다.

周围 zhōuwéi 명 주위, 주변 | 国外 guówài 명 외국 | 主要 zhǔyào 형 주요한, 주된 | 原因 yuányīn 명 원인 | 满意 mǎnyì 형 만족하다 | 社会 shèhuì 명 사회 | 环境 huánjìng 명 환경, 주위 상황

05-29 제4부분

抚养 fǔyǎng
동 (아이를) 부양하다, 정성들여 기르다

- 父母有抚养子女的责任。
  Fùmǔ yǒu fǔyǎng zǐnǚ de zérèn.
  부모는 자녀를 부양해야 하는 책임이 있습니다.

- 抚养孩子是一件非常难的事。
  Fǔyǎng háizi shì yí jiàn fēicháng nán de shì.
  아이를 부양하는 것은 매우 어려운 일입니다.

父母 fùmǔ 명 부모 | 子女 zǐnǚ 명 자녀, 아들과 딸 | 责任 zérèn 명 책임 | 孩子 háizi 명 아이, 자녀 | 难 nán 형 어렵다, 좋지 않다 | 事 shì 명 일, 업무

05-30 제5부분

第一印象 dì-yī yìnxiàng
첫인상

- 我认为与陌生人交往的时候第一印象非常重要。
  Wǒ rènwéi yǔ mòshēngrén jiāowǎng de shíhou dì-yī yìnxiàng fēicháng zhòngyào.
  저는 낯선 사람과 교류할 때 첫인상이 매우 중요하다고 생각합니다.

- 我认为第一印象是能改变的。
  Wǒ rènwéi dì-yī yìnxiàng shì néng gǎibiàn de.
  저는 첫인상은 바뀔 수 있는 것이라고 생각합니다.

认为 rènwéi 동 여기다, 생각하다 | 与 yǔ 접 ~와(과) | 陌生人 mòshēngrén 명 낯선 사람 | 交往 jiāowǎng 동 왕래하다, 교제하다 | 改变 gǎibiàn 동 변하다, 바뀌다, 고치다

05-31

门当户对 méndāng-hùduì

형 (옛날, 혼인 관계에 있어서) 남녀 두 집안의 사회적 지위와 경제적 형편이 걸맞다, 남녀 두 집안이 엇비슷하다

- 结婚时，我认为**门当户对**重要。
  Jiéhūn shí, wǒ rènwéi méndāng-hùduì zhòngyào.
  결혼할 때, 저는 집안의 수준이 맞는 것이 중요하다고 생각합니다.

- 现在社会中的青年男女正在追求一种文化上的**门当户对**。
  Xiànzài shèhuì zhōng de qīngnián nánnǚ zhèngzài zhuīqiú yì zhǒng wénhuà shàng de méndāng-hùduì.
  현재 사회의 젊은 남녀들은 문화적인 수준이 맞는 것을 추구하고 있습니다.

结婚 jiéhūn 통 결혼하다 | **社会** shèhuì 명 사회 | **青年男女** qīngnián nánnǚ 청춘 남녀, 젊은 남녀 |
正在 zhèngzài 부 지금 ~하고 있다 | **追求** zhuīqiú 통 추구하다, 탐구하다 | **文化** wénhuà 명 문화

05-32

代沟 dàigōu

명 세대차, 세대차이

- **代沟**问题很难解决。
  Dàigōu wèntí hěn nán jiějué.
  세대차 문제는 해결하기 어렵습니다.

- 成年人和孩子之间总会有一些**代沟**。
  Chéngniánrén hé háizi zhījiān zǒng huì yǒu yìxiē dàigōu.
  어른과 아이 사이에는 언제나 세대차가 있기 마련입니다.

问题 wèntí 명 문제 | **难** nán 형 어렵다, 힘들다 | **解决** jiějué 통 해결하다, 풀다 | **成年人** chéngniánrén
명 어른, 성인 | **之间** zhījiān 명 사이, 지간

消除 xiāochú
동 없애다, 해소하다, 제거하다

- 喝茶可以消除疲劳。
  Hē chá kěyǐ xiāochú píláo.
  차를 마시면 피로를 해소할 수 있습니다.

- 捡起一张废纸，就是消除一份污染。
  Jiǎn qǐ yì zhāng fèizhǐ, jiùshì xiāochú yí fèn wūrǎn.
  폐지를 한 장 줍는 것은 오염 하나를 줄이는 것입니다.

茶 chá 명 차 | 疲劳 píláo 형 피곤하다, 지치다 | 捡 jiǎn 동 줍다 | 废纸 fèizhǐ 명 폐지 | 污染 wūrǎn 동 오염시키다

劳动 láodòng
명 일, 노동 동 육체 노동을 하다

- 我家的家务劳动一般由我来做。
  Wǒ jiā de jiāwù láodòng yìbān yóu wǒ lái zuò.
  우리 집의 가사 노동은 보통 제가 합니다.

- 星期天，爸爸、妈妈带着我去参加义务劳动。
  Xīngqītiān, bàba, māma dàizhe wǒ qù cānjiā yìwù láodòng.
  일요일에 아빠와 엄마는 저를 데리고 근로 봉사에 참여하러 가십니다.

家务 jiāwù 명 가사, 집안일 | 一般 yìbān 형 보통이다, 일반적이다 | 由 yóu 개 ~이(가), ~에서 | 星期天 xīngqītiān 일요일 | 带 dài 동 데리다 | 参加 cānjiā 동 참가하다, 참석하다 | 义务 yìwù 명 의무 형 무보수의, 봉사의

미니 테스트

1 다음 한어병음에 해당하는 어휘와 뜻을 써 보세요.

(1) rénjì

_____

(2) quēfá

_____

(3) chōngtū

_____

(4) zhīchí

_____

2 다음 우리말에 해당하는 어휘를 쓰고 한어병음을 표시해 보세요.

(1) 대가족

_____

(2) 형제자매

_____

(3) 화목하다

_____

(4) 태도

_____

3 다음 빈칸에 들어갈 알맞은 어휘를 보기에서 고르세요.

| 보기 | 关系 | 上班族 | 打扫 | 结婚 | 代沟 |

(1) 我是个_____，平时工作很忙，根本就没有时间做家务。

(2) 我和家人的_____很好。

(3) 今天我来_____吧。

(4) 听说你下个月就要_____了，对吗？

(5) 成年人和孩子之间总会有一些_____。

4 다음 빈칸에 들어갈 알맞은 어휘를 아래에서 고르세요.

(1) 最近（　　　）婚姻的人越来越多。
　① 超国　　　② 跨国　　　③ 国家　　　④ 结婚

(2) 我周围（　　　）到国外生活的人非常多。
　① 关心　　　② 家务　　　③ 移民　　　④ 抚养

(3) 我认为（　　　）是能改变的。
　① 第一印象　② 深刻　　　③ 留下　　　④ 影响

5 아래의 우리말 문장을 보고 빈칸에 알맞은 어휘를 써 보세요.

(1) 我认为跟学校教育相比，_____同样重要。
저는 학교 교육과 비교했을 때, 가정 교육도 똑같이 중요하다고 생각합니다.

(2) 结婚时，我认为_____重要。
결혼할 때, 저는 집안의 수준이 맞는 것이 중요하다고 생각합니다.

(3) _____孩子是一件非常难的事。
아이를 부양하는 것은 매우 어려운 일입니다.

정답 | **1** (1) 人际 사람과 사람 사이　(2) 缺乏 결여되다　(3) 冲突 충돌(하다)　(4) 支持 지지하다
2 (1) 大家庭 dàjiātíng　(2) 兄弟姐妹 xiōngdìjiěmèi　(3) 和睦 hémù　(4) 态度 tàidù
3 (1) 上班族　(2) 关系　(3) 打扫　(4) 结婚　(5) 代沟
4 (1) ②　(2) ③　(3) ①
5 (1) 家庭教育　(2) 门当户对　(3) 抚养

TSC 빈출 질문 및 모범답안

● 05-35 | 제3부분

1 问题 这家的服务态度太好了。
Zhè jiā de fúwù tàidù tài hǎo le.
이 집 서비스가 너무 좋네요.

回答 我也觉得很好，这家的服务员对顾客都很热情。而且饭菜也非常好吃。
Wǒ yě juéde hěn hǎo, zhè jiā de fúwùyuán duì gùkè dōu hěn rèqíng. Érqiě fàncài yě fēicháng hǎochī.
저도 좋은 것 같아요. 여기 종업원은 고객들에게 친절하고, 게다가 음식도 매우 맛있어요.

> 服务 fúwù 동 봉사하다, 서비스하다 | 态度 tàidù 명 태도 | 服务员 fúwùyuán 명 종업원, 접대원 | 顾客 gùkè 명 고객 | 热情 rèqíng 형 친절하다 | 饭菜 fàncài 명 식사, 음식 | 好吃 hǎochī 형 맛있다

● 05-36 | 제4부분

2 问题 你是个能接受别人的忠告的人吗?
Nǐ shì gè néng jiēshòu biérén de zhōnggào de rén ma?
당신은 다른 사람의 충고를 받아 들일 수 있는 사람인가요?

回答 人在工作中或者是生活中难免做错事，有时候自己根本意识不到，如果这时别人能够提醒一下，我会非常感激。
Rén zài gōngzuò zhōng huòzhě shì shēnghuó zhōng nánmiǎn zuò cuòshì, yǒushíhou zìjǐ gēnběn yìshí búdào, rúguǒ zhè shí biérén nénggòu tíxǐng yíxià, wǒ huì fēicháng gǎnjī.
사람이 일을 하거나 생활을 하면서 잘못을 안 하기는 어렵습니다. 가끔씩 전혀 의식하지 못하는데, 만약 이때 다른 사람이 일깨워줄 수 있다면 저는 정말 고마울 것입니다.

> 接受 jiēshòu 동 받아들이다 | 别人 biérén 대 다른 사람, 남 | 忠告 zhōnggào 명동 충고(하다) | 或者 huòzhě 접 ~이던가 아니면 ~이다 | 难免 nánmiǎn 동 피하기 어렵다 | 错事 cuòshì 착오 | 根本 gēnběn 부 전혀, 아예 | 意识 yìshí 명동 의식(하다) | 提醒 tíxǐng 동 일깨우다 | 感激 gǎnjī 동 감격하다

◐ 05-37 | 제5부분

3 问题 你觉得给人的第一印象能改变吗?
Nǐ juéde gěi rén de dì-yī yìnxiàng néng gǎibiàn ma?
당신은 사람에게 주는 첫인상이 바뀔 수 있다고 생각하나요?

回答 我觉得给人的第一印象是很难改变的。如果交朋友第一印象不好，以后也就很难发展朋友关系了，第一印象对人影响很大。

Wǒ juéde gěi rén de dì-yī yìnxiàng shì hěn nán gǎibiàn de. Rúguǒ jiāo péngyou dì-yī yìnxiàng bù hǎo, yǐhòu yě jiù hěn nán fāzhǎn péngyou guānxì le, dì-yī yìnxiàng duì rén yǐngxiǎng hěn dà.

저는 사람에게 주는 첫인상은 바꾸기 힘들다고 생각합니다. 만약 친구를 사귈 때 첫인상이 나쁘면 이후에도 친구 관계를 발전시키기 어렵습니다. 첫인상이 끼치는 영향은 매우 큽니다.

第一印象 dì-yī yìnxiàng 첫인상 | 改变 gǎibiàn 통 바뀌다, 달라지다 | 交朋友 jiāo péngyou 통 친구를 사귀다 | 发展 fāzhǎn 통 발전하다 | 关系 guānxì 명 관계 | 影响 yǐngxiǎng 명통 영향(을 주다)

CHAPTER 06
태도, 감정

태도, 감정 관련 어휘는 주로 제4부분과 제7부분에 자주 출제됩니다. 이야기를 서술해야 하는 제7부분에서 인물들의 감정을 표현할 때 자주 사용되는 형용사를 주의 깊게 살펴 봅시다.

TSC 기본 어휘

제6·7부분

○ 06-01

尴尬 gāngà

형 난처하다, 입장이 곤란하다, 난감하다

- 他的裤子裂了一个口子，这个样子在大庭广众之下，让他感到非常**尴尬**。
  Tā de kùzi lièle yí gè kǒuzi, zhège yàngzi zài dàtíngguǎngzhòng zhīxià, ràng tā gǎndào fēicháng gāngà.
  그의 바지가 터져서 벌어졌는데, 이러한 모습으로 사람들 앞에 보여져서 그는 매우 난처했습니다.

- 老师提了一个问题，并且叫他来回答，但他没回答上来，他觉得很**尴尬**。
  Lǎoshī tíle yí gè wèntí, bìngqiě jiào tā lái huídá, dàn tā méi huídá shànglái, tā juéde hěn gāngà.
  선생님이 문제를 하나 냈고 그에게 대답을 하라고 했는데, 그는 대답을 하지 못해서 매우 난처했습니다.

裤子 kùzi 명 바지 | 裂 liè 동 찢어지다, 갈라지다, 터지다 | 口子 kǒuzi 명 흠집, 틈, 벌어진 곳 | 样子 yàngzi 명 모양 | 大庭广众 dàtíngguǎngzhòng 성 대중이 모인 공개적인 장소, 많은 사람 앞 | 之下 zhīxià 명 ~의 아래 | 感到 gǎndào 동 느끼다, 여기다 | 老师 lǎoshī 명 선생님, 스승 | 提 tí 동 제시하다, 제출하다 | 问题 wèntí 명 문제 | 并且 bìngqiě 접 게다가, 그리고 | 回答 huídá 동 대답하다

제7부분

○ 06-02

荒唐 huāngtáng

형 황당하다, 터무니없다

- 这是一件非常**荒唐**的事情。
  Zhè shì yí jiàn fēicháng huāngtáng de shìqing.
  이 일은 매우 황당한 일입니다.

- 他觉得自己是一个荒唐可笑的人。
  Tā juéde zìjǐ shì yí gè huāngtáng kěxiào de rén.
  그는 자신이 황당하고 우스꽝스러운 사람이라고 생각합니다.

事情 shìqing 명 일, 사건 | **自己** zìjǐ 대 자기, 자신, 스스로 | **可笑** kěxiào 형 우습다, 우스꽝스럽다

06-03

제7부분

害羞 hàixiū

동 부끄러워하다, 수줍어하다

- 小红是个害羞的人，见了生人就脸红。
  Xiǎo Hóng shì gè hàixiū de rén, jiànle shēngrén jiù liǎnhóng.
  샤오훙은 부끄러움이 많은 사람이라서 낯선 사람을 만나면 얼굴이 빨개집니다.

- 开学第一天，老师让每个人自我介绍，好多同学都很害羞。
  Kāixué dì-yī tiān, lǎoshī ràng měi gè rén zìwǒ jièshào, hǎoduō tóngxué dōu hěn hàixiū.
  개학 첫날 선생님이 모든 학생들에게 자기소개를 시켰는데, 많은 학생들은 부끄러워했습니다.

生人 shēngrén 명 낯선 사람, 모르는 사람 | **脸红** liǎnhóng 얼굴이 빨개지다, 부끄러워하다 | **开学** kāixué 동 개학하다 | **自我介绍** zìwǒ jièshào 자기소개를 하다 | **好多** hǎoduō 쉬 아주 많다 | **同学** tóngxué 명 학우, 학교 친구, 동급생

제2·7부분

◎ 06-04

开心 kāixīn

형 즐겁다, 기쁘다, 유쾌하다

- 爸爸妈妈给小李买了一双运动鞋，他看起来很开心。
  Bàba māma gěi Xiǎo Lǐ mǎile yì shuāng yùndòngxié, tā kàn qǐlái hěn kāixīn.
  아빠 엄마가 샤오리에게 운동화 한 켤레를 사주셨고, 그는 매우 기뻐 보입니다.

- 他的小狗咬坏了他的棒球，他看上去不开心。
  Tā de xiǎogǒu yǎohuàile tā de bàngqiú, tā kàn shàngqù bù kāixīn.
  그의 강아지가 그의 야구공을 물어뜯어서, 그는 유쾌해 보이지 않습니다.

运动鞋 yùndòngxié 명 운동화 | 看起来 kàn qǐlái 동 보기에 ~하다, 보아하니 ~하다 | 小狗 xiǎogǒu 명 강아지 | 咬 yǎo 동 물다, 깨물다 | 坏 huài 동 나쁘게 하다, 상하게 하다 | 棒球 bàngqiú 명 야구공 | 看上去 kàn shàngqù 동 보아하니 ~하다

제7부분

◎ 06-05

郁闷 yùmèn

형 우울하다, 울적하다

- 现在还有很多事没做，真是郁闷啊！
  Xiànzài hái yǒu hěn duō shì méi zuò, zhēnshi yùmèn a!
  지금 아직 하지 않은 일이 많아서 정말 우울합니다.

- 小明今天的心情很郁闷，因为他考试不及格。
  Xiǎo Míng jīntiān de xīnqíng hěn yùmèn, yīnwèi tā kǎoshì bù jígé.
  샤오밍은 오늘 기분이 우울한데, 왜냐하면 시험에 불합격했기 때문입니다.

现在 xiànzài 명 지금, 현재 | 真是 zhēnshi 부 정말 | 心情 xīnqíng 명 기분, 마음, 심정 | 因为 yīnwèi 접 왜냐하면 | 考试 kǎoshì 명동 시험(을 치다) | 及格 jígé 동 합격하다

제4·7부분

● 06-06

生气 shēngqì

동 화내다, 성내다 명 생기, 활력

- 姐姐看到了被弄脏的衬衫，非常生气。
  Jiějie kàndàole bèi nòngzāng de chènshān, fēicháng shēngqì.
  누나는 더러워진 셔츠를 보고는 굉장히 화를 냈습니다.

- 我把哥哥的篮球弄丢了，哥哥很生气。
  Wǒ bǎ gēge de lánqiú nòngdiū le, gēge hěn shēngqì.
  제가 형의 농구공을 잃어버려서, 형이 매우 화를 냈습니다.

姐姐 jiějie 명 언니, 누나 | 弄 nòng 동 하다, 행하다 | 脏 zāng 형 더럽다 | 衬衫 chènshān 명 셔츠, 블라우스 | 哥哥 gēge 명 오빠, 형 | 篮球 lánqiú 명 농구공 | 丢 diū 동 잃다, 잃어버리다

제7부분

● 06-07

倒霉 dǎoméi

형 재수 없다, 불운하다 동 재수 없는 일을 당하다

- 他感到自己倒霉透顶。
  Tā gǎndào zìjǐ dǎoméi tòudǐng.
  그는 자신이 정말 운이 없다고 느꼈습니다.

- 他正要去度假却生病了，真倒霉。
  Tā zhèng yào qù dùjià què shēngbìng le, zhēn dǎoméi.
  그는 마침 휴가를 보내러 가려고 했는데 병이 났습니다. 정말 운이 없습니다.

感到 gǎndào 동 느끼다 | 自己 zìjǐ 대 자기, 자신 | 透顶 tòudǐng 동 (~함이) 극에 달하다, 짝이 없다 | 度假 dùjià 동 휴가를 보내다 | 却 què 도리어, 오히려 | 生病 shēngbìng 동 병이 나다

CHAPTER 06 태도, 감정

小心 xiǎoxīn

동 조심하다, 주의하다 형 신중하다, 세심하다

- 小狗爬到沙发上，不小心把咖啡洒了。
  Xiǎogǒu pádào shāfā shang, bù xiǎoxīn bǎ kāfēi sǎ le.
  강아지가 소파에 올라와서는 부주의하여 커피를 쏟았습니다.

- 他不小心滑倒在地上了。
  Tā bù xiǎoxīn huádǎo zài dìshàng le.
  그는 실수로 바닥에 미끄러져 넘어졌습니다.

小狗 xiǎogǒu 명 강아지 | 爬 pá 동 기다, 오르다 | 沙发 shāfā 명 소파 | 咖啡 kāfēi 명 커피 | 洒 sǎ 동 (물을) 뿌리다, 엎지르다 | 滑倒 huádǎo 동 미끄러져 넘어지다

吃惊 chījīng

동 놀라다

- 弟弟把家里弄得乱七八糟，妈妈非常吃惊。
  Dìdi bǎ jiāli nòng de luànqībāzāo, māma fēicháng chījīng.
  남동생이 집을 엉망으로 만들어 놔서 엄마는 매우 놀랐습니다.

- 小狗突然跑出去了，小红非常吃惊。
  Xiǎogǒu tūrán pǎo chūqù le, Xiǎo Hóng fēicháng chījīng.
  강아지가 갑자기 뛰어 나가서 샤오홍은 매우 놀랐습니다.

弟弟 dìdi 명 남동생 | 弄 nòng 동 하다, 만들다 | 乱七八糟 luànqībāzāo 형 엉망진창이다 | 突然 tūrán 부 갑자기 | 跑 pǎo 동 달리다, 뛰다

제7부분

06-10 惊慌 jīnghuāng
형 놀라 허둥대다

- 她脸上流露出惊慌的神色。
  Tā liǎn shang liúlù chū jīnghuāng de shénsè.
  그녀의 얼굴에 놀라서 당황한 기색이 드러났습니다.

- 他脸色苍白，非常惊慌。
  Tā liǎnsè cāngbái, fēicháng jīnghuāng.
  그의 안색은 창백했고, 매우 놀라 허둥댔습니다.

脸 liǎn 얼굴 | 流露 liúlù 통 (생각·감정을) 무의식 중에 나타내다 | 神色 shénsè 명 표정, 안색 | 脸色 liǎnsè 명 안색, 낯빛 | 苍白 cāngbái 형 창백하다

제7부분

06-11 惊恐 jīngkǒng
동 놀라 두려워하다, 질겁하다

- 老师发试卷时，他不知道成绩，他惊恐万分，怕考得不好。
  Lǎoshī fā shìjuàn shí, tā bù zhīdào chéngjì, tā jīngkǒng wànfēn, pà kǎo de bù hǎo.
  선생님이 시험지를 나눠줄 때 그는 성적을 몰라서, 시험을 못 봤을까 봐 두려웠습니다.

- 这一部电影太吓人了，让所有观众都感觉惊恐万分。
  Zhè yí bù diànyǐng tài xiàrén le, ràng suǒyǒu guānzhòng dōu gǎnjué jīngkǒng wànfēn.
  이 영화는 너무 사람을 놀라게 해서, 모든 관중들로 하여금 두려움을 느끼게 했습니다.

试卷 shìjuàn 시험지 | 知道 zhīdào 통 알다 | 成绩 chéngjì 성적 | 万分 wànfēn 부 매우, 대단히 | 怕 pà 통 무서워하다, 두려워하다 | 考 kǎo 시험을 보다 | 电影 diànyǐng 영화 | 吓人 xiàrén 통 사람을 놀라게 하다 | 让 ràng 통 ~하게 하다, ~하도록 시키다 | 所有 suǒyǒu 형 모든, 전부의 | 观众 guānzhòng 명 관중 | 感觉 gǎnjué 통 느끼다

06-12

害怕 hàipà

동 겁내다, 두려워하다

- 我从小就害怕狗。
  Wǒ cóngxiǎo jiù hàipà gǒu.
  저는 어릴 때부터 개를 무서워했습니다.

- 弟弟把家里的花瓶打碎了，他心里七上八下的，不知怎么向妈妈交待，害怕妈妈批评他。
  Dìdi bǎ jiāli de huāpíng dǎsuì le, tā xīnli qīshàngbāxià de, bùzhī zěnme xiàng māma jiāodài, hàipà māma pīpíng tā.
  동생이 집에 있는 꽃병을 깨트렸습니다. 그는 조마조마해서 어떻게 엄마에게 해명을 해야 할지 몰랐고, 엄마에게 혼날까 봐 두려웠습니다.

从小 cóngxiǎo 부 어릴 때부터 | 花瓶 huāpíng 꽃병 | 打碎 dǎsuì 동 부수다, 깨지다 | 七上八下 qīshàngbāxià 성 마음이 복잡하다, 조마조마하다 | 交待 jiāodài 동 (자신의 의도를) 설명하다, 알려 주다 | 批评 pīpíng 동 비판하다, 지적하다

06-13

固执 gùzhi

형 완고하다, 고집스럽다 동 고집하다

- 他谁的话都不听，真是太固执了！
  Tā shéi de huà dōu bù tīng, zhēnshi tài gùzhi le!
  그는 누구의 말도 듣지 않고, 정말 고집스럽습니다!

- 妈妈不让他穿短裤，他却一定要穿短裤，妈妈说："你太固执了！"
  Māma bú ràng tā chuān duǎnkù, tā què yídìng yào chuān duǎnkù, māma shuō: "Nǐ tài gùzhi le!"
  엄마는 반바지를 입지 말라고 했는데, 그는 꼭 반바지를 입는다고 했습니다. 엄마는 "넌 너무 고집스러워!"라고 말했습니다.

谁 shéi 대 누구, 누가 | 真是 zhēnshi 부 정말, 실로 | 短裤 duǎnkù 명 반바지 | 却 què 도리어, 오히려

淘气 táoqì

[형] 장난이 심하다 [동] 성가시게 하다, 귀찮게 하다

- 弟弟很**淘气**，妈妈拿他真是无可奈何。
  Dìdi hěn táoqì, māma ná tā zhēnshi wúkěnàihé.
  남동생은 매우 장난이 심해서, 엄마는 정말 그를 어찌할 방법이 없습니다.

- 我家的小狗有时**淘气**，有时可爱。
  Wǒ jiā de xiǎogǒu yǒushí táoqì, yǒushí kě'ài.
  우리 집 강아지는 어떤 때는 장난이 심하고 어떤 때는 귀엽습니다.

弟弟 dìdi [명] 남동생 | **无可奈何** wúkěnàihé [성] 어찌해 볼 도리가 없다, 방법이 없다 | **有时** yǒushí [부] 어떤 때는, 때로는 | **可爱** kě'ài [형] 사랑스럽다, 귀엽다

惊讶 jīngyà

[형] 의아스럽다, 놀랍다

- 小红平时学习成绩一般，这次月考考了全班第一名，让她的妈妈很**惊讶**。
  Xiǎo Hóng píngshí xuéxí chéngjì yìbān, zhè cì yuèkǎo kǎole quánbān dì-yī míng, ràng tā de māma hěn jīngyà.
  샤오홍은 평소에 학업 성적이 보통이었는데, 이번 월례 고사에서 반에서 일등을 해서 그녀의 엄마는 매우 놀랐습니다.

- 他竟然发挥得很出色，他们班同学都感到很**惊讶**。
  Tā jìngrán fāhuī de hěn chūsè, tāmen bān tóngxué dōu gǎndào hěn jīngyà.
  그가 뜻밖에 뛰어나게 잘 해서 그의 반 친구들이 모두 놀랐습니다.

平时 píngshí [명] 평소, 평상시 | **学习** xuéxí [동] 공부하다, 배우다 | **成绩** chéngjì [명] 성적 | **一般** yìbān [형] 보통이다, 일반적이다 | **月考** yuèkǎo [명] 월례 고사 | **全班** quánbān [명] 반 전체, 학급 전체 | **第一名** dì-yī míng [명] 제1위, 일등 | **竟然** jìngrán [부] 뜻밖에도, 의외로 | **发挥** fāhuī [동] 발휘하다 | **出色** chūsè [형] 특별히 좋다, 대단히 뛰어나다 | **同学** tóngxué [명] 학교 친구, 동창 | **感到** gǎndào [동] 느끼다, 여기다

失望 shīwàng

동 실망하다, 희망을 잃다 형 낙담하다

- 不管遇到什么样的挫折，他从没**失望**过。
  Bùguǎn yùdào shénmeyàng de cuòzhé, tā cóng méi shīwàngguo.
  그는 어떠한 좌절에 부딪히든 관계없이 지금까지 실망한 적이 없습니다.

- 今天小李本来约了同学一起去游泳的，不料天气突变下起雨来，他们只好**失望**地打道回府。
  Jīntiān Xiǎo Lǐ běnlái yuēle tóngxué yìqǐ qù yóuyǒng de, búliào tiānqì tūbiàn xià qǐ yǔ lái, tāmen zhǐhǎo shīwàng de dǎ dào huí fǔ.
  오늘 샤오리는 원래 친구와 함께 수영을 하러 가기로 약속했는데, 예상치 못하게 날씨가 갑자기 변해서 비가 내리기 시작했습니다. 그들은 어쩔 수 없이 실망한 채로 집으로 돌아갔습니다.

| 不管 bùguǎn 접 ~에 관계없이 | 遇到 yùdào 동 만나다, 마주치다 | 什么样 shénmeyàng 대 어떠한 | 挫折 cuòzhé 명동 좌절(시키다) | 本来 běnlái 부 본래, 원래 | 约 yuē 동 약속하다 | 游泳 yóuyǒng 명동 수영(하다) | 不料 búliào 부 뜻밖에 | 天气 tiānqì 명 날씨, 일기 | 突变 tūbiàn 동 (뜻밖에) 돌변하다, 갑자기 변하다 | 只好 zhǐhǎo 부 어쩔 수 없이 | 打道回府 dǎ dào huí fǔ 집으로 돌아가다

沮丧 jǔsàng

형 낙담하다, 풀이 죽다 동 낙담하게 하다, 실망케 하다

- 小明考试没考好，他感到很**沮丧**。
  Xiǎo Míng kǎoshì méi kǎohǎo, tā gǎndào hěn jǔsàng.
  샤오밍은 시험을 잘 보지 못해서 낙담했습니다.

- 听了他的话，我感到很**沮丧**。
  Tīngle tā de huà, wǒ gǎndào hěn jǔsàng.
  그의 말을 듣고 저는 낙담했습니다.

| 考试 kǎoshì 명동 시험(을 치다) | 感到 gǎndào 동 느끼다, 여기다

제7부분

疲倦 píjuàn
[형] 피곤하다, 지치다

- 他紧张地工作了一天，回到家里已疲倦不堪。
  Tā jǐnzhāng de gōngzuòle yì tiān, huídào jiāli yǐ píjuàn bùkān.
  그는 긴장한 채로 하루종일 일을 해서, 집에 돌아오니 이미 너무 피곤했습니다.

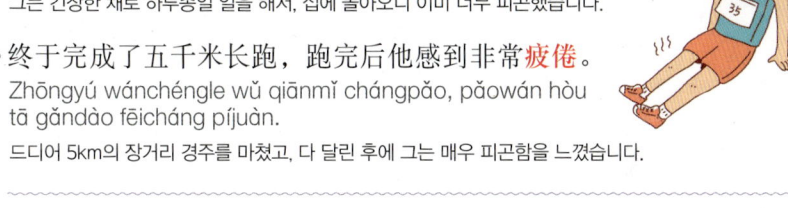

- 终于完成了五千米长跑，跑完后他感到非常疲倦。
  Zhōngyú wánchéngle wǔ qiānmǐ chángpǎo, pǎowán hòu tā gǎndào fēicháng píjuàn.
  드디어 5km의 장거리 경주를 마쳤고, 다 달린 후에 그는 매우 피곤함을 느꼈습니다.

紧张 jǐnzhāng [형] 긴장해 있다, 불안하다 | 一天 yì tiān [명] 하루 | 不堪 bùkān [형] (부정적인 의미로) 몹시 심하다 | 终于 zhōngyú [부] 마침내, 결국 | 完成 wánchéng [동] 완성하다, 끝내다 | 千米 qiānmǐ [양] 킬로미터(km) | 长跑 chángpǎo [명] 장거리 경주 [동] 오래달리기를 하다

제3·7부분

抱歉 bàoqiàn
[동] 미안해하다, 미안하게 생각하다

- 很抱歉，我不能陪你去书店了。
  Hěn bàoqiàn, wǒ bù néng péi nǐ qù shūdiàn le.
  미안해요. 저는 당신과 함께 서점에 가 줄 수 없게 되었어요.

- 很抱歉，这次是我错怪了你。
  Hěn bàoqiàn, zhè cì shì wǒ cuòguàile nǐ.
  미안해요. 이번에는 제가 당신을 오해했어요.

陪 péi [동] 모시다, 동반하다 | 书店 shūdiàn [명] 서점 | 错怪 cuòguài [동] 오해하여 남을 원망하다

礼貌 lǐmào

명 예의, 예의범절 형 예의 바르다

- 礼貌是相互的，对他人彬彬有礼，他人也会对自己彬彬有礼。
Lǐmào shì xiānghù de, duì tārén bīnbīn yǒulǐ, tārén yě huì duì zìjǐ bīnbīn yǒulǐ.
예의는 상호적인 것입니다. 타인에게 예의를 갖추면, 타인 또한 자신에게 예의를 갖출 것입니다.

- 这个小孩子很有礼貌，见到社区里的叔叔阿姨，都会问一声好。
Zhège xiǎoháizi hěn yǒu lǐmào, jiàndào shèqū li de shūshu āyí, dōu huì wèn yì shēng hǎo.
이 아이는 예의가 발라서 단지 내의 아주머니 아저씨를 만나면 항상 인사를 합니다.

相互 xiānghù 부 상호간의 | 他人 tārén 타인, 다른 사람 | 彬彬有礼 bīnbīn yǒulǐ 형 점잖고 예절 바르다 | 社区 shèqū 명 (아파트 등의) 단지 | 叔叔 shūshu 아저씨, 삼촌 | 阿姨 āyí 아주머니 | 问好 wèn hǎo 동 안부를 묻다, 문안드리다

满意 mǎnyì

형 만족하다, 만족스럽다

- 小李对这次的考试成绩比较满意。
Xiǎo Lǐ duì zhè cì de kǎoshì chéngjì bǐjiào mǎnyì.
샤오리는 이번 시험 성적에 비교적 만족합니다.

- 小王工作出色，让大家很满意。
Xiǎo Wáng gōngzuò chūsè, ràng dàjiā hěn mǎnyì.
샤오왕은 업무 능력이 뛰어나서 모두를 만족시킵니다.

考试 kǎoshì 명동 시험(을 치다) | 成绩 chéngjì 성적, 결과 | 比较 bǐjiào 부 비교적, 상대적으로 | 出色 chūsè 형 대단히 뛰어나다 | 大家 dàjiā 대 모두, 다들

TIP 满意 vs. 满足

满意 mǎnyì	📖 만족하다, 만족스럽다 (어떤 일, 어떤 측면에 대한 사람의 느낌을 나타냄) 我对我的工作很满意。 Wǒ duì wǒ de gōngzuò hěn mǎnyì. 저는 제 일에 아주 만족합니다.
满足 mǎnzú	📖 만족하다, 만족시키다 他满足了我们的要求。 Tā mǎnzúle wǒmen de yāoqiú. 그는 우리의 요구를 만족시켰습니다.

제7부분

◎ 06-22

伤心 shāngxīn

📖 상심하다, 슬퍼하다

- 她哭得很伤心，我们不知道该怎么安慰她。
  Tā kū de hěn shāngxīn, wǒmen bù zhīdào gāi zěnme ānwèi tā.
  그녀가 매우 슬프게 울었지만 우리는 어떻게 그녀를 위로해 주어야 할 지 몰랐습니다.

- 他的小狗弄坏了他的玩具，他伤心得流下了眼泪。
  Tā de xiǎogǒu nònghuàile tā de wánjù, tā shāngxīn de liúxiàle yǎnlèi.
  그의 강아지가 그의 장난감을 망가뜨려서 그는 상심해서 눈물을 흘렸습니다.

哭 kū 📖 울다 | 该 gāi 📖 ~해야 한다 | 安慰 ānwèi 📖 위로하다, 안위하다 | 弄坏 nònghuài 📖 망가뜨리다, 못쓰게 하다 | 玩具 wánjù 📖 장난감 | 眼泪 yǎnlèi 📖 눈물

◎ 06-23   제4·7부분

紧张 jǐnzhāng
[형] 긴장해 있다, 불안하다, 급박하다

- 我发表的时候最紧张。
  Wǒ fābiǎo de shíhou zuì jǐnzhāng.
  저는 발표할 때 가장 긴장됩니다.

- 他心里十分紧张，很担心爸爸回来批评他。
  Tā xīnli shífēn jǐnzhāng, hěn dānxīn bàba huílái pīpíng tā.
  그는 마음속으로 매우 긴장했고, 아빠가 돌아와서 그를 혼낼까 봐 걱정했습니다.

发表 fābiǎo [동] 발표하다 | 心里 xīnli 마음(속), 가슴속 | 十分 shífēn [부] 매우 | 担心 dānxīn [동] 걱정하다, 염려하다 | 回来 huílái [동] 돌아오다 | 批评 pīpíng [동] 비난하다, 나무라다

◎ 06-24   제6·7부분

后悔 hòuhuǐ
[동] 후회하다, 뉘우치다

- 小明数学考试时，忘记写了单位，没有拿到满分，他十分后悔。
  Xiǎo Míng shùxué kǎoshì shí, wàngjì xiěle dānwèi, méiyǒu nádào mǎnfēn, tā shífēn hòuhuǐ.
  샤오밍은 수학 시험을 볼 때 단위 쓰는 것을 잊어버려서 만점을 받지 못했습니다. 그는 매우 후회합니다.

- 他后悔没有事先做好准备工作。
  Tā hòuhuǐ méiyǒu shìxiān zuòhǎo zhǔnbèi gōngzuò.
  그는 미리 일을 준비해 놓지 않은 것을 후회합니다.

数学 shùxué [명] 수학 | 考试 kǎoshì [명] 시험, 고사 | 忘记 wàngjì [동] 잊다, 잊어버리다 | 写 xiě [동] 글씨를 쓰다 | 单位 dānwèi [명] 단위 | 满分 mǎnfēn [명] 만점 | 事先 shìxiān [명] 사전(에), 미리 | 准备 zhǔnbèi [동] 준비하다

제7부분

可惜 kěxī

형 섭섭하다, 아쉽다, 아깝다

- 浪费了这么长时间，实在太可惜了。
  Làngfèile zhème cháng shíjiān, shízài tài kěxī le.
  이렇게 긴 시간을 낭비해서 정말 아쉽습니다.

- 可惜他去晚了一步，最好吃的面包已经都卖光了。
  Kěxī tā qùwǎnle yí bù, zuì hǎochī de miànbāo yǐjīng dōu màiguāng le.
  아쉽게도 그가 한발 늦게 가서 제일 맛있는 빵은 이미 다 팔렸습니다.

浪费 làngfèi 동 낭비하다 | 实在 shízài 부 정말로 | 一步 yí bù 명 한 걸음, 일보 | 好吃 hǎochī 형 맛있다, 맛나다 | 面包 miànbāo 명 빵 | 卖光 màiguāng 동 매진되다, 남김없이 다 팔리다

제7부분

遗憾 yíhàn

동 유감이다, 섭섭하다

- 今天妈妈本来要带他去爬山的，可是却下雨了，所以就没去，真是遗憾。
  Jīntiān māma běnlái yào dài tā qù páshān de, kěshì què xià yǔ le, suǒyǐ jiù méi qù, zhēnshi yíhàn.
  오늘 엄마는 원래 그를 데리고 등산을 가려고 했지만, 비가 내려서 가지 못했습니다. 정말 아쉽습니다.

- 今天因下雨没法赛球，他非常遗憾。
  Jīntiān yīn xià yǔ méifǎ sàiqiú, tā fēicháng yíhàn.
  오늘 비가 와서 경기를 할 수 없어 그는 매우 유감입니다.

本来 běnlái 부 본래, 원래 | 带 dài 동 데리다 | 爬山 páshān 동 산을 오르다, 등산하다 | 下雨 xià yǔ 동 비가 내리다 | 没法 méifǎ 방법이 없다 | 赛球 sàiqiú 명동 구기 경기(를 하다)

CHAPTER 06 태도, 감정

06-27

不幸 búxìng

형 불행하다 | 부 불행히도 | 명 불행, 재난

- 这是一个沉痛而不幸的事。
  Zhè shì yí gè chéntòng ér búxìng de shì.
  이것은 비통하고 불행한 일입니다.

- 听到这个不幸的消息，她的脸色变得十分苍白。
  Tīngdào zhège búxìng de xiāoxi, tā de liǎnsè biàn de shífēn cāngbái.
  이 불행한 소식을 듣고 나서, 그녀의 얼굴은 매우 창백하게 변했습니다.

沉痛 chéntòng 형 침통하다, 비통하다 | 消息 xiāoxi 명 소식, 뉴스 | 脸色 liǎnsè 명 안색 | 十分 shífēn 부 매우, 아주 | 苍白 cāngbái 형 창백하다, 파리하다

TSC 고급 어휘

06-28

尽情 jìnqíng

부 하고 싶은 바를 다하여, 실컷, 마음껏

- 大家在海边尽情地奔跑欢笑。
  Dàjiā zài hǎibiān jìnqíng de bēnpǎo huānxiào.
  다들 바다에서 마음껏 달리고 웃고 있습니다.

- 同学们在联欢会上尽情地唱啊，跳啊，玩儿得非常舒畅。
  Tóngxuémen zài liánhuānhuì shàng jìnqíng de chàng a, tiào a, wánr de fēicháng shūchàng.
  학생들은 모임에서 실컷 노래 부르고, 춤추고, 유쾌하게 놀았습니다.

大家 dàjiā 대 모두, 다들 | 海边 hǎibiān 명 해변, 바닷가 | 奔跑 bēnpǎo 동 빨리 달리다 | 欢笑 huānxiào 동 즐겁게 웃다 | 联欢会 liánhuānhuì 명 간담회, 친목회, 모임 | 唱 chàng 동 노래하다 | 跳 tiào 동 뛰다, 도약하다 | 舒畅 shūchàng 형 유쾌하다, 시원하다

제7부분

难堪 nánkān

형 난감하다, 난처하다, 견디기 어렵다

- 这件事情让他感到很难堪，脸都涨红了。
  Zhè jiàn shìqing ràng tā gǎndào hěn nánkān, liǎn dōu zhànghóng le.
  이 일은 그를 난감하게 만들어서 얼굴이 다 빨개졌습니다.

- 老师正在批评他，全同学都望着他，他感到很难堪。
  Lǎoshī zhèngzài pīpíng tā, quán tóngxué dōu wàngzhe tā, tā gǎndào hěn nánkān.
  선생님이 그를 혼내고 있고, 전체 반 학생들은 모두 그를 쳐다보고 있어서 그는 매우 난감했습니다.

事情 shìqing 명 일, 사건 | 感到 gǎndào 동 느끼다, 여기다 | 脸 liǎn 명 얼굴 | 涨红 zhànghóng (얼굴이) 달아오르다 | 正在 zhèngzài 부 지금 ~하고 있다 | 批评 pīpíng 동 질책하다, 꾸짖다 | 望 wàng 동 (멀리) 바라보다, 주시하다, 살펴보다

제4·7부분

犹豫 yóuyù

[형] 머뭇거리다, 망설이다, 주저하다

- 小明正**犹豫**着到底该不该买玩具。
  Xiǎo Míng zhèng yóuyùzhe dàodǐ gāi bù gāi mǎi wánjù.
  샤오밍은 도대체 장난감을 사야 할지 말지 머뭇거리고 있습니다.

- 当别人遇到困难时，她总是毫不**犹豫**地帮助他们。
  Dāng biérén yùdào kùnnan shí, tā zǒngshì háobùyóuyù de bāngzhù tāmen.
  다른 사람이 어려움에 닥쳤을 때, 그녀는 항상 조금의 망설임도 없이 그들을 도왔습니다.

到底 dàodǐ [부] 도대체 | 该 gāi [동] ~해야 한다 | 玩具 wánjù [명] 장난감 | 当……时 dāng……shí ~할 때 | 别人 biérén [대] 남, 타인 | 遇到 yùdào [동] 만나다 | 困难 kùnnan [명] 곤란, 어려움 | 总是 zǒngshì [부] 늘, 언제나 | 毫不犹豫 háobùyóuyù [성] 조금도 주저하지 않다, 망설이지 않다 | 帮助 bāngzhù [동] 돕다

제7부분

目瞪口呆 mùdèng-kǒudāi

[성] 놀라거나 두려워서 어안이 벙벙하다

- 他吓得**目瞪口呆**。
  Tā xià de mùdèng-kǒudāi.
  그는 놀라서 어안이 벙벙했습니다.

- 她**目瞪口呆**地望着他。
  Tā mùdèng-kǒudāi de wàngzhe tā.
  그녀는 놀라서 그를 멍하니 바라보았습니다.

吓 xià [동] 놀라다, 무서워하다 | 望 wàng [동] (멀리) 바라보다, 주시하다, 살펴보다

◐ 06-32 제4·7부분

垂头丧气 chuítóu-sàngqì
성 의기소침하다, 풀이 죽고 기가 꺾이다

- 篮球比赛输了，同学们都垂头丧气的。
  Lánqiú bǐsài shū le, tóngxuémen dōu chuítóu-sàngqì de.
  농구 경기를 져서 학생들이 모두 의기소침해졌습니다.

- 即使失败了，也不用垂头丧气，再接再厉就好。
  Jíshǐ shībài le, yě búyòng chuítóu-sàngqì, zàijiē-zàilì jiù hǎo.
  설령 실패하더라도 의기소침해질 필요 없어요. 좀 더 분발하면 돼요.

篮球 lánqiú 명 농구 | 比赛 bǐsài 명 경기, 시합 | 输 shū 동 패하다, 지다 | 即使 jíshǐ 접 설령 ~하더라도 | 失败 shībài 동 실패하다, 패배하다 | 再接再厉 zàijiē-zàilì 성 더욱 더 힘쓰다, 한층 더 분발하다

◐ 06-33 제7부분

无可奈何 wúkěnàihé
성 어찌해 볼 도리가 없다, 방법이 없다

- 爸爸让他交出考试卷，他无可奈何地递过去。
  Bàba ràng tā jiāochū kǎoshìjuàn, tā wúkěnàihé de dì guòqù.
  아빠가 그에게 시험지를 달라고 해서, 그는 어쩔 수 없이 건네 드렸습니다.

- 我无可奈何地答应了他的要求。
  Wǒ wúkěnàihé de dāyìngle tā de yāoqiú.
  저는 어쩔 수 없이 그의 요구에 응했습니다.

交 jiāo 동 건네다, 건네주다 | 考试卷 kǎoshìjuàn 시험지 | 递 dì 동 넘겨주다, 건네다 | 答应 dāying 동 대답하다, 응답하다, 동의하다 | 要求 yāoqiú 명동 요구(하다)

미니 테스트

1 다음 한어병음에 해당하는 어휘와 뜻을 써 보세요.

(1) chījīng

_____

(2) huāngtáng

_____

(3) yùmèn

_____

(4) hàipà

_____

2 다음 우리말에 해당하는 어휘를 쓰고 한어병음을 표시해 보세요.

(1) 조심하다

_____

(2) 재수 없다

_____

(3) 수줍어하다

_____

(4) 난처하다

_____

3 다음 빈칸에 들어갈 알맞은 어휘를 보기에서 고르세요.

| 보기 | 满意 | 失望 | 疲倦 | 可惜 | 后悔 |

(1) 他_____没有事先做好准备工作。

(2) 小李工作出色，让大家很_____。

(3) 不料天气突变下起雨来，他们只好_____地打道回府。

(4) 浪费了这么长时间，实在太_____了。

(5) 他紧张地工作了一天，回到家里已_____不堪。

4 다음 빈칸에 들어갈 알맞은 어휘를 아래에서 고르세요.

(1) （　　　）是相互的，对他人彬彬有礼，他人也会对自己彬彬有礼。
　① 礼貌　　　② 紧张　　　③ 抱歉　　　④ 不幸

(2) 今天因下雨没法赛球，他非常（　　　）。
　① 犹豫　　　② 难堪　　　③ 遗憾　　　④ 尽情

(3) 他吓得（　　　）。
　① 满意　　　② 目瞪口呆　　　③ 失望　　　④ 可惜

5 아래의 우리말 문장을 보고 빈칸에 알맞은 어휘를 써 보세요.

(1) 姐姐看到了被弄脏的衬衫，非常_____。
누나는 더러워진 셔츠를 보고는 굉장히 화를 냈습니다.

(2) 弟弟很_____，妈妈拿他真是无可奈何。
남동생은 매우 장난이 심해서, 엄마는 정말 그를 어찌할 방법이 없습니다.

(3) 他谁的话都不听，真是太_____了!
그는 누구의 말도 듣지 않고, 정말 고집스럽습니다!

정답 | **1** (1) 吃惊 놀라다　(2) 荒唐 황당하다　(3) 郁闷 우울하다　(4) 害怕 겁내다
2 (1) 小心 xiǎoxīn　(2) 倒霉 dǎoméi　(3) 害羞 hàixiū　(4) 尴尬 gāngà
3 (1) 后悔　(2) 满意　(3) 失望　(4) 可惜　(5) 疲倦
4 (1) ①　(2) ③　(3) ②
5 (1) 生气　(2) 淘气　(3) 固执

TSC 빈출 질문 및 모범답안

◎ 06-34 | 제7부분

1 问题

回答 今天是小李的生日，所以妈妈在厨房里给他做他最喜欢吃的面条。小李在旁边等着非常高兴。

Jīntiān shì Xiǎo Lǐ de shēngrì, suǒyǐ māma zài chúfáng li gěi tā zuò tā zuì xǐhuan chī de miàntiáo. Xiǎo Lǐ zài pángbiān děngzhe fēicháng gāoxìng.

오늘은 샤오리의 생일입니다. 그래서 엄마는 주방에서 그를 위해 그가 가장 좋아하는 국수를 만들어 주고 있습니다. 샤오리는 옆에서 기다리며 아주 즐거워했습니다.

生日 shēngrì 명 생일 | 厨房 chúfáng 명 주방, 부엌 | 面条 miàntiáo 명 국수 | 旁边 pángbiān 명 옆쪽 | 等 děng 동 기다리다

◎ 06-35 | 제7부분

2 问题

回答 丽丽和王明偷偷地跑出学校，兴高采烈地在体育馆看演唱会。
Lìlì hé Wángmíng tōutōu de pǎochū xuéxiào, xìnggāo-cǎiliè de zài tǐyùguǎn kàn yǎnchànghuì.
리리와 왕밍은 몰래 학교를 빠져나와 체육관에서 아주 재미있게 콘서트를 보고 있었습니다.

偷偷 tōutōu 튄 몰래 | **跑** pǎo 통 달리다, 뛰다 | **兴高采烈** xìnggāo-cǎiliè 성 매우 기쁘다, 매우 흥겹다 | **体育馆** tǐyùguǎn 명 체육관 | **演唱会** yǎnchànghuì 명 콘서트

3 问题

回答 小李不但不给狗狗吃的，反而拿着饼干逗狗狗玩儿，气狗狗。
Xiǎo Lǐ búdàn bù gěi gǒugǒu chī de, fǎn'ér názhe bǐnggān dòu gǒugǒu wánr, qì gǒugǒu.
샤오리는 강아지에게 먹을 것을 주기는커녕 오히려 과자를 가지고 강아지를 약 올려서 강아지를 화나게 했습니다.

狗狗 gǒugǒu 강아지, 개 | **反而** fǎn'ér 튄접 반대로, 도리어 | **饼干** bǐnggān 명 비스킷, 과자 | **逗** dòu 통 놀리다, 골리다

CHAPTER 07

전자제품, 교통

전자제품, 교통과 관련된 어휘는 주로 제4부분과 제5부분에 자주 출제됩니다. 하지만 제3부분에서도 휴대전화, 지하철 등의 기본적인 관련 어휘들이 출제되니, 아래 어휘들이 포함된 문장을 반드시 입으로 암기해야 합니다.

TSC 기본 어휘

제6·7부분

07-01

居住 jūzhù
동 거주하다

- 我**居住**的城市，公共交通使用率很高。
  Wǒ jūzhù de chéngshì, gōnggòng jiāotōng shǐyònglǜ hěn gāo.
  제가 거주하는 도시는 대중교통 이용률이 높습니다.

- 我**居住**的城市，生活环境非常好。
  Wǒ jūzhù de chéngshì, shēnghuó huánjìng fēicháng hǎo.
  제가 거주하는 도시는 생활 환경이 매우 좋습니다.

城市 chéngshì 명 도시 | 公共交通 gōnggòng jiāotōng 대중교통 | 使用率 shǐyònglǜ 이용률, 사용률 | 生活 shēnghuó 명 생활 동 살다, 생존하다 | 环境 huánjìng 명 환경

제4·5부분

07-02

城市 chéngshì
명 도시

- 很多**城市**出现拥挤现象都是因为私家车辆太多了。
  Hěn duō chéngshì chūxiàn yōngjǐ xiànxiàng dōu shì yīnwèi sījiā chēliàng tài duō le.
  많은 도시들에서 교통 혼잡 현상이 생기는 것은 모두 개인 차량이 너무 많기 때문입니다.

- 要解决**城市**的交通拥挤问题，要解决车辆问题。
  Yào jiějué chéngshì de jiāotōng yōngjǐ wèntí, yào jiějué chēliàng wèntí.
  도시의 교통 혼잡 문제를 해결하려면 차량 문제를 해결해야 합니다.

出现 chūxiàn 동 출현하다, 나타나다 | 拥挤 yōngjǐ 붐비다, 혼잡하다 | 现象 xiànxiàng 명 현상 | 私家 sījiā 명 개인 | 车辆 chēliàng 명 차량 | 解决 jiějué 동 해결하다, 없애다 | 问题 wèntí 명 문제

🔊 07-03

公共交通 gōnggòng jiāotōng
대중교통

- **公共交通**给我们的生活带来了很多的便利。
  Gōnggòng jiāotōng gěi wǒmen de shēnghuó dàiláile hěn duō de biànlì.
  대중교통은 우리 생활에 많은 편리함을 가져다 주었습니다.

- 我上下班的时候使用**公共交通**。
  Wǒ shàng-xiàbān de shíhou shǐyòng gōnggòng jiāotōng.
  저는 출퇴근할 때 대중교통을 이용합니다.

带来 dàilái 통 가져오다, 가져다 주다 | 便利 biànlì 형 편리하다 | 上下班 shàng-xiàbān 통 출퇴근하다 | 使用 shǐyòng 통 이용하다, 사용하다

🔊 07-04

快捷 kuàijié
형 빠르다, 신속하다, 민첩하다

- 现在航运很方便、**快捷**。
  Xiànzài hángyùn hěn fāngbiàn、kuàijié.
  요즘 운송은 매우 편리하고 빠릅니다.

- 当代信息交流非常**快捷**。
  Dāngdài xìnxī jiāoliú fēicháng kuàijié.
  현대 정보 교류는 매우 빠릅니다.

航运 hángyùn 통 수송하다, 항운하다 명 수운 사업 | 当代 dāngdài 명 당대, 그 시대 | 信息 xìnxī 명 정보 | 交流 jiāoliú 통 교류하다

堵塞 dǔsè

동 막히다, 가로막다

- 在城市，交通堵塞是时有发生的事情。
  Zài chéngshì, jiāotōng dǔsè shì shíyǒu fāshēng de shìqing.
  도시에서 교통 체증은 자주 발생하는 일입니다.

- 由于交通堵塞的问题，使用公共交通上下班的人越来越多。
  Yóuyú jiāotōng dǔsè de wèntí, shǐyòng gōnggòng jiāotōng shàng-xiàbān de rén yuèláiyuè duō.
  교통 체증 문제 때문에 대중교통을 이용해서 출퇴근하는 사람들이 점점 많아졌습니다.

| 城市 chéngshì 명 도시 | 交通 jiāotōng 명 교통 | 时有 shíyǒu 자주, 늘 | 发生 fāshēng 동 발생하다 | 由于 yóuyú 개 ~때문에 | 使用 shǐyòng 동 사용하다 | 越来越 yuèláiyuè 더욱더, 점점

停车位 tíngchēwèi

주차 자리

- 开车上班的话，要担心停车位。
  Kāichē shàngbān dehuà, yào dānxīn tíngchēwèi.
  자가운전으로 출근하면 주차 자리를 걱정해야 합니다.

- 如果开车上班，会担心堵车的问题，还有停车位也不够。
  Rúguǒ kāichē shàngbān, huì dānxīn dǔchē de wèntí, hái yǒu tíngchēwèi yě búgòu.
  자가운전으로 출근을 하면 차 막히는 문제를 걱정해야 하고, 주차 공간도 부족합니다.

开车 kāichē 동 차를 몰다, 운전하다 | 上班 shàngbān 동 출근하다 | 担心 dānxīn 동 걱정하다 | 不够 búgòu 형 부족하다, 충족하지 않다

07-07

发达 fādá

동 발전시키다, 발달시키다 | 형 발달하다, 번성하다

- 交通**发达**给人类带来了好的影响。
  Jiāotōng fādá gěi rénlèi dàiláile hǎo de yǐngxiǎng.
  교통의 발달은 인류에게 좋은 영향을 끼쳤습니다.

- 交通**发达**不仅给我们的生活带来了好的一面，也带来了不好的一面。
  Jiāotōng fādá bùjǐn gěi wǒmen de shēnghuó dàiláile hǎo de yímiàn, yě dàiláile bù hǎo de yímiàn.
  교통의 발달은 우리 생활에 좋은 면을 가져다 주었으며, 또한 나쁜 면도 가져다 주었습니다.

交通 jiāotōng 명 교통 | **人类** rénlèi 명 인류 | **带来** dàilái 동 가져오다, 가져다 주다 | **影响** yǐngxiǎng 명동 영향(을 주다) | **不仅……也** bùjǐn……yě ~뿐만 아니라 ~도 | **生活** shēnghuó 명 생활 | **一面** yímiàn 명 한 방면

07-08

出行 chūxíng

동 외출하다, 외지로 가다

- 外面突然下起了大雨，他们**出行**计划泡汤了。
  Wàimiàn tūrán xià qǐ le dàyǔ, tāmen de chūxíng jìhuà pàotāng le.
  밖에 갑자기 큰비가 내리기 시작해서 그들의 외출 계획은 물거품이 되었습니다.

- **出行**时要遵守交通规则，注意交通安全。
  Chūxíng shí yào zūnshǒu jiāotōng guīzé, zhùyì jiāotōng ānquán.
  외출 시에는 교통 규칙을 준수하고 교통 안전에 주의해야 합니다.

外面 wàimiàn 명 밖, 바깥 | **突然** tūrán 부 갑자기, 문득 | **大雨** dàyǔ 명 큰비, 호우 | **计划** jìhuà 명동 계획(하다) | **泡汤** pàotāng 동 물거품이 되다, 수포로 돌아가다 | **遵守** zūnshǒu 동 (규정 등을) 준수하다, 지키다 | **规则** guīzé 명형 규칙(적이다), 일정하다 | **注意** zhùyì 동 주의하다, 조심하다 | **安全** ānquán 형 안전하다

07-09

交通事故 jiāotōng shìgù

명 교통사고

- 我们要遵守交通规则，避免交通事故发生。
  Wǒmen yào zūnshǒu jiāotōng guīzé, bìmiǎn jiāotōng shìgù fāshēng.
  우리는 교통 규칙을 지켜서 교통사고의 발생을 피해야 합니다.

- 交通事故与公害、居住环境的破坏成为极大的问题。
  Jiāotōng shìgù yǔ gōnghài、jūzhù huánjìng de pòhuài chéngwéi jídà de wèntí.
  교통사고와 공해, 거주 환경의 파괴가 매우 큰 문젯거리가 되었습니다.

遵守 zūnshǒu 동 준수하다, 지키다 | 规则 guīzé 명 규칙, 규정 | 避免 bìmiǎn 동 피하다 | 发生 fāshēng 동 발생하다, 생기다 | 公害 gōnghài 명 공해 | 居住 jūzhù 동 거주하다 | 环境 huánjìng 명 환경, 주위 상황 | 破坏 pòhuài 동 훼손시키다, 파괴하다 | 成为 chéngwéi 동 ~가 되다, ~로 되다

07-10

周围 zhōuwéi

명 주위, 주변

- 我和周围的人关系都很好。
  Wǒ hé zhōuwéi de rén guānxì dōu hěn hǎo.
  저는 주변 사람들과 관계가 모두 좋습니다.

- 我周围去国外留学的人比较多。
  Wǒ zhōuwéi qù guówài liúxué de rén bǐjiào duō.
  제 주변에는 외국으로 유학 가는 사람이 비교적 많습니다.

关系 guānxì 명 (사람과 사람 또는 사물 사이의) 관계, 연줄 | 国外 guówài 명 외국 | 留学 liúxué 동 유학하다

> **TIP** 周围 vs. 周边

周围 zhōuwéi	명 주변, 주위 (추상적인 의미로, 주로 관계가 가까운 것을 나타냄)
	周围的人 zhōuwéi de rén 주위 사람
周边 zhōubiān	명 주변, 주위 (지리적 위치가 가까움을 나타냄)
	周边国家 zhōubiān guójiā 주변 국가 周边地区 zhōubiān dìqū 주변 지역

07-11

제4·5부분

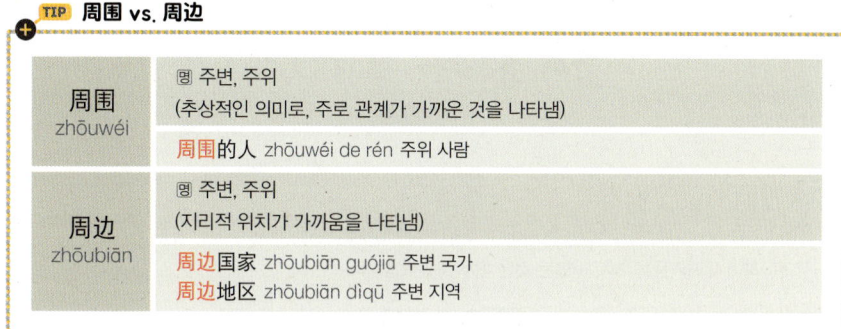

速度 sùdù
명 속도

- 现代社会的发展**速度**之快让人惊叹。
  Xiàndài shèhuì de fāzhǎn sùdù zhī kuài ràng rén jīngtàn.
  현대 사회의 빠른 발전 속도는 사람들을 놀라게 했습니다.

- 我国的经济一直以较快的**速度**向前发展。
  Wǒ guó de jīngjì yìzhí yǐ jiào kuài de sùdù xiàng qián fāzhǎn.
  우리나라의 경제는 줄곧 빠른 속도로 앞을 향해 발전해 왔습니다.

惊叹 jīngtàn 동 몹시 놀라며 감탄하다 | 经济 jīngjì 명 경제, 경제 활동 | 一直 yìzhí 부 계속, 줄곧 | 发展 fāzhǎn 동 발전하다

07-12

私家车 sījiāchē

명 자가용차

- 在我们国家，拥有私家车很普遍。
  Zài wǒmen guójiā, yōngyǒu sījiāchē hěn pǔbiàn.
  우리나라에서 자가용을 가지고 있는 것은 매우 보편적입니다.

- 我觉得私家车对环境的污染是很严重的。
  Wǒ juéde sījiāchē duì huánjìng de wūrǎn shì hěn yánzhòng de.
  저는 자가용에 의한 환경 오염이 매우 심각하다고 생각합니다.

拥有 yōngyǒu 동 보유하다, 소유하다 | **普遍** pǔbiàn 형 보편적인, 일반적인 | **环境** huánjìng 명 환경 | **污染** wūrǎn 동 오염시키다 | **严重** yánzhòng 형 심각하다, 막대하다

07-13

不争 bùzhēng

형 의심할 여지가 없다 동 싸우지 않다, 따지지 않다

- 这是不争的事实。
  Zhè shì bùzhēng de shìshí.
  이것은 의심할 여지가 없는 사실입니다.

- 景气越是不振，国家对福利的作用越重要，这是不争的事实。
  Jǐngqì yuèshì búzhèn, guójiā duì fúlì de zuòyòng yuè zhòngyào, zhè shì bùzhēng de shìshí.
  경기가 나쁠수록 복지에 대한 국가의 역할이 중요한 것이 사실입니다.

事实 shìshí 명 사실 | **景气** jǐngqì 명 경기 (경제 상황이) 활발하다, 번영하다 | **越是** yuèshì 부 ~하면 할수록 | **不振** búzhèn 형 왕성하지 못하다, 활기가 없다 | **福利** fúlì 명 복지 | **作用** zuòyòng 명 작용, 역할 | **重要** zhòngyào 형 중요하다

排放 páifàng

동 (폐기·폐수·고형 폐기물 등을) 배출하다, 방류하다

- 不管是私家车还是公交车都会排放大量的尾气。
  Bùguǎn shì sījiāchē háishi gōngjiāochē dōu huì páifàng dàliàng de wěiqì.
  자가용이든 버스든 모두 많은 양의 배기가스를 배출합니다.

- 我们要减少排放二氧化碳。
  Wǒmen yào jiǎnshǎo páifàng èryǎnghuàtàn.
  우리는 이산화탄소 배출을 줄여야 합니다.

不管 bùguǎn 접 ~을 막론하고, ~에 관계없이 | 公交车 gōngjiāochē 버스 | 大量 dàliàng 형 대량의, 많은 양의 | 尾气 wěiqì 명 폐기, 배기 | 减少 jiǎnshǎo 동 감소하다, 줄이다 | 二氧化碳 èryǎnghuàtàn 명 이산화탄소

尾气 wěiqì

명 폐기, 배기

- 排放的尾气对城市的空气造成了很大的污染。
  Páifàng de wěiqì duì chéngshì de kōngqì zàochéngle hěn dà de wūrǎn.
  배출되는 배기가스가 도시의 대기를 많이 오염시켰습니다.

- 汽车尾气的排放是导致空气污染的一个很主要的因素。
  Qìchē wěiqì de páifàng shì dǎozhì kōngqì wūrǎn de yí gè hěn zhǔyào de yīnsù.
  자동차 배기가스의 배출은 대기 오염의 주요한 요인입니다.

城市 chéngshì 명 도시 | 空气 kōngqì 명 공기 | 造成 zàochéng 동 형성하다, (좋지 않은 결과를) 초래하다 | 汽车 qìchē 명 자동차 | 导致 dǎozhì 동 야기하다, 초래하다 | 主要 zhǔyào 형 주요한, 주된 | 因素 yīnsù 명 (구성) 요소, 성분

07-16

改善 gǎishàn

동 개선하다, 개량하다

- 我家门前那条拥挤的街道，经过整顿，有了很大改善。
  Wǒ jiā mén qián nà tiáo yōngjǐ de jiēdào, jīngguò zhěngdùn, yǒule hěn dà gǎishàn.
  우리 집 문 앞에 붐비던 길거리가 정돈을 거친 후 많이 개선되었습니다.

- 村里通了公路后，农民的生活得到了改善。
  Cūn li tōngle gōnglù hòu, nóngmín de shēnghuó dédàole gǎishàn.
  마을에 도로가 생긴 후, 농민들의 생활이 개선되었습니다.

拥挤 yōngjǐ 형 붐비다, 혼잡하다 | 街道 jiēdào 명 거리 | 经过 jīngguò 동 통과하다, 거치다 | 整顿 zhěngdùn 동 정비하다, 바로잡다 | 公路 gōnglù 명 도로, 고속도로 | 农民 nóngmín 명 농민, 농부

07-17

停车费 tíngchēfèi

주차 요금, 주차비

- 停车费已经成为了有车族日常开销的一大部分。
  Tíngchēfèi yǐjīng chéngwéile yǒuchēzú rìcháng kāixiāo de yí dà bùfen.
  주차 요금은 이미 차를 가진 사람들의 일상 지출의 큰 일부분이 되었습니다.

- 有的车主由于高额的停车费和极少的车位减少了驾车出行。
  Yǒude chēzhǔ yóuyú gāo'é de tíngchēfèi hé jí shǎo de chēwèi jiǎnshǎole jià chē chūxíng.
  어떤 차주들은 비싼 주차 요금과 적은 주차 공간 때문에 차를 끌고 외출하는 것을 줄였습니다.

成为 chéngwéi 동 ~이 되다 | 日常 rìcháng 형 일상의, 일상적인, 평소의 | 开销 kāixiāo 동 (비용을) 쓰다, 지출하다 명 비용, 지출 | 车主 chēzhǔ 명 차주, 차량의 주인 | 由于 yóuyú 개 ~때문에, ~로 인하여 | 高额 gāo'é 고액의, 높은 액수의 | 车位 chēwèi 명 주·정차 자리 | 减少 jiǎnshǎo 동 감소하다, 줄다 | 驾车 jià chē 차를 끌다 | 出行 chūxíng 동 외출하다

제4·5부분

电子产品 diànzǐ chǎnpǐn
전자제품

- 你最近买了什么**电子产品**?
  Nǐ zuìjìn mǎile shénme diànzǐ chǎnpǐn?
  당신은 최근에 어떤 전자제품을 샀습니까?

- 在网上买**电子产品**，质量不能保证。
  Zài wǎngshàng mǎi diànzǐ chǎnpǐn, zhìliàng bù néng bǎozhèng.
  인터넷에서 전자제품을 사면 품질을 보장할 수 없습니다.

网上 wǎngshàng 명 온라인, 인터넷 | **质量** zhìliàng 명 질, 품질 | **保证** bǎozhèng 동 보증하다, 담보하다, 확실히 책임지다

제4·5부분

外形 wàixíng
명 외형

- 我最近买了一台电视，**外形**时尚。
  Wǒ zuìjìn mǎile yì tái diànshì, wàixíng shíshàng.
  저는 최근에 텔레비전 한 대를 샀는데, 외관이 세련됐습니다.

- 这部手机**外形**漂亮，颜色也好看。
  Zhè bù shǒujī wàixíng piàoliang, yánsè yě hǎokàn.
  이 휴대전화는 외관이 예쁘고, 색도 보기 좋습니다.

电视 diànshì 명 텔레비전, TV | **时尚** shíshàng 명 시대적 유행, 당시의 분위기, 시류 | **手机** shǒujī 명 휴대전화 | **漂亮** piàoliang 형 예쁘다, 아름답다 | **颜色** yánsè 명 색, 색깔 | **好看** hǎokàn 형 아름답다, 보기 좋다

07-20 제4·5부분

携带 xiédài
동 휴대하다, 지니다, 데리다

- 这个钱包便于携带。
  Zhège qiánbāo biànyú xiédài.
  이 지갑은 휴대하기에 편리합니다.

- 我最近买了一部手机，比之前的更加轻薄，携带起来非常方便。
  Wǒ zuìjìn mǎile yí bù shǒujī, bǐ zhīqián de gèngjiā qīngbó, xiédài qǐlái fēicháng fāngbiàn.
  저는 최근에 휴대전화 한 대를 샀는데, 이전 것보다 훨씬 가볍고 얇아서 휴대하기에 무척 편리합니다.

钱包 qiánbāo 명 지갑 | 便于 biànyú 동 ~하기에 쉽다, ~에 편하다 | 之前 zhīqián 명 ~이전, ~의 앞 | 更加 gèngjiā 부 더욱, 훨씬 | 轻薄 qīngbó 형 가볍고 얇다 | 方便 fāngbiàn 형 편리하다

07-21 제4·5부분

功能 gōngnéng
명 기능, 작용, 효능

- 这台笔记本电脑有多种多样的功能。
  Zhè tái bǐjìběn diànnǎo yǒu duōzhǒngduōyàng de gōngnéng.
  이 노트북 컴퓨터는 여러 가지 기능이 있습니다.

- 我的电脑功能也很多，特别是画质非常好。
  Wǒ de diànnǎo gōngnéng yě hěn duō, tèbié shì huàzhì fēicháng hǎo.
  제 컴퓨터는 기능도 매우 많은데, 특히 화질이 무척 좋습니다.

笔记本电脑 bǐjìběn diànnǎo 명 노트북 컴퓨터 | 多种多样 duōzhǒngduōyàng 형 (종류나 모양이) 아주 다양하다 | 特别 tèbié 부 특히, 더욱 | 画质 huàzhì 명 화질

07-22

一应俱全 yíyìngjùquán

형 있어야 할 것은 다 갖추어져 있다

- 我的手机可以拍照、聊天、看电视、上网，功能一应俱全。
  Wǒ de shǒujī kěyǐ pāizhào, liáotiān, kàn diànshì, shàngwǎng, gōngnéng yíyìngjùquán.
  제 휴대전화는 사진을 찍을 수 있고, 채팅도 할 수 있고, 텔레비전도 볼 수 있고, 인터넷도 할 수 있어 정말 없는 기능이 없습니다.

- 想不到这样小的书店，各类书竟然一应俱全。
  Xiǎngbúdào zhèyàng xiǎo de shūdiàn, gè lèi shū jìngrán yíyìngjùquán.
  이렇게 작은 서점에 뜻밖에도 여러 가지 책이 다 있을 거라고는 생각지도 못했습니다.

手机 shǒujī 명 휴대전화 | **拍照** pāizhào 동 사진을 찍다 | **聊天** liáotiān 잡담, 한담, 채팅 | **上网** shàngwǎng 동 인터넷을 하다 | **想不到** xiǎngbúdào 예상하지 못하다, 뜻밖이다 | **书店** shūdiàn 명 서점, 책방 | **各类** gè lèi 각(여러) 종류의 | **竟然** jìngrán 부 뜻밖에도, 의외로, 놀랍게도

07-23

熟练 shúliàn

형 능숙하다, 숙련되어 있다, 능란하다

- 我的电脑应用能力很熟练。
  Wǒ de diànnǎo yìngyòng nénglì hěn shúliàn.
  저는 컴퓨터 응용에 매우 능숙합니다.

- 我能够熟练使用各种软件。
  Wǒ nénggòu shúliàn shǐyòng gè zhǒng ruǎnjiàn.
  저는 각종 소프트웨어를 능숙하게 사용할 수 있습니다.

应用 yìngyòng 명동 응용(하다), 이용하다 | **能够** nénggòu ~할 수 있다 | **使用** shǐyòng 동 사용하다, 쓰다 | **各种** gè zhǒng 각종의, 갖가지의 | **软件** ruǎnjiàn 명 소프트웨어

제4·5부분

07-24

可信度 kěxìndù
명 신뢰도

- 至于**可信度**的问题不能一概而论。
  Zhìyú kěxìndù de wèntí bù néng yígài'érlùn.
  신뢰도 문제에 관해서는 일률적으로 논해서는 안됩니다.

- 有人说网上资料的**可信度**不高。
  Yǒu rén shuō wǎngshàng zīliào de kěxìndù bù gāo.
  어떤 사람들은 온라인상의 자료의 신뢰도가 높지 않다고 말합니다.

至于 zhìyú 깨 ~으로 말하면, ~에 관해서는 | **一概而论** yígài'érlùn 성 (동일한 표준이나 원칙으로) 일률적으로 논하다, 처리하다 | **资料** zīliào 명 자료

제3·4·6부분

07-25

维修 wéixiū
동 (기계 등을) 간수 수리하다, 보수하다, 손질하다

- 这台电视需要**维修**一下。
  Zhè tái diànshì xūyào wéixiū yíxià.
  이 텔레비전은 수리가 필요합니다.

- 爸爸是个电脑高手，亲戚朋友的电脑都请他去**维修**。
  Bàba shì gè diànnǎo gāoshǒu, qīnqi péngyou de diànnǎo dōu qǐng tā qù wéixiū.
  아빠는 컴퓨터 고수셔서, 친척이나 친구들의 컴퓨터는 모두 아빠가 수리하십니다.

电视 diànshì 명 텔레비전, TV | **需要** xūyào 동 필요하다, 요구되다 | **高手** gāoshǒu 명 고수 | **亲戚** qīnqi 명 친척 | **朋友** péngyou 명 친구, 벗.

在行 zàiháng

휑 (어떤 분야에) 정통하다, 능통하다

- 我对这方面比较在行。
  Wǒ duì zhè fāngmiàn bǐjiào zàiháng.
  저는 이 방면에 대해 비교적 잘 압니다.

- 我想换手机，听说你对手机在行，你能帮我推荐一款吗?
  Wǒ xiǎng huàn shǒujī, tīngshuō nǐ duì shǒujī zàiháng, nǐ néng bāng wǒ tuījiàn yì kuǎn ma?
  저 휴대전화를 바꾸고 싶은데, 당신이 휴대전화에 대해 잘 안다면서요? 추천 하나 해 줄 수 있나요?

方面 fāngmiàn 몡 방면 | **换** huàn 동 교환하다, 바꾸다 | **听说** tīngshuō 동 듣자 하니, 들은 바로는 | **推荐** tuījiàn 동 추천하다, 소개하다

取代 qǔdài

동 (다른 사람이나 사물로) 대체하다, 치환하다

- 网络新闻不能取代传统媒体。
  Wǎngluò xīnwén bù néng qǔdài chuántǒng méitǐ.
  인터넷 뉴스는 전통 매체를 대체할 수 없습니다.

- 科学取代迷信是历史发展的必然。
  Kēxué qǔdài míxìn shì lìshǐ fāzhǎn de bìrán.
  과학이 미신을 대체하는 것은 역사 발전의 필연입니다.

网络 wǎngluò 몡 인터넷 | **新闻** xīnwén 몡 뉴스, 새 소식 | **传统** chuántǒng 휑 전통적이다, 역사가 유구한 | **媒体** méitǐ 몡 매체 | **科学** kēxué 몡 과학 | **迷信** míxìn 몡 미신 | **历史** lìshǐ 몡 역사, 과거 | **必然** bìrán 몡휑 필연(적이다)

拥挤 yōngjǐ

[형] 붐비다, 혼잡하다 [동] (사람이나 교통 도구 등이) 한데 모이다

- 我居住的城市要及时解决交通拥挤问题。
  Wǒ jūzhù de chéngshì yào jíshí jiějué jiāotōng yōngjǐ wèntí.
  제가 거주하고 있는 도시는 교통 혼잡 문제를 즉시 해결해야 합니다.

- 交通拥挤时，坐地铁比较方便。
  Jiāotōng yōngjǐ shí, zuò dìtiě bǐjiào fāngbiàn.
  교통이 혼잡할 때는 지하철을 타는 것이 비교적 편리합니다.

居住 jūzhù [동] 거주하다 | 城市 chéngshì [명] 도시 | 及时 jíshí [부] 즉시, 바로 | 解决 jiějué [동] 해결하다, 풀다 | 地铁 dìtiě [명] 지하철 | 方便 fāngbiàn [형] 편리하다

视力 shìlì

[명] 시력

- 我视力很不好。
  Wǒ shìlì hěn bù hǎo.
  저는 시력이 매우 좋지 않습니다.

- 长时间玩儿手机会导致视力下降。
  Chángshíjiān wánr shǒujī huì dǎozhì shìlì xiàjiàng.
  장시간 휴대전화를 가지고 놀면 시력 저하를 일으킬 수 있습니다.

长时间 chángshíjiān [명] 장시간, 오랫동안 | 导致 dǎozhì [동] (어떠한 사태를) 야기시키다 | 下降 xiàjiàng [동] 떨어지다

联系 liánxì

동 연락하다, 연결하다

- 我和以前的同学仍保持联系。
  Wǒ hé yǐqián de tóngxué réng bǎochí liánxì.
  저는 예전의 학교 친구들과도 여전히 연락을 유지하고 있습니다.

- 好久不见了，我们以后要多多联系啊。
  Hǎojiǔ bújiàn le, wǒmen yǐhòu yào duōduō liánxì a.
  오랜만이에요. 우리 앞으로 자주 연락해요.

以前 yǐqián 명 과거, 이전 | 同学 tóngxué 명 학우, 학교 친구 | 仍 réng 부 여전히 | 保持 bǎochí 동 유지하다, 지키다 | 好久不见 hǎojiǔ bújiàn 오래간만이에요 | 以后 yǐhòu 명 이후 | 多多 duōduō 부 많이, 널리

沉迷 chénmí

동 깊이 빠지다, 미혹되다

- 这个孩子沉迷于网吧，真叫做父母的痛心。
  Zhège háizi chénmí yú wǎngbā, zhēn jiào zuò fùmǔ de tòngxīn.
  이 아이는 PC방에 빠져있어서 정말 부모님의 마음을 아프게 합니다.

- 网络世界是虚拟的，青少年不要沉迷于其中。
  Wǎngluò shìjiè shì xūnǐ de, qīngshàonián búyào chénmí yú qízhōng.
  인터넷 세계는 허구이므로, 청소년들은 거기에 빠지면 안됩니다.

孩子 háizi 명 아이, 어린이, 자녀 | 网吧 wǎngbā 명 PC방 | 父母 fùmǔ 명 부모 | 痛心 tòngxīn 형 몹시 상심하다 | 网络 wǎngluò 명 네트워크 | 世界 shìjiè 명 세계, 세상 | 虚拟 xūnǐ 형 가설의, 가상의 | 青少年 qīngshàonián 명 청소년 | 其中 qízhōng 대 그 중에, 그 안에

제3·4·6부분

► 07-32

毛病 máobìng

명 (기계의) 고장, 장애, (개인의) 결점, 단점

- 我回家后才发现这台电视有毛病。
  Wǒ huí jiā hòu cái fāxiàn zhè tái diànshì yǒu máobìng.
  저는 집에 돌아가고 나서야 이 텔레비전에 문제가 있다는 것을 알았습니다.

- 路上汽车出了点儿毛病，耽搁一些时间。
  Lùshang qìchē chūle diǎnr máobìng, dānge yìxiē shíjiān.
  가는 중에 자동차에 문제가 좀 생겨서 시간을 조금 지체했습니다.

回家 huí jiā 동 집으로 돌아가다, 귀가하다 | 发现 fāxiàn 동 발견하다, 알아차리다 | 电视 diànshì 텔레비전, TV | 路上 lùshang 길 가는 중, 도중 | 汽车 qìchē 명 자동차 | 耽搁 dānge 동 지연하다, 지체하다

제5부분

► 07-33

乘坐 chéngzuò

동 (자동차·배·비행기 등을) 타다

- 我平时乘坐公交车上班。
  Wǒ píngshí chéngzuò gōngjiāochē shàngbān.
  저는 평소에 버스를 타고 출근합니다.

- 回家时，我一般乘坐地铁。
  Huí jiā shí, wǒ yìbān chéngzuò dìtiě.
  집에 갈 때, 저는 보통 지하철을 탑니다.

平时 píngshí 명 평소, 보통 때 | 公交车 gōngjiāochē 버스 | 上班 shàngbān 동 출근하다 | 一般 yìbān 형 보통이다 | 地铁 dìtiě 명 지하철

TSC 고급 어휘

제5부분

07-34

违法 wéifǎ

동 위법하다, 법을 어기다

- **违法**者要受到法律制裁。
  Wéifǎzhě yào shòudào fǎlǜ zhìcái.
  위법자들은 법률의 제재를 받아야 합니다.

- 该法律对**违法**者处罚很严厉。
  Gāi fǎlǜ duì wéifǎzhě chǔfá hěn yánlì.
  이 법률은 위법자들에 대한 처벌이 엄격합니다.

受到 shòudào 동 받다, 얻다, 입다 | 法律 fǎlǜ 명 법률, 형법 | 制裁 zhìcái 동 제재하다 | 处罚 chǔfá 명동 처벌(하다), 징벌(하다) | 严厉 yánlì 형 매섭다, 단호하다, 준엄하다

제5부분

07-35

忽视 hūshì

동 소홀히 하다, 등한히 하다, 홀시하다

- 在努力学习的同时，我们也不能**忽视**眼睛的重要性。
  Zài nǔlì xuéxí de tóngshí, wǒmen yě bù néng hūshì yǎnjing de zhòngyàoxìng.
  열심히 공부하는 동시에, 우리는 눈의 중요성을 소홀히 해서는 안됩니다.

- 我们不能只顾学习而**忽视**了身体健康。
  Wǒmen bù néng zhǐgù xuéxí ér hūshìle shēntǐ jiànkāng.
  우리는 공부만 신경 쓰느라 건강을 소홀히 해서는 안됩니다.

努力 nǔlì 동 노력하다, 힘쓰다, 열심히 하다 | 学习 xuéxí 동 공부하다, 학습하다 | 同时 tóngshí 명 동시, 같은 시간 부 동시에 | 眼睛 yǎnjing 명 눈 | 重要性 zhòngyàoxìng 중요성 | 只顾 zhǐgù 동 오직 ~만 생각하다 | 身体 shēntǐ 명 몸, 신체 | 健康 jiànkāng 명형 건강(하다)

07-36 足不出户 zúbùchūhù

형 집에서 떠나지 않다, 두문불출이다

- 如今有了电视、电话、电脑，我足不出户也能知道天下所有的事。
  Rújīn yǒule diànshì, diànhuà, diànnǎo, wǒ zúbùchūhù yě néng zhīdào tiānxià suǒyǒu de shì.
  요즘은 텔레비전과 전화기, 컴퓨터가 있어서, 외출하지 않고도 온 세상의 모든 일을 다 알 수 있습니다.

- 网购让我们足不出户就可以买到想买的产品。
  Wǎnggòu ràng wǒmen zúbùchūhù jiù kěyǐ mǎidào xiǎng mǎi de chǎnpǐn.
  인터넷 쇼핑은 우리가 외출하지 않고도 사고 싶은 물건을 살 수 있게 해 줍니다.

如今 rújīn 명 오늘날, 현재 | 电视 diànshì 명 TV, 텔레비전 | 电话 diànhuà 명 전화, 전화기 | 电脑 diànnǎo 명 컴퓨터 | 知道 zhīdào 통 알다, 이해하다 | 天下 tiānxià 명 천하, 세계, 온 세상 | 所有 suǒyǒu 형 모든, 전부의 | 网购 wǎnggòu 인터넷 쇼핑 | 产品 chǎnpǐn 명 상품, 제품

07-37 通讯工具 tōngxùn gōngjù

통신 수단

- 随着科技的发展，通讯工具的功能已经不仅局限于打电话。
  Suízhe kējì de fāzhǎn, tōngxùn gōngjù de gōngnéng yǐjīng bùjǐn júxiàn yú dǎ diànhuà.
  과학기술이 발전함에 따라, 통신 수단의 기능이 이미 전화를 거는 것에 국한되지 않게 되었습니다.

- 收音机是重要的通讯工具。
  Shōuyīnjī shì zhòngyào de tōngxùn gōngjù.
  라디오는 중요한 통신 수단입니다.

| **随着** suízhe 동 ~에 따라 | **科技** kējì 명 과학 기술 | **发展** fāzhǎn 동 발전하다 | **功能** gōngnéng 명 기능, 작용 | **不仅** bùjǐn 부 ~에 그치지 않다, ~만은 아니다 | **局限** júxiàn 동 국한하다, 제한하다, 한정하다 | **打电话** dǎ diànhuà 전화를 걸다 | **收音机** shōuyīnjī 라디오

제5부분

◎ 07-38

妨碍 fáng'ài

동 지장을 주다, 방해하다

- 我认为手机会妨碍学生的学习。
  Wǒ rènwéi shǒujī huì fáng'ài xuésheng de xuéxí.
  저는 휴대전화가 학생들의 공부에 지장을 준다고 생각합니다.

- 在马路上卖东西会妨碍交通。
  Zài mǎlù shang mài dōngxi huì fáng'ài jiāotōng.
  길에서 물건을 팔면 교통에 방해가 됩니다.

手机 shǒujī 명 휴대전화 | **马路** mǎlù 명 대로, 큰길 | **东西** dōngxi 명 것, 물건 | **交通** jiāotōng 명 교통

미니 테스트

1 다음 한어병음에 해당하는 어휘와 뜻을 써 보세요.

(1) jūzhù

(2) sùdù

(3) jiāotōng shìgù

(4) chūxíng

2 다음 우리말에 해당하는 어휘를 쓰고 한어병음을 표시해 보세요.

(1) 발달시키다

(2) 배출하다

(3) 자가용차

(4) 폐기

3 다음 빈칸에 들어갈 알맞은 어휘를 보기에서 고르세요.

보기	功能	改善	电子产品	可信度	熟练

(1) 我的电脑应用能力很_____。

(2) 这台笔记本电脑有多种多样的_____。

(3) 村里通了公路后，农民的生活得到了_____。

(4) 在网上买_____，质量不能保证。

(5) 至于_____的问题不能一概而论。

4 다음 빈칸에 들어갈 알맞은 어휘를 아래에서 고르세요.

(1) 我对这方面比较（　　　）。
　① 取代　　　② 一应俱全　　　③ 外形　　　④ 在行

(2) 这个孩子（　　　）于网吧，真叫做父母的痛心。
　① 喜欢　　　② 联系　　　③ 沉迷　　　④ 视力

(3) 交通（　　　）时，坐地铁比较方便。
　① 拥挤　　　② 携带　　　③ 维修　　　④ 在行

5 아래의 우리말 문장을 보고 빈칸에 알맞은 어휘를 써 보세요.

(1) 我平时_____公交车上班。
　저는 평소에 버스를 타고 출근합니다.

(2) 在努力学习的同时，我们也不能_____眼睛的重要性。
　열심히 공부하는 동시에, 우리는 눈의 중요성을 소홀히 해서는 안됩니다.

(3) 收音机是重要的_____。
　라디오는 중요한 통신 수단입니다.

정답 | **1** (1) 居住 거주하다　(2) 速度 속도　(3) 交通事故 교통사고　(4) 出行 외출하다
　　　2 (1) 发达 fādá　(2) 排放 páifàng　(3) 私家车 sījiāchē　(4) 尾气 wěiqì
　　　3 (1) 熟练　(2) 功能　(3) 改善　(4) 电子产品　(5) 可信度
　　　4 (1) ④　(2) ③　(3) ①
　　　5 (1) 乘坐　(2) 忽视　(3) 通讯工具

TSC 빈출 질문 및 모범답안

07-39 | 제4부분

1 问题 你的手机太旧了，买一台新的怎么样?

Nǐ de shǒujī tài jiù le, mǎi yì tái xīn de zěnmeyàng?

당신 휴대전화 너무 낡았는데, 한 대 새로 사는 거 어때요?

回答 好主意，我早就想买新的了，这部手机实在是太旧了。你明天有空吗? 你能陪我去买手机吗?

Hǎo zhǔyi, wǒ zǎojiù xiǎng mǎi xīn de le, zhè bù shǒujī shízài shì tài jiù le. Nǐ míngtiān yǒu kòng ma? Nǐ néng péi wǒ qù mǎi shǒujī ma?

좋은 생각이에요. 저도 진작에 새로 사려고 했어요. 이 휴대전화 정말 너무 낡았거든요. 내일 시간 있어요? 저랑 같이 휴대전화 사러 가 줄 수 있나요?

手机 shǒujī 명 휴대전화 | **旧** jiù 형 낡다 | **注意** zhùyi 명 방법, 생각, 아이디어 | **早就** zǎojiù 부 진작, 이미 | **实在** shízài 부 확실히, 정말 | **有空** yǒu kòng 틈이 나다 | **陪** péi 동 모시다, 동반하다

07-40 | 제5부분

2 问题 有人提议禁止乘客在乘坐公共交通工具时使用手机。你对此有什么看法?

Yǒu rén tíyì jìnzhǐ chéngkè zài chéngzuò gōnggòng jiāotōng gōngjù shí shǐyòng shǒujī. Nǐ duì cǐ yǒu shénme kànfǎ?

어떤 사람은 승객이 대중교통을 탈 때 휴대전화 사용을 금지할 것을 제안합니다. 당신은 이에 대해 어떤 견해가 있나요?

回答 我反对乘客乘坐公共交通工具时不打电话的这种说法。现在是信息时代，手机是人们生活中不可缺少的通讯工具，无论大人小孩儿几乎每个人手里都有手机，特别是有急事的时候随时可以打电话。

Wǒ fǎnduì chéngkè chéngzuò gōnggòng jiāotōng gōngjù shí bù dǎ diànhuà de zhè zhǒng shuōfǎ. Xiànzài shì xìnxī shídài, shǒujī shì rénmen shēnghuó zhōng bùkě quēshǎo de tōngxùn gōngjù, wúlùn dàrén xiǎoháir jīhū měi gè rén shǒu li dōu yǒu shǒujī, tèbié shì yǒu jíshì de shíhou suíshí kěyǐ dǎ diànhuà.

저는 대중교통 수단을 이용할 때 전화를 하지 말자는 의견에 반대합니다. 지금은 정보화 시대로, 휴대전화는 사람들의 생활에 없어서는 안 되는 통신 수단입니다. 어른이든 아이든 거의 모든 사람의 손에 휴대전화가 있어요. 특히 급한 일이 있을 때 언제든지 전화할 수 있습니다.

提议 tíyì 몡동 제의(하다) | 禁止 jìnzhǐ 동 금지하다 | 乘客 chéngkè 몡 승객 | 公共交通 gōnggòng jiāotōng 대중교통 | 工具 gōngjù 몡 수단, 도구 | 看法 kànfǎ 몡 견해, 의견 | 反对 fǎnduì 동 반대하다 | 乘坐 chéngzuò 동 (교통수단을) 타다 | 信息 xìnxī 몡 정보, 소식 | 不可缺少 bùkě quēshǎo 없어서는 안 될 | 通讯 tōngxùn 몡 통신 | 几乎 jīhū 튀 거의, 거의 모두 | 急事 jíshì 몡 급한 일 | 随时 suíshí 튀 수시로, 언제나

07-41 | 제5부분

3 问题 你认为网上的信息可信度高吗?

Nǐ rènwéi wǎngshàng de xìnxī kěxìndù gāo ma?

당신은 인터넷 상의 정보가 신뢰도가 높다고 생각하나요?

回答 我认为网上的信息可信度很高。随着科技的进步，互联网给人们的学习生活带来了极大的方便，无论是哪个领域的知识还是日常生活的常识都应有尽有。

Wǒ rènwéi wǎngshàng de xìnxī kěxìndù hěn gāo. Suízhe kējì de jìnbù, hùliánwǎng gěi rénmen de xuéxí shēnghuó dàiláile jídà de fāngbiàn, wúlùn shì nǎge lǐngyù de zhīshi háishi rìcháng shēnghuó de chángshí dōu yīngyǒu-jìnyǒu.

저는 인터넷 상의 정보가 신뢰도가 높다고 생각합니다. 과학 기술의 발전에 따라 인터넷은 사람들의 학습과 생활에 많은 편리함을 가져다 주었습니다. 어느 분야의 지식이든 일상 생활의 상식이든 필요한 것은 모두 있습니다.

网上 wǎngshàng 몡 온라인, 인터넷 | 可信度 kěxìndù 몡 신뢰도 | 随着 suízhe 개 ~에 따라 | 科技 kējì 몡 과학 기술 | 进步 jìnbù 몡동 진보(하다) | 互联网 hùliánwǎng 몡 인터넷 | 极大 jídà 튀 더할 수 없이 크게 | 方便 fāngbiàn 몡 편의, 방편 | 领域 lǐngyù 몡 영역, 분야 | 知识 zhīshi 몡 지식 | 日常生活 rìcháng shēnghuó 일상 생활 | 常识 chángshí 몡 상식, 일반 지식 | 应有尽有 yīngyǒu-jìnyǒu 셩 없는 것이 없다, 모두 갖추어져 있다

CHAPTER 08

의식주

의식주 관련 어휘들은 주로 제5부분에 출제됩니다.
생활 밀착형 문제들이 자주 출제 되는 만큼
일상생활과 관련된 어휘들이 많이 나옵니다.
익숙하지만 사용되는 문장은 일반 회화와 다르니,
어휘와 함께 반드시 예문을 바로 말할 수 있도록 연습해 두어야 합니다.

TSC 기본 어휘

제2·3·4·6·7부분

● 08-01

衣服 yīfu
명 옷, 의복

- 我回家后发现衣服上有污点，这是怎么回事啊?
  Wǒ huí jiā hòu fāxiàn yīfu shang yǒu wūdiǎn, zhè shì zěnme huí shì a?
  저는 집에 돌아온 후에 옷 위에 얼룩이 있는 것을 발견했습니다. 이게 어떻게 된 일이죠?

- 我觉得衣服对塑造一个人的形象能起到很重要的作用。
  Wǒ juéde yīfu duì sùzào yí gè rén de xíngxiàng néng qǐdào hěn zhòngyào de zuòyòng.
  저는 옷이 한 사람의 이미지를 만드는 데 아주 중요한 역할을 한다고 생각합니다.

发现 fāxiàn 동 발견하다, 알아차리다 | 污点 wūdiǎn 명 자국, 얼룩 | 塑造 sùzào 동 (언어·문자·기타 예술 수단으로) 인물을 형상화하다 | 形象 xíngxiàng 명 이미지, 인상 | 作用 zuòyòng 명 작용, 역할

TIP 옷 관련 어휘

衬衫 chènshān 명 셔츠, 블라우스 | T恤 T xù 티셔츠 | 外套 wàitào 명 외투 | 裤子 kùzi 명 바지 | 牛仔裤 niúzǎikù 명 청바지 | 裙子 qúnzi 명 치마 | 连衣裙 liányīqún 명 원피스 | 毛衣 máoyī 명 스웨터

제4·6·7부분

● 08-02

首饰 shǒushì
명 (귀걸이·목걸이·반지·팔찌 따위의) 장신구, 머리 장식품

- 看着商店那琳琅满目的金银首饰，她就想买。
  Kànzhe shāngdiàn nà línláng-mǎnmù de jīnyín shǒushì, tā jiù xiǎng mǎi.
  상점의 아름다운 장신구들을 보고 있으면 그녀는 사고 싶습니다.

- 上班后公司要求穿正装，不许佩戴首饰。
  Shàngbān hòu gōngsī yāoqiú chuān zhèngzhuāng, bùxǔ pèidài shǒushì.
  출근을 한 후로 회사에서 정장을 입게 하고, 장신구를 하지 못하게 했습니다.

琳琅满目 línláng-mǎnmù 성 눈 앞에 아름다운 물건이 가득하다 | 金银 jīnyín 명 금과 은 | 公司 gōngsī 명 회사, 직장 | 要求 yāoqiú 동 요구하다 | 正装 zhèngzhuāng 정장, 정식 복장 | 不许 bùxǔ 동 허락하지 않다, ~해서는 안 된다 | 佩戴 pèidài 동 (장식품·명찰 등을) 패용하다, 달다, 차다

TIP 장신구 관련 어휘

耳环 ěrhuán 명 귀걸이 | 项链 xiàngliàn 명 목걸이 | 手链 shǒuliàn 명 팔찌 | 戒指 jièzhi 명 반지 | 手表 shǒubiǎo 명 손목시계

제3·4부분

08-03

正装 zhèngzhuāng
명 정장, 정식 복장

- 正装给人以严肃、整齐、正式，有礼貌的感觉。
  Zhèngzhuāng gěi rén yǐ yánsù, zhěngqí, zhèngshì, yǒu lǐmào de gǎnjué.
  정장은 엄숙하고 단정하며 격식과 예의가 있는 느낌을 줍니다.

- 我们公司要求穿正装。
  Wǒmen gōngsī yāoqiú chuān zhèngzhuāng.
  우리 회사는 정장을 입게 합니다.

严肃 yánsù 형 (표정·기분 등이) 엄숙하다 | 整齐 zhěngqí 형 정연하다, 단정하다 | 正式 zhèngshì 형 정식의, 공식의 | 礼貌 lǐmào 명 예의, 예의범절 형 예의 바르다 | 感觉 gǎnjué 명 감각, 느낌 동 느끼다

TIP 옷 스타일 관련 어휘

休闲服 xiūxiánfú 명 캐주얼 의복 | 西装 xīzhuāng 명 양복 | 运动服 yùndòngfú 명 운동복

08-04

长 cháng

형 (길이가) 길다

- 这条裤子太**长**了。
  Zhè tiáo kùzi tài cháng le.
  이 바지는 너무 깁니다.

- 雨伞更**长**。
  Yǔsǎn gèng cháng.
  우산이 더 깁니다.

裤子 kùzi 명 바지 | **雨伞** yǔsǎn 명 우산

08-05

短 duǎn

형 (공간적 거리가) 짧다

- 这条裙子太**短**了。
  Zhè tiáo qúnzi tài duǎn le.
  이 치마는 너무 짧습니다.

- 上班时不能穿太**短**的裙子。
  Shàngbān shí bù néng chuān tài duǎn de qúnzi.
  출근할 때는 너무 짧은 치마를 입으면 안됩니다.

裙子 qúnzi 명 치마 | **上班** shàngbān 동 출근하다

제4·7부분

强壮 qiángzhuàng
형 건장하다, 강건하다

- 只要坚持体育锻炼，身体就会逐渐**强壮**起来。
  Zhǐyào jiānchí tǐyù duànliàn, shēntǐ jiù huì zhújiàn qiángzhuàng qǐlái.
  꾸준히 체력 단련을 하면 몸은 점차 건장해질 것입니다.

- 如果没有**强壮**的体魄，什么事也做不成。
  Rúguǒ méiyǒu qiángzhuàng de tǐpò, shénme shì yě zuòbuchéng.
  만약 강건한 체력과 정신을 가지지 못하면, 어떤 일도 해내지 못합니다.

只要 zhǐyào 접 ~하기만 하면 | **坚持** jiānchí 동 유지하다, 견지하다 | **体育** tǐyù 명 체육, 운동 | **锻炼** duànliàn 동 단련하다 | **身体** shēntǐ 명 몸, 신체, 건강 | **逐渐** zhújiàn 부 점점, 점차 | **体魄** tǐpò 명 신체와 정신

제3·4·7부분

华丽 huálì
형 화려하다, 아름답다

- 商店的橱窗装饰得很**华丽**。
  Shāngdiàn de chúchuāng zhuāngshì de hěn huálì.
  상점의 쇼윈도 인테리어를 화려하게 해놨습니다.

- 美丽的她穿了一件**华丽**的衣服，在人群中显得鹤立鸡群。
  Měilì de tā chuānle yí jiàn huálì de yīfu, zài rénqún zhōng xiǎnde hèlìjīqún.
  아름다운 그녀가 화려한 옷을 입으니, 사람들 사이에서 단연 돋보였습니다.

橱窗 chúchuāng 명 쇼윈도, (상품) 진열창 | **装饰** zhuāngshì 명 장식, 장식품 동 장식하다 | **美丽** měilì 형 아름답다, 예쁘다 | **衣服** yīfu 옷, 의복 | **人群** rénqún 명 군중, 무리 | **显得** xiǎnde 동 ~하게 보이다, ~인 것 같다 | **鹤立鸡群** hèlìjīqún 성 사람의 재능이나 외모가 출중하다, 군계일학

제3·4·7부분

鲜艳 xiānyàn

형 화려하다, 산뜻하고 아름답다

- 她的脖子上戴着一条鲜艳的围巾。
  Tā de bózi shang dàizhe yì tiáo xiānyàn de wéijīn.
  그녀는 목에 화려한 목도리를 매고 있습니다.

- 小李穿了一套色彩鲜艳的连衣裙。
  Xiǎo Lǐ chuānle yí tào sècǎi xiānyàn de liányīqún.
  샤오리는 색이 화려한 원피스를 입었습니다.

脖子 bózi 명 목 | 戴 dài 동 착용하다, 쓰다, 두르다 | 围巾 wéijīn 명 목도리, 스카프 | 色彩 sècǎi 명 색깔, 색채 | 连衣裙 liányīqún 명 원피스

제4·7부분

身材 shēncái

명 몸매, 체격

- 姐姐长得身材苗条，面目清秀。
  Jiějie zhǎng de shēncái miáotiao, miànmù qīngxiù.
  언니는 몸매가 좋고, 얼굴도 수려합니다.

- 他中等身材，不胖也不瘦。
  Tā zhōngděng shēncái, bú pàng yě bú shòu.
  그는 중간 체격으로, 뚱뚱하지도 않고 마르지도 않았습니다.

长 zhǎng 동 자라다, 나다, 생기다 | 苗条 miáotiao 형 (여성의 몸매가) 아름답고 날씬하다, 호리호리하다 | 面目 miànmù 명 생김새, 얼굴, 용모 | 清秀 qīngxiù 형 수려하다, 빼어나게 아름답다 | 中等 zhōngděng 형 중간 정도의 | 胖 pàng 형 (몸이) 뚱뚱하다 | 瘦 shòu 형 마르다, 여위다

讲究 jiǎngjiu

동 중요시하다, ~에 신경 쓰다 형 정교하다, 꼼꼼하다

- 父母对孩子要说话算数，**讲究**信用。
  Fùmǔ duì háizi yào shuōhuà suànshù, jiǎngjiu xìnyòng.
  부모는 아이에게 한 말을 지켜야 하고, 신용을 중요하게 생각해야 합니다.

- 学习首先要努力，其次要**讲究**方法。
  Xuéxí shǒuxiān yào nǔlì, qícì yào jiǎngjiu fāngfǎ.
  공부는 우선 노력해야 하고, 그 다음으로 방법에 신경 써야 합니다.

父母 fùmǔ 명 부모 | **孩子** háizi 명 아이, 자녀 | **算数** suànshù 한 말을 책임지다, 말한 대로 하다 | **信用** xìnyòng 명 신용 | **首先** shǒuxiān 대 첫째, 먼저 | **努力** nǔlì 동 노력하다, 힘쓰다 | **其次** qícì 대 다음, 그 다음 | **方法** fāngfǎ 명 방법, 방식

衣着 yīzhuó

명 복장, 옷차림

- 张老师的**衣着**总是很朴素。
  Zhāng lǎoshī de yīzhuó zǒngshì hěn pǔsù.
  장 선생님의 옷차림은 항상 소박하십니다.

- 有人说**衣着**可以反映出一个人的性格特征。
  Yǒu rén shuō yīzhuó kěyǐ fǎnyìng chū yí gè rén de xìnggé tèzhēng.
  어떤 사람은 옷차림이 한 사람의 성격 특징을 반영해 낼 수 있다고 말합니다.

总是 zǒngshì 부 늘, 줄곧, 언제나 | **朴素** pǔsù 형 소박하다, 화려하지 않다 | **反映** fǎnyìng 동 반영하다 | **性格** xìnggé 명 성격 | **特征** tèzhēng 명 특징

제4·5·7부분

08-12

打扮 dǎban

동 화장하다, 치장하다, 분장하다 명 차림, 치장, 단장

- 学生打扮要朴素大方。
  Xuéshēng dǎban yào pǔsù dàfāng.
  학생은 소박하고 점잖게 치장해야 합니다.

- 青少年应该用功学习，不要过分讲究穿着打扮。
  Qīngshàonián yīnggāi yònggōng xuéxí, búyào guòfèn jiǎngjiu chuānzhuó dǎban.
  청소년들은 공부에 힘써야지, 옷이나 꾸미는 데에 지나치게 신경 써서는 안됩니다.

大方 dàfāng 형 (스타일·색상 등이) 속되지 않다, 고상하다, 점잖다 | 青少年 qīngshàonián 명 청소년 | 用功 yònggōng 동 노력하다, 열심히 공부하다 | 过分 guòfèn 동 지나치다, 과분하다 | 讲究 jiǎngjiu 동 중요시하다, ~에 신경 쓰다 | 穿着 chuānzhuó 명 옷차림, 차림새

제3·4·5·7부분

08-13

风格 fēnggé

명 성격, 기질, 스타일, 태도

- 这件衣服是我自己喜欢的穿衣风格。
  Zhè jiàn yīfu shì wǒ zìjǐ xǐhuan de chuānyī fēnggé.
  이 옷은 제가 좋아하는 옷 스타일입니다.

- 这不是我喜欢的风格。
  Zhè bú shì wǒ xǐhuan de fēnggé.
  이것은 제가 좋아하는 스타일이 아닙니다.

自己 zìjǐ 대 자기, 자신, 스스로 | 穿衣 chuānyī 동 옷을 입다

제4·5부분

08-14 校服 xiàofú
명 교복

- 学校要求学生每天都穿校服上学。
  Xuéxiào yāoqiú xuéshēng měi tiān dōu chuān xiàofú shàngxué.
  학교는 학생들에게 매일 교복을 입고 등교하라고 요구합니다.

- 同学们穿上统一的校服，显得分外精神。
  Tóngxuémen chuānshàng tǒngyī de xiàofú, xiǎnde fènwài jīngshen.
  학생들이 통일된 교복을 입으면, 특별히 활기차 보입니다.

要求 yāoqiú 동 요구하다 | 上学 shàngxué 동 등교하다 | 统一 tǒngyī 형 통일된, 일치된, 단일한 | 显得 xiǎnde 동 ~인 것 같다, ~하게 보이다 | 分外 fènwài 부 유달리, 유난히, 특별히 | 精神 jīngshen 형 활기차다, 생기발랄하다

제3·4·5·6·7부분

08-15 中国菜 zhōngguócài
명 중국요리

- 你喜欢吃中国菜吗?
  Nǐ xǐhuan chī zhōngguócài ma?
  당신은 중국요리 먹는 것을 좋아하나요?

- 除了中国菜以外，我还喜欢意大利面和沙拉。
  Chúle zhōngguócài yǐwài, wǒ hái xǐhuan yìdàlìmiàn hé shālā.
  중국요리 이외에도 저는 스파게티와 샐러드를 좋아합니다.

除了 chúle 개 ~을 제외하고 | 意大利面 yìdàlìmiàn 스파게티 | 沙拉 shālā 명 샐러드

08-16

方便食品 fāngbiàn shípǐn

명 인스턴트(instant) 식품

- **方便食品**对身体健康有害。
  Fāngbiàn shípǐn duì shēntǐ jiànkāng yǒuhài.
  인스턴트 식품은 건강에 해롭습니다.

- **方便食品**在给人们方便的同时，也给健康带来一定危害。
  Fāngbiàn shípǐn zài gěi rénmen fāngbiàn de tóngshí, yě gěi jiànkāng dàilái yídìng wēihài.
  인스턴트 식품은 사람들에게 편리함을 가져다 주는 동시에, 건강에 어느 정도의 해로움도 가져옵니다.

身体 shēntǐ 명 몸, 신체, 건강 | **健康** jiànkāng 명 건강(하다) | **有害** yǒuhài 동 유해하다, 해롭다 | **方便** fāngbiàn 형 편리하다 | **同时** tóngshí 부 동시에 | **一定** yídìng 형 상당한, 꽤 | **危害** wēihài 명 손상, 훼손, 손해 동 해를 끼치다, 해치다

08-17

快餐 kuàicān

명 간편 음식, 패스트푸드, 스낵

- 我不爱吃**快餐**。
  Wǒ bú ài chī kuàicān.
  저는 패스트푸드를 안 좋아합니다.

- 这种**快餐**一般都是油炸的，容易发胖。
  Zhè zhǒng kuàicān yìbān dōu shì yóuzhá de, róngyì fā pàng.
  이러한 패스트푸드는 일반적으로 모두 기름으로 튀긴 것이라서 살이 찌기 쉽습니다.

一般 yìbān 형 보통이다, 일반적이다 | **油炸** yóuzhá 동 (끓는) 기름에 튀기다, 식용유로 튀기다 | **容易** róngyì 형 ~하기 쉽다 | **发胖** fā pàng 동 살찌다, 뚱뚱해지다

제2·3·6·7부분

08-18

牛奶 niúnǎi

명 우유

- 他在喝牛奶。
  Tā zài hē niúnǎi.
  그는 우유를 마시고 있습니다.

- 我每天早上都会喝一杯牛奶。
  Wǒ měi tiān zǎoshang dōu huì hē yì bēi niúnǎi.
  저는 매일 아침마다 우유 한 잔을 마십니다.

每天 měi tiān 명 매일, 날마다 | 喝 hē 동 마시다

> **TIP** 음료 관련 어휘
>
> 饮料 yǐnliào 명 음료 | 果汁 guǒzhī 명 과일 주스 | 咖啡 kāfēi 명 커피 | 茶 chá 명 차 | 可乐 kělè 명 콜라 | 雪碧 xuěbì 명 스프라이트

제3·4·6부분

08-19

啤酒 píjiǔ

명 맥주

- 我们今天一起喝杯啤酒吧。
  Wǒmen jīntiān yìqǐ hē bēi píjiǔ ba.
  우리 오늘 맥주 한 잔 해요.

- 你喜欢喝啤酒还是白酒?
  Nǐ xǐhuan hē píjiǔ háishi báijiǔ?
  당신은 맥주 마시는 걸 좋아하나요 아니면 바이주 마시는 걸 좋아하나요?

一起 yìqǐ 몡 같이, 함께 | 杯 bēi 몡양 잔 | 白酒 báijiǔ 몡 백주, 바이주

> **TIP** 술 종류 관련 어휘
>
> 烧酒 shāojiǔ 몡 소주 | 红酒 hóngjiǔ 몡 붉은 포도주, 레드 와인 | 葡萄酒 pútaojiǔ 몡 포도주 | 米酒 mǐjiǔ 몡 막걸리 | 鸡尾酒 jīwěijiǔ 몡 칵테일

◎ 08-20

제3·4·6부분

肉 ròu

몡 (동물의) 고기, (사람의) 살, 근육

- 你应该少吃点儿肉，多吃点儿水果。
  Nǐ yīnggāi shǎo chī diǎnr ròu, duō chī diǎnr shuǐguǒ.
  당신은 고기를 적게 먹고, 과일을 많이 먹어야 해요.

- 我们今天下班后一起去吃肉，怎么样？
  Wǒmen jīntiān xiàbān hòu yìqǐ qù chī ròu, zěnmeyàng?
  우리 오늘 퇴근 후에 같이 고기 먹으러 가는 거 어때요?

应该 yīnggāi 동 ~해야 한다 | 水果 shuǐguǒ 몡 과일 | 下班 xiàbān 동 퇴근하다, 근무 시간이 끝나다

> **TIP** 고기 종류 관련 어휘
>
> 牛肉 niúròu 몡 소고기 | 羊肉 yángròu 몡 양고기 | 鸡肉 jīròu 몡 닭고기 | 猪肉 zhūròu 몡 돼지고기

제3·4·6부분

蔬菜 shūcài
명 채소, 야채

- 多吃蔬菜，这样可以更加补充维生素。
  Duō chī shūcài, zhèyàng kěyǐ gèngjiā bǔchōng wéishēngsù.
  야채를 많이 드세요. 이렇게 해야 더 많은 비타민을 보충할 수 있습니다.

- 多吃点儿蔬菜和水果，对身体有益处。
  Duō chī diǎnr shūcài hé shuǐguǒ, duì shēntǐ yǒu yìchù.
  야채와 과일을 많이 먹으면 건강에 좋습니다.

更加 gèngjiā 뷔 더욱, 훨씬, 한층 더 | 补充 bǔchōng 동 보충하다 | 维生素 wéishēngsù 명 비타민 | 益处 yìchù 명 좋은 점, 이로운 점, 장점

제2·4·7부분

炒 chǎo
동 (기름 따위로) 볶다

- 女的在看电视，男的在炒菜。
  Nǚde zài kàn diànshì, nánde zài chǎo cài.
  여자는 텔레비전을 보고 있고, 남자는 음식을 요리하고 있습니다.

- 我很喜欢吃炒面。
  Wǒ hěn xǐhuan chī chǎomiàn.
  저는 볶음면을 정말 좋아합니다.

炒菜 chǎo cài 동 음식을 요리하다, 반찬을 만들다 | 炒面 chǎomiàn 명 볶음면

> **TIP** 조리 방법 관련 어휘
>
> 炸 zhá 동 (기름에) 튀기다 | 烧 shāo 동 끓이다 | 烤 kǎo 동 굽다 | 煮 zhǔ 동 삶다, 익히다 | 煎 jiān 동 (적은 기름에) 지지다, 부치다

08-23

鸡蛋 jīdàn

몡 계란, 달걀

- 昨天我在你们超市里买了一盒鸡蛋，但是回家后发现过了保质期。
  Zuótiān wǒ zài nǐmen chāoshì li mǎile yì hé jīdàn, dànshì huí jiā hòu fāxiàn guòle bǎozhìqī.
  어제 저는 당신네 마트에서 계란 한 판을 샀는데, 집에 간 후에야 유통기한이 지난 것을 알았습니다.

- 鸡蛋中含有大量的维生素和矿物质。
  Jīdàn zhōng hányǒu dàliàng de wéishēngsù hé kuàngwùzhì.
  계란에는 대량의 비타민과 광물질이 들어있습니다.

超市 chāoshì 몡 슈퍼마켓, 마트 | **发现** fāxiàn 동 발견하다, 알아차리다 | **保质期** bǎozhìqī 품질보증 기간, 유통기한 | **含有** hányǒu 동 함유하다, 포함하다 | **大量** dàliàng 형 대량의, 다량의 | **维生素** wéishēngsù 몡 비타민 | **矿物质** kuàngwùzhì 광물질

08-24

面包 miànbāo

몡 빵

- 她在买面包。
  Tā zài mǎi miànbāo.
  그녀는 빵을 사고 있습니다.

- 你想吃面包还是面条？
  Nǐ xiǎng chī miànbāo háishi miàntiáo?
  당신은 빵을 먹고 싶어요 아니면 국수를 먹고 싶어요?

面条 miàntiáo 몡 국수

🔊 08-25

面条 miàntiáo
몡 국수

- 我非常喜欢吃**面条**。
  Wǒ fēicháng xǐhuan chī miàntiáo.
  저는 국수를 매우 좋아합니다.

- 除了**面条**以外，我还想吃一碗米饭。
  Chúle miàntiáo yǐwài, wǒ hái xiǎng chī yì wǎn mǐfàn.
  국수 외에도 저는 밥 한 그릇을 더 먹고 싶어요.

除了……以外 chúle……yǐwài ~을 빼고, ~외에도 | 米饭 mǐfàn 몡 쌀밥

🔊 08-26

饺子 jiǎozi
몡 만두, 교자

- 过年的时候，一定要吃**饺子**。
  Guònián de shíhou, yídìng yào chī jiǎozi.
  새해를 보낼 때는 반드시 만두를 먹어야 합니다.

- 过生日的时候，爸爸妈妈有时候给我包**饺子**，有时候给我买生日蛋糕。
  Guò shēngrì de shíhou, bàba māma yǒushíhou gěi wǒ bāo jiǎozi, yǒushíhou gěi wǒ mǎi shēngrì dàngāo.
  생일을 보낼 때, 엄마 아빠가 때로는 만두를 빚어 주시고 때로는 생일 케이크를 사 주십니다.

过年 guònián 동 설을 쇠다, 새해를 맞다 | 过生日 guò shēngrì 동 생일을 쇠다, 생일 파티를 하다 | 有时候 yǒushíhou 早 가끔씩, 종종 | 包 bāo 동 싸다 | 蛋糕 dàngāo 몡 케이크

◉ 08-27 제3·4·6부분

方便面 fāngbiànmiàn
명 라면

- 长期食用方便面会有致癌的危险。
  Chángqī shíyòng fāngbiànmiàn huì yǒu zhì ái de wēixiǎn.
  장기적으로 라면을 먹으면 암을 유발할 수 있는 위험이 있습니다.

- 方便面好吃是好吃，但是会容易发胖。
  Fāngbiànmiàn hǎochī shì hǎochī, dànshì huì róngyì fā pàng.
  라면은 맛있긴 맛있지만 살이 찌기 쉽습니다.

长期 chángqī 명 장시간, 장기간 | 食用 shíyòng 동 식용하다, 먹다 | 致癌 zhì ái 동 암을 유발하다 | 危险 wēixiǎn 명동 위험(하다) | 好吃 hǎochī 형 맛있다, 맛나다 | 容易 róngyì 형 쉽다, 용이하다, ~하기 쉽다 | 发胖 fā pàng 동 살찌다, 뚱뚱해지다

◉ 08-28 제3·4·5부분

味道 wèidào
명 맛

- 这个菜味道很好。
  Zhège cài wèidào hěn hǎo.
  이 음식은 맛이 매우 좋습니다.

- 感冒的时候吃东西没有味道。
  Gǎnmào de shíhou chī dōngxi méiyǒu wèidào.
  감기에 걸렸을 때 음식을 먹으면 맛이 없습니다.

菜 cài 명 채소, 반찬, 요리 | 感冒 gǎnmào 명동 감기(에 걸리다) | 东西 dōngxi 명 것, 물건

▸ 08-29　　　　　　　　　　　　　　　　　　　　제3·4·7부분

筷子 kuàizi
명 젓가락

- 我不会使用筷子。
  Wǒ bú huì shǐyòng kuàizi.
  저는 젓가락을 사용할 줄 모릅니다.

- 我们应该少使用一次性筷子。
  Wǒmen yīnggāi shǎo shǐyòng yícìxìng kuàizi.
  우리는 일회용 젓가락을 적게 사용해야 합니다.

使用 shǐyòng 동 사용하다 | 一次性 yícìxìng 형 일회용인

▸ 08-30　　　　　　　　　　　　　　　　　　　　제4·5·6부분

位子 wèizi
명 자리, 좌석, 지위

- 他发现坐错了位子。
  Tā fāxiàn zuòcuòle wèizi.
  그는 자리를 잘못 앉은 것을 알아차렸습니다.

- 喂，是美美餐厅吗？帮我订个位子，一共三个人。
  Wéi, shì Měiměi cāntīng ma? Bāng wǒ dìng gè wèizi, yígòng sān gè rén.
  여보세요? 미미 식당이죠? 자리 좀 예약 해주세요. 총 세 사람입니다.

发现 fāxiàn 동 알아차리다, 발견하다 | 错 cuò 동 틀리다, 맞지 않다 | 喂 wéi 감 (전화상에서) 여보세요 |
餐厅 cāntīng 명 식당 | 订 dìng 동 예약하다 | 一共 yígòng 부 모두, 전부, 합계

◐ 08-31 제4·5부분

主食 zhǔshí
명 주식

- 韩国人的**主食**是米饭。
  Hánguórén de zhǔshí shì mǐfàn.
  한국인의 주식은 밥입니다.

- 欧洲人以面粉和肉类为**主食**。
  Ōuzhōurén yǐ miànfěn hé ròulèi wéi zhǔshí.
  유럽 사람들은 밀가루와 고기를 주식으로 삼습니다.

韩国人 Hánguórén 한국인 | **米饭** mǐfàn 밥, 쌀밥 | **欧洲人** Ōuzhōurén 유럽인 | **以……为** yǐ……wéi ~을 ~으로 삼다 | **面粉** miànfěn 밀가루 | **肉类** ròulèi 육류 식품

◐ 08-32 제3·6·7부분

服务员 fúwùyuán
명 (서비스업의) 종업원, 웨이터, 접대원

- 这家餐厅的**服务员**很热情。
  Zhè jiā cāntīng de fúwùyuán hěn rèqíng.
  이 식당 종업원은 매우 친절합니다.

- 那家的**服务员**一个个彬彬有礼，服务热情周到。
  Nà jiā de fúwùyuán yí gègè bīnbīn yǒulǐ, fúwù rèqíng zhōudào.
  그 식당의 종업원들은 하나같이 다 예의가 있고, 서비스가 친절하고 세심합니다.

餐厅 cāntīng 명 식당 | **热情** rèqíng 형 친절하다, 열정적이다 | **彬彬有礼** bīnbīn yǒulǐ 성 점잖고 예절 바르다, 고아하고 예절 바르다 | **服务** fúwù 동 봉사하다, 서비스하다 | **周到** zhōudào 형 세심하다, 치밀하다

◐ 08-33　　　　　　　　　　　　　　　　　　　　제4·5부분

房子 fángzi
명 집, 건물

- 如果我有一大笔钱，我先要买房子。
  Rúguǒ wǒ yǒu yí dà bǐ qián, wǒ xiān yào mǎi fángzi.
  만약 저에게 큰돈이 생긴다면 저는 먼저 집을 살 것입니다.

- 我把所有的储蓄用来买了一套房子。
  Wǒ bǎ suǒyǒu de chǔxù yònglái mǎile yí tào fángzi.
  저는 모든 저금을 집을 사는 데 사용했습니다.

一大笔钱 yí dà bǐ qián 목돈, 큰돈, 무더기 돈 | 所有 suǒyǒu 형 모든, 전부의 | 储蓄 chǔxù 명 동 저축(하다), 저금(하다)

◐ 08-34　　　　　　　　　　　　　　　　　　　　제4부분

公寓 gōngyù
명 아파트

- 我住在临近海滨的一栋公寓里。
  Wǒ zhùzài línjìn hǎibīn de yí dòng gōngyù li.
  저는 해변에 근접해 있는 한 아파트에 살고 있습니다.

- 我住的公寓四周商店林立，豪华的饭店酒吧购物中心鳞次栉比。
  Wǒ zhù de gōngyù sìzhōu shāngdiàn línlì, háohuá de fàndiàn jiǔbā gòuwù zhōngxīn líncì-zhìbǐ.
  제가 살고 있는 아파트 주변에는 상점들이 즐비해 있고, 호화스러운 호텔과 술집, 쇼핑센터가 빽빽하게 늘어서 있습니다.

临近 línjìn 동 근접하다 | 海滨 hǎibīn 명 해변 | 四周 sìzhōu 명 사방, 주위 | 林立 línlì 동 숲처럼 빽빽이 늘어서다 | 豪华 háohuá 형 호화스럽다, 화려하고 웅장하다 | 饭店 fàndiàn 명 호텔 | 酒吧 jiǔbā 명 술집, 바 | 购物中心 gòuwù zhōngxīn 명 대형 쇼핑센터 | 鳞次栉比 líncì-zhìbǐ 성 집들이 빽빽하게 늘어서 있다

◉ 08-35   제4·6·7부분

邻居 línjū
명 이웃집, 이웃 사람

- 邻居家的小狗总是无拘无束地在草地上奔跑。
  Línjū jiā de xiǎogǒu zǒngshì wújū-wúshù de zài cǎodì shang bēnpǎo.
  이웃집 강아지는 늘 아무런 구속 없이 풀밭을 뛰어다닙니다.

- 邻居之间要互相关照，和睦相处。
  Línjū zhījiān yào hùxiāng guānzhào, hémù xiāngchǔ.
  이웃간에는 서로 관심을 가져 주고, 화목하게 지내야 합니다.

小狗 xiǎogǒu 명 강아지 | 总是 zǒngshì 부 늘, 언제나 | 无拘无束 wújū-wúshù 성 아무런 구속이 없다 | 草地 cǎodì 명 풀밭, 잔디밭 | 奔跑 bēnpǎo 동 질주하다, 빨리 달리다 | 互相 hùxiāng 부 서로, 상호 | 关照 guānzhào 동 돌보다, 보살피다, 배려하다 | 和睦 hémù 형 화목하다, 사이가 좋다 | 相处 xiāngchǔ 동 함께 살다

◉ 08-36   제4·7부분

卧室 wòshì
명 침실

- 我的卧室布置得很讲究。
  Wǒ de wòshì bùzhì de hěn jiǎngjiu.
  제 침실은 정교하게 배치되어 있습니다.

- 卧室里大大小小的物件摆设得十分整齐。
  Wòshì li dàdaxiǎoxiǎo de wùjiàn bǎishè de shífēn zhěngqí.
  침실 안의 크고 작은 물건들이 매우 가지런히 놓여 있습니다.

布置 bùzhì 동 (각종 물건을 적절히) 배치하다, 진열하다 | 讲究 jiǎngjiu 형 정교하다, 세련되다, 꼼꼼하다 | 大大小小 dàdaxiǎoxiǎo 형 모든, 온갖 종류의 | 物件 wùjiàn 명 물건, 물품 | 摆设 bǎishè 동 (예술품 등을) 진열하다 | 十分 shífēn 부 매우, 대단히 | 整齐 zhěngqí 형 정연하다, 단정하다, 깔끔하다

> **TIP** 집 내부 구조 관련 어휘
>
> 厨房 chúfáng 몡 주방, 부엌 | 客厅 kètīng 몡 거실, 객실, 응접실 | 洗手间 xǐshǒujiān 몡 화장실 | 卫生间 wèishēngjiān 몡 화장실 | 阳台 yángtái 몡 발코니, 베란다

제5부분

08-37

房价 fángjià

몡 집 가격, 집값

- 最近**房价**很贵。
  Zuìjìn fángjià hěn guì.
  요즘 집값이 많이 비쌉니다.

- 交通便利的地方的**房价**一般比别的地方高。
  Jiāotōng biànlì de dìfang de fángjià yìbān bǐ biéde dìfang gāo.
  교통이 편리한 곳의 집값은 대체로 다른 지역보다 비쌉니다.

交通 jiāotōng 몡 교통 | 便利 biànlì 혱 편리하다 | 地方 dìfang 몡 장소, 곳 | 一般 yìbān 혱 보통이다, 일반적이다 | 别的 biéde 때 다른 것

噪音 zàoyīn
몡 소음

- 房子里的噪音太大了。
  Fángzi li de zàoyīn tài dà le.
  집안의 소음이 너무 큽니다.

- 没完没了的汽车喇叭声在一些城市里仍是很严重的噪音污染。
  Méiwánméiliǎo de qìchē lǎbāshēng zài yìxiē chéngshì li réngshì hěn yánzhòng de zàoyīn wūrǎn.
  끝 없는 자동차 클랙슨 소리는 일부 도시에서 여전히 심각한 소음 공해입니다.

房子 fángzi 몡 집 | 没完没了 méiwánméiliǎo 셩 (말이나 일이) 한도 끝도 없다 | 汽车 qìchē 몡 자동차 | 喇叭 lǎbā 몡 나팔, 경적, 클랙슨 | 城市 chéngshì 몡 도시 | 仍是 réngshì 튀 여전히 | 严重 yánzhòng 휑 심각하다, 엄중하다 | 污染 wūrǎn 됭 오염시키다

吵闹 chǎonào
됭 소란을 피우다, 큰소리로 다투다 휑 시끄럽다, 떠들썩하다

- 他总是在上课时吵闹，干扰大家听讲。
  Tā zǒngshì zài shàngkè shí chǎonào, gānrǎo dàjiā tīngjiǎng.
  그는 늘 수업 시간에 떠들어서 모두가 수업 듣는 것을 방해합니다.

- 大家都在学习，你们不要在图书馆大声吵闹。
  Dàjiā dōu zài xuéxí, nǐmen búyào zài túshūguǎn dàshēng chǎonào.
  사람들이 다 공부하고 있으니, 도서관에서 큰소리로 떠들지 마세요.

总是 zǒngshì 튀 늘, 줄곧, 언제나 | 上课 shàngkè 됭 수업을 듣다 | 干扰 gānrǎo 됭 (남의 일을) 방해하다 | 听讲 tīngjiǎng 됭 수강하다, 수업을 듣다 | 图书馆 túshūguǎn 몡 도서관 | 大声 dàshēng 몡 큰 소리, 높은 소리

TSC 고급 어휘

제5부분

◯ 08-40

挑食 tiāoshí

동 편식하다, 음식을 가리다

- 我是个不**挑食**什么都能吃的人。
  Wǒ shì gè bù tiāoshí shénme dōu néng chī de rén.
  저는 편식을 하지 않고, 뭐든지 다 잘 먹는 사람입니다.

- **挑食**会影响我们的生长发育，是不好的习惯。
  Tiāoshí huì yǐngxiǎng wǒmen de shēngzhǎng fāyù, shì bù hǎo de xíguàn.
  편식은 우리의 성장 발육에 영향을 끼칠 수 있는 좋지 않은 습관입니다.

影响 yǐngxiǎng 동 영향(을 주다) | **生长** shēngzhǎng 동 성장하다 | **发育** fāyù 동 발육하다, 자라다, 성장하다 | **习惯** xíguàn 명 습관, 버릇 동 습관이 되다

제4·5·7부분

◯ 08-41

布置 bùzhì

동 (각종 물건을 적절히) 배치하다, 진열하다

- 我房间整理得很干净，**布置**也很合理。
  Wǒ fángjiān zhěnglǐ de hěn gānjìng, bùzhì yě hěn hélǐ.
  제 방은 정리도 깔끔하고, 배치도 아주 적절히 되어 있습니다.

- 那家咖啡厅虽不大，但是**布置**得很有特色。
  Nà jiā kāfēitīng suī bú dà, dànshì bùzhì de hěn yǒu tèsè.
  그 카페는 크지는 않지만 배치가 특색 있게 되어 있습니다.

房间 fángjiān 명 방 | **整理** zhěnglǐ 동 정리하다 | **干净** gānjìng 형 깨끗하다, 청결하다 | **合理** hélǐ 형 합리적이다 | **咖啡厅** kāfēitīng 명 커피숍, 카페 | **特色** tèsè 명 특색, 특징 형 독특한, 특별한

CHAPTER 08 의식주

미니 테스트

1 다음 한어병음에 해당하는 어휘와 뜻을 써 보세요.

(1) yīfu

_____

(2) huálì

_____

(3) shǒushì

_____

(4) jiǎngjiu

_____

2 다음 우리말에 해당하는 어휘를 쓰고 한어병음을 표시해 보세요.

(1) 길다

_____

(2) 교복

_____

(3) 치장하다

_____

(4) 옷차림

_____

3 다음 빈칸에 들어갈 알맞은 어휘를 보기에서 고르세요.

| 보기 | 短 | 身材 | 卧室 | 正装 | 风格 |

(1) 这件衣服是我自己喜欢穿衣_____。

(2) _____给人以严肃、整齐、正式，有礼貌的感觉。

(3) 这条裙子太_____了。

(4) 姐姐长得_____苗条，面目清秀。

(5) 我的_____布置得很讲究。

4 다음 빈칸에 들어갈 알맞은 어휘를 아래에서 고르세요.

(1) 多吃（　　　），这样可以更加补充维生素。
　　① 方便食品　　② 啤酒　　③ 牛奶　　④ 蔬菜

(2) 长期食用（　　　）会有致癌的危险。
　　① 饺子　　② 鸡蛋　　③ 方便面　　④ 炒

(3) 这个菜（　　　）很好。
　　① 筷子　　② 味道　　③ 面包　　④ 快餐

5 아래의 우리말 문장을 보고 빈칸에 알맞은 어휘를 써 보세요.

(1) 房子里的＿＿＿＿＿＿太大了。
집안의 소음이 너무 큽니다.

(2) ＿＿＿＿＿＿之间要互相关照，和睦相处。
이웃간에는 서로 관심을 가져 주고, 화목하게 지내야 합니다.

(3) 我是个不＿＿＿＿＿＿什么都能吃的人。
저는 편식을 하지 않고, 뭐든지 다 잘 먹는 사람입니다.

정답 | **1** (1) 衣服 옷　(2) 华丽 화려하다　(3) 首饰 장신구　(4) 讲究 중요시하다
2 (1) 长 cháng　(2) 校服 xiàofú　(3) 打扮 dǎban　(4) 衣着 yīzhuó
3 (1) 风格　(2) 正装　(3) 短　(4) 身材　(5) 卧室
4 (1) ④　(2) ③　(3) ②
5 (1) 噪音　(2) 邻居　(3) 挑食

TSC 빈출 질문 및 모범답안

🔊 08-42 | 제5부분

1 问题 结婚后，你想和父母住在一起吗?

Jiéhūn hòu, nǐ xiǎng hé fùmǔ zhùzài yìqǐ ma?

결혼 후에 당신은 부모님과 함께 살고 싶은가요?

回答 结婚后，我不想和父母住在一起。老年人和年轻人的生活习惯有很大差异，这样双方会出现代沟。

Jiéhūn hòu, wǒ bù xiǎng hé fùmǔ zhùzài yìqǐ. Lǎoniánrén hé niánqīngrén de shēnghuó xíguàn yǒu hěn dà chāyì, zhèyàng shuāngfāng huì chūxiàn dàigōu.

결혼 후에 저는 부모님과 함께 살고 싶지 않습니다. 노인과 젊은이의 생활 습관은 차이가 많이 나는데, 이러면 쌍방이 세대차가 날 수 있습니다.

> 结婚 jiéhūn 통 결혼하다 | 父母 fùmǔ 명 부모 | 老年人 lǎoniánrén 명 노인 | 年轻人 niánqīngrén 명 젊은이 | 习惯 xíguàn 명 습관 | 差异 chāyì 명 차이, 다른 점 | 双方 shuāngfāng 명 쌍방, 양측 | 代沟 dàigōu 명 세대차이

🔊 08-43 | 제4부분

2 问题 你在打扮上会花很多钱吗?

Nǐ zài dǎban shang huì huā hěn duō qián ma?

당신은 치장하는 데에 돈을 많이 쓰나요?

回答 我在打扮上不会花很多钱。我还是个学生，手头不是很富裕。我觉得穿着打扮既浪费钱又浪费时间。

Wǒ zài dǎban shang bú huì huā hěn duō qián. Wǒ háishi gè xuéshēng, shǒutóu bú shì hěn fùyù. Wǒ juéde chuānzhuódǎban jì làngfèi qián yòu làngfèi shíjiān.

저는 치장하는 데 돈을 많이 쓰지 않습니다. 저는 아직 학생이라 수중에 돈이 많지 않습니다. 저는 옷차림은 돈 낭비이고 시간 낭비라고 생각합니다.

> 打扮 dǎban 통 치장하다, 꾸미다 | 花钱 huā qián 통 돈을 쓰다 | 手头 shǒutóu 명 수중, 신변 | 富裕 fùyù 형 부유하다 | 穿着打扮 chuānzhuódǎban 명 옷, 장식 등의 차림새 | 既……又…… jì……yòu…… ~하고 또 ~하다 | 浪费 làngfèi 통 낭비하다

◎ 08-44 | 제4부분

3 问题 你喜欢吃方便食品吗?

Nǐ xǐhuan chī fāngbiàn shípǐn ma?

당신은 인스턴트 식품 먹는 것을 좋아하나요?

回答 我不太喜欢吃方便食品。方便食品不但对身体健康不利，而且容易发胖。这些食品对我们的健康一点儿好处也没有。

Wǒ bú tài xǐhuan chī fāngbiàn shípǐn. Fāngbiàn shípǐn búdàn duì shēntǐ jiànkāng búlì, érqiě róngyì fā pàng. Zhèxiē shípǐn duì wǒmen de jiànkāng yìdiǎnr hǎochù yě méiyǒu.

저는 인스턴트 식품 먹는 것을 별로 안 좋아합니다. 인스턴트 식품은 건강에 좋지 않을 뿐만 아니라 살찌기도 쉽습니다. 이러한 식품은 우리 건강에 조금의 좋은 점도 없습니다.

方便食品 fāngbiàn shípǐn 명 인스턴트 식품 | **身体** shēntǐ 명 몸, 신체, 건강 | **健康** jiànkāng 명형 건강(하다) | **不利** búlì 이롭지 않다 | **容易** róngyì 형 쉽다, 용이하다 | **发胖** fā pàng 통 살찌다 | **食品** shípǐn 명 식품 | **好处** hǎochù 명 좋은 점

CHAPTER 09

환경, 사회

환경, 사회와 관련된 어휘는 주로 제5부분에서 자주 출제됩니다.
환경 오염, 일회용품 사용, 결혼 등 모든 것이 주제가 될 수 있는데,
광범위한 주제이지만 문제의 핵심 어휘를 잘 파악하여
답변을 준비하도록 해야 합니다.

TSC 기본 어휘

제5부분

09-01

污染 wūrǎn

동 오염시키다, 오염되다

- 过度使用一次性用品，会造成环境污染。
  Guòdù shǐyòng yícìxìng yòngpǐn, huì zàochéng huánjìng wūrǎn.
  일회용품을 지나치게 사용하면 환경 오염을 초래할 것입니다.

- 在我居住的城市里，空气污染问题很严重。
  Zài wǒ jūzhù de chéngshì li, kōngqì wūrǎn wèntí hěn yánzhòng.
  제가 거주하는 도시에는 공기 오염 문제가 심각합니다.

过度 guòdù 형 과도하다, 지나치다 | **造成** zàochéng 동 형성하다, (좋지 않은 결과를) 초래하다 | **环境** huánjìng 명 환경, 주위 상황 | **居住** jūzhù 동 거주하다 | **城市** chéngshì 명 도시 | **问题** wèntí 명 문제 | **严重** yánzhòng 형 심각하다, 막대하다

09-02

제5부분

采取措施 cǎiqǔ cuòshī

조치를 취하다

- 为了减少空气污染，我们应该采取一些措施。
  Wèile jiǎnshǎo kōngqì wūrǎn, wǒmen yīnggāi cǎiqǔ yìxiē cuòshī.
  공기 오염을 줄이기 위해 우리는 몇몇 조치들을 취해야 합니다.

- 政府采取的这些措施非常有效果。
  Zhèngfǔ cǎiqǔ de zhèxiē cuòshī fēicháng yǒu xiàoguǒ.
  정부가 채택한 이러한 조치는 매우 효과가 있습니다.

政府 zhèngfǔ 명 정부 | **效果** xiàoguǒ 명 효과

◎ 09-03

减少 jiǎnshǎo
동 줄이다, 덜다, 감소하다

- 为了**减少**空气污染，我们应该少使用一次性用品。
  Wèile jiǎnshǎo kōngqì wūrǎn, wǒmen yīnggāi shǎo shǐyòng yícìxìng yòngpǐn.
  공기 오염을 줄이기 위해서 우리는 일회용품을 적게 사용해야 합니다.

- 要想**减少**空气污染，我们应该多使用公共交通工具。
  Yào xiǎng jiǎnshǎo kōngqì wūrǎn, wǒmen yīnggāi duō shǐyòng gōnggòng jiāotōng gōngjù.
  공기 오염을 줄이고 싶다면, 우리는 대중교통 수단을 많이 이용해야 합니다.

为了 wèile 개 ~을 하기 위해서 | 空气 kōngqì 명 공기 | 污染 wūrǎn 동 오염시키다 | 使用 shǐyòng 동 이용하다, 사용하다 | 一次性 yícìxìng 명 일회용인 | 用品 yòngpǐn 명 용품 | 公共交通 gōnggòng jiāotōng 대중교통 | 工具 gōngjù 명 수단, 도구

◎ 09-04

爱护 àihù
동 잘 보살피다, 사랑하고 보호하다

- 人们应该**爱护**环境。
  Rénmen yīnggāi àihù huánjìng.
  사람들은 환경을 소중히 아껴야 합니다.

- 我们要**爱护**环境，不要随处扔垃圾。
  Wǒmen yào àihù huánjìng, búyào suíchù rēng lājī.
  우리는 환경을 아껴야 하며, 아무 곳에나 쓰레기를 버려서는 안됩니다.

随处 suíchù 부 어디서나, 아무데나 | 扔 rēng 동 던지다 | 垃圾 lājī 명 쓰레기, 오물

环境 huánjìng

명 환경

- **环境**污染，人们的生活当然会受到影响。
  Huánjìng wūrǎn, rénmen de shēnghuó dāngrán huì shòudào yǐngxiǎng.
  환경 오염은 사람들의 생활에 당연히 영향을 끼치게 될 것입니다.

- **环境**与人类健康息息相关。
  Huánjìng yǔ rénlèi jiànkāng xīxī-xiāngguān.
  환경과 인류의 건강은 관계가 매우 밀접합니다.

当然 dāngrán 튀 당연히, 물론 | 影响 yǐngxiǎng 명동 영향(을 주다) | 人类 rénlèi 명 인류 | 健康 jiànkāng 명형 건강(하다) | 息息相关 xīxī-xiāngguān 성 관계가 아주 밀접하다

垃圾 lājī

명 쓰레기, 오물

- 我们应该要爱护环境，不乱扔**垃圾**。
  Wǒmen yīnggāi yào àihù huánjìng, bú luàn rēng lājī.
  우리는 환경을 소중히 아끼고, 쓰레기를 함부로 버리지 않아야 합니다.

- 我们在游览景点时，不可攀折花木和乱丢**垃圾**。
  Wǒmen zài yóulǎn jǐngdiǎn shí, bù kě pānzhé huāmù hé luàn diū lājī.
  우리는 관광지를 구경할 때, 꽃과 나무를 꺾고 쓰레기를 함부로 버려서는 안됩니다.

乱 luàn 형 어지럽다, 무질서하다 | 游览 yóulǎn 동 (풍경, 명승 등을) 유람하다 | 景点 jǐngdiǎn 명 경치가 좋은 곳 | 攀折 pānzhé 동 (꽃·나무를) 잡아당겨서 꺾다 | 花木 huāmù 명 꽃과 나무 | 丢 diū 동 던지다, 버리다

灾害 zāihài

명 (자연이나 인위적인) 재해, 재난, 화

- 现在自然**灾害**越来越频繁原因多得很。
  Xiànzài zìrán zāihài yuèláiyuè pínfán yuányīn duō de hěn.
  오늘날 자연재해가 갈수록 빈번해지는 원인은 아주 많습니다.

- 自然**灾害**频繁发生威胁人类生存，所以我们要保护环境。
  Zìrán zāihài pínfán fāshēng wēixié rénlèi shēngcún, suǒyǐ wǒmen yào bǎohù huánjìng.
  자연재해의 빈번한 발생은 인류의 생존을 위협하므로, 우리는 환경을 보호해야 합니다.

越来越 yuèláiyuè 분 점점, 갈수록 | **频繁** pínfán 형 잦다, 빈번하다 | **原因** yuányīn 명 원인 | **威胁** wēixié 동 위협하다 | **生存** shēngcún 명동 생존(하다) | **保护** bǎohù 동 보호하다

破坏 pòhuài

동 파괴하다, 훼손시키다, 손해를 입히다

- 人类**破坏**了自然，就**破坏**了自己的生存环境。
  Rénlèi pòhuàile zìrán, jiù pòhuàile zìjǐ de shēngcún huánjìng.
  인류가 자연을 파괴한 것은 곧 자신의 생존 환경을 파괴한 것입니다.

- 人口增长、工业生产等都使环境受到了**破坏**。
  Rénkǒu zēngzhǎng, gōngyè shēngchǎn děng dōu shǐ huánjìng shòudàole pòhuài.
  인구 증가, 공업 생산 등은 모두 환경을 훼손시킵니다.

人口 rénkǒu 명 인구 | **增长** zēngzhǎng 동 증가하다 | **工业** gōngyè 명 공업 | **生产** shēngchǎn 동 생산하다 | **使** shǐ 동 ~시키다, ~하게 하다

保护 bǎohù

통 보호하다

- 我觉得人们应该重视保护环境。
  Wǒ juéde rénmen yīnggāi zhòngshì bǎohù huánjìng.
  저는 사람들이 마땅히 환경 보호를 중시해야 한다고 생각합니다.

- 环境保护是世界上最为重视的，也是最头疼的问题。
  Huánjìng bǎohù shì shìjiè shang zuìwéi zhòngshì de, yě shì zuì tóu téng de wèntí.
  환경 보호는 세상에서 가장 중요하면서 가장 골치 아픈 문제이기도 합니다.

重视 zhòngshì 통 중시하다 | 世界 shìjiè 명 세계 | 最为 zuìwéi 튀 제일, 가장 | 头疼 tóu téng 명 두통 형 머리가 아프다 | 问题 wèntí 명 문제

威胁 wēixié

통 위협하다, 협박하다

- 空气污染和水污染严重威胁着人们的健康。
  Kōngqì wūrǎn hé shuǐ wūrǎn yánzhòng wēixiézhe rénmen de jiànkāng.
  공기 오염과 수질 오염은 사람들의 건강을 심각하게 위협하고 있습니다.

- 森林不断地减少，已经威胁到了动物们的生存。
  Sēnlín búduàn de jiǎnshǎo, yǐjīng wēixié dàole dòngwùmen de shēngcún.
  산림의 끊임없는 감소는 이미 동물들의 생존을 위협하고 있습니다.

空气 kōngqì 명 공기 | 严重 yánzhòng 형 심각하다, 엄중하다 | 森林 sēnlín 명 산림, 숲 | 不断 búduàn 튀 끊임없이, 계속해서 | 减少 jiǎnshǎo 통 감소하다, 줄다 | 动物 dòngwù 명 동물 | 生存 shēngcún 명 통 생존(하다)

제5부분

一次性用品 yícìxìng yòngpǐn
일회용품

- **一次性用品**质量得不到保证。
  Yícìxìng yòngpǐn zhìliàng débudào bǎozhèng.
  일회용품은 품질을 보장할 수 없습니다.

- **一次性用品**浪费国家资源。
  Yícìxìng yòngpǐn làngfèi guójiā zīyuán.
  일회용품은 국가 자원을 낭비합니다.

质量 zhìliàng 명 질, 품질 | **保证** bǎozhèng 동 보증하다 | **浪费** làngfèi 동 낭비하다 | **资源** zīyuán 명 자원

제5·6부분

城市化 chéngshìhuà
명 도시화

- 过度**城市化**使环境受到了破坏。
  Guòdù chéngshìhuà shǐ huánjìng shòudàole pòhuài.
  과도한 도시화는 환경을 훼손시킵니다.

- **城市化**是社会发展的必然结果，是社会进步的表现。
  Chéngshìhuà shì shèhuì fāzhǎn de bìrán jiéguǒ, shì shèhuì jìnbù de biǎoxiàn.
  도시화는 사회 발전의 필연적인 결과이며, 사회 발전을 나타내는 것입니다.

过度 guòdù 형 지나치다, 과도하다 | **破坏** pòhuài 동 훼손시키다 | **必然** bìrán 형 필연적이다 | **结果** jiéguǒ 명 결과, 성과 | **进步** jìnbù 명동 진보(하다) | **表现** biǎoxiàn 동 표현하다, 나타내다

제5부분

> 09-13

公开 gōngkāi
동 공개하다

- 我认为向大众**公开**罪犯的照片和信息，对社会治安很有好处。
  Wǒ rènwéi xiàng dàzhòng gōngkāi zuìfàn de zhàopiàn hé xìnxī, duì shèhuì zhì'ān hěn yǒu hǎochù.
  저는 대중에게 범죄자의 사진과 정보를 공개하는 것이 사회 치안에 좋은 점이 많다고 생각합니다.

- 罪犯信息**公开**了，人们随时可以提高警惕，减少伤害。
  Zuìfàn xìnxī gōngkāi le, rénmen suíshí kěyǐ tígāo jǐngtì, jiǎnshǎo shānghài.
  범죄자의 정보를 공개하면 수시로 경각심을 높여서 피해를 줄일 수 있습니다.

大众 dàzhòng 명 대중, 군중 | **罪犯** zuìfàn 명 범죄, 죄인 | **照片** zhàopiàn 명 사진 | **信息** xìnxī 명 정보 | **社会** shèhuì 명 사회 | **治安** zhì'ān 명 치안 | **好处** hǎochù 명 장점, 좋은 점 | **随时** suíshí 부 수시로, 언제나 | **提高** tígāo 동 향상시키다, 높이다 | **警惕** jǐngtì 동 경계하다, 경각심을 갖다 | **减少** jiǎnshǎo 동 감소하다, 줄다 | **伤害** shānghài 동 상하게 하다, 손상시키다

제5부분

> 09-14

失业率 shīyèlǜ
명 실업률

- 我们国家的**失业率**很高。
  Wǒmen guójiā de shīyèlǜ hěn gāo.
  우리나라의 실업률은 아주 높습니다.

- **失业率**不但是我们国家的问题，也是全世界很多国家需要解决的问题。
  Shīyèlǜ búdàn shì wǒmen guójiā de wèntí, yě shì quánshìjiè hěn duō guójiā xūyào jiějué de wèntí.
  실업률은 우리나라의 문제일 뿐 아니라 전 세계 많은 나라들도 해결해야 할 문제입니다.

全世界 quánshìjiè 전 세계 | **需要** xūyào 필요하다 | **解决** jiějué 동 해결하다

제4·5부분

09-15

物价 wùjià
명 물가

- 我们国家的**物价**很高。
  Wǒmen guójiā de wùjià hěn gāo.
  우리나라의 물가는 아주 높습니다.

- 随着国家经济的不景气，**物价**越来越高。
  Suízhe guójiā jīngjì de bùjǐngqì, wùjià yuèláiyuè gāo.
  나라 경제가 불경기라 물가가 갈수록 높아지고 있습니다.

随着 suízhe 통 ~에 따라 | 经济 jīngjì 명 경제 | 不景气 bùjǐngqì 명 불경기이다, 경기가 좋지 않다

제5부분

09-16

开发 kāifā
통 개발하다, 개척하다

- **开发**必然会在一定程度上破坏自然环境。
  Kāifā bìrán huì zài yídìng chéngdù shang pòhuài zìrán huánjìng.
  개발은 필연적으로 어느 정도 자연 환경을 파괴할 수 있습니다.

- 为了赢得利益而盲目地**开发**，这会给人们的生存环境带来无法估量的损害。
  Wèile yíngdé lìyì ér mángmù de kāifā, zhè huì gěi rénmen de shēngcún huánjìng dàilái wúfǎ gūliàng de sǔnhài.
  이익을 얻기 위해서 무분별하게 개발하는 것은 사람들의 생존 환경에 예측할 수 없는 손해를 가져올 수 있습니다.

必然 bìrán 형 필연적이다 | 程度 chéngdù 명 정도 | 破坏 pòhuài 통 훼손시키다, 파괴하다 | 自然 zìrán 명 형 자연, 천연의 | 环境 huánjìng 명 환경, 주위 상황 | 为了 wèile 개 ~을 하기 위해서 | 赢得 yíngdé 통 얻다, 획득하다 | 利益 lìyì 명 이익, 이득 | 盲目 mángmù 형 맹목적인, 무작정 | 生存 shēngcún 명 통 생존(하다) | 无法 wúfǎ 통 방법이 없다 | 估量 gūliàng 통 추측하다, 예측하다 | 损害 sǔnhài 통 손실을 입다

科技 kējì
명 과학 기술

- 随着科技的发展，城市的环境污染问题也越来越严重。
  Suízhe kējì de fāzhǎn, chéngshì de huánjìng wūrǎn wèntí yě yuèláiyuè yánzhòng.
  과학 기술이 발전함에 따라서 도시의 환경 오염 문제 또한 점점 심해지고 있습니다.

- 随着科技的不断发展，很多工业都现代化了。
  Suízhe kējì de búduàn fāzhǎn, hěn duō gōngyè dōu xiàndàihuà le.
  과학 기술의 끊임없는 발전에 따라 많은 공업이 현대화 되었습니다.

随着 suízhe 통 ~에 따라 | 发展 fāzhǎn 통 발전하다 | 城市 chéngshì 명 도시 | 污染 wūrǎn 통 오염시키다 | 越来越 yuèláiyuè 부 더욱더, 점점, 갈수록 | 严重 yánzhòng 형 심각하다, 막대하다 | 不断 búduàn 형 끊임없다 | 工业 gōngyè 명 공업 | 现代化 xiàndàihuà 명 현대화

人类 rénlèi
명 인류

- 环境的污染已经严重危害到人类的健康。
  Huánjìng de wūrǎn yǐjīng yánzhòng wēihài dào rénlèi de jiànkāng.
  환경 오염은 이미 심각하게 인류의 건강을 해치고 있습니다.

- 现在自然灾害越来越频繁，我觉得是人类破坏环境造成的。
  Xiànzài zìrán zāihài yuèláiyuè pínfán, wǒ juéde shì rénlèi pòhuài huánjìng zàochéng de.
  오늘날 갈수록 빈번해지는 자연재해는 인류의 환경 파괴에 의해 야기된 것이라고 저는 생각합니다.

危害 wēihài 명 손해 통 해를 끼치다 | 健康 jiànkāng 명 형 건강(하다) | 灾害 zāihài 명 재해, 화, 재난 | 频繁 pínfán 형 빈번히 발생하다 | 破坏 pòhuài 통 훼손시키다 | 造成 zàochéng 통 조성하다, 만들다

제5부분

◉ 09-19

原因 yuányīn

명 원인

- 既有自然原因，又有人为原因。
  Jì yǒu zìrán yuányīn, yòu yǒu rénwéi yuányīn.
  자연적인 원인도 있고 인위적인 원인도 있습니다.

- 环境污染是导致癌症发生的一个极其重要的原因。
  Huánjìng wūrǎn shì dǎozhì áizhèng fāshēng de yí gè jíqí zhòngyào de yuányīn.
  환경 오염은 암을 초래하게 만드는 매우 중요한 원인입니다.

既……又 jì……yòu ~하고 또 ~하다 | 自然 zìrán 형 자연의, 천연의 | 人为 rénwéi 형 인위적인 | 导致 dǎozhì 동 야기하다, 초래하다 | 癌症 áizhèng 명 암 | 极其 jíqí 부 아주, 매우

제4·5부분

◉ 09-20

网络 wǎngluò

명 네트워크, 인터넷

- 网络让人们的距离变远了。
  Wǎngluò ràng rénmen de jùlí biàn yuǎn le.
  인터넷은 사람들 간의 거리를 멀어지게 했습니다.

- 网络改变了人们的交往方式。
  Wǎngluò gǎibiànle rénmen de jiāowǎng fāngshì.
  인터넷은 사람들의 교제 방식을 바꾸었습니다.

距离 jùlí 명 거리 | 改变 gǎibiàn 동 변하다, 바꾸다 | 交往 jiāowǎng 명동 교제(하다), 왕래(하다) | 方式 fāngshì 명 방식

제5부분

捐款 juānkuǎn

통 돈을 기부하다, 헌납하다

- 我觉得富人有给穷人捐款的义务。
  Wǒ juéde fùrén yǒu gěi qióngrén juānkuǎn de yìwù.
  저는 부유한 사람이 가난한 사람에게 돈을 기부할 의무가 있다고 생각합니다.

- 捐款是富人帮助穷人的一种方式。
  Juānkuǎn shì fùrén bāngzhù qióngrén de yì zhǒng fāngshì.
  기부는 부유한 사람이 가난한 사람을 돕는 한 가지 방법입니다.

富人 fùrén 명 부자 | 穷人 qióngrén 명 가난한 사람 | 义务 yìwù 명 의무 | 帮助 bāngzhù 통 돕다, 원조하다 | 方式 fāngshì 명 방식, 방법

제5부분

投资 tóuzī

명 투자, 투자금 통 투자하다

- 保险是一种投资。
  Bǎoxiǎn shì yì zhǒng tóuzī.
  보험은 일종의 투자입니다.

- 股票门槛低,投资灵活,但需要投资者有一定的经济知识。
  Gǔpiào ménkǎn dī, tóuzī línghuó, dàn xūyào tóuzīzhě yǒu yídìng de jīngjì zhīshi.
  주식은 문턱이 낮고 투자가 원활하지만, 투자자가 반드시 어느 정도의 경제 지식이 있어야 합니다.

保险 bǎoxiǎn 명 보험 | 股票 gǔpiào 명 주식 | 门槛 ménkǎn 명 문턱, 문지방 | 低 dī 형 (높이·정도가) 낮다 | 灵活 línghuó 형 민첩하다, 원활하다 | 投资者 tóuzīzhě 투자자 | 经济 jīngjì 명 경제 | 知识 zhīshi 명 지식

保障 bǎozhàng
명 보장, 보증 동 보장하다, 보증하다, 확보하다

- 保险可以给我们的生活提供**保障**。
  Bǎoxiǎn kěyǐ gěi wǒmen de shēnghuó tígōng bǎozhàng.
  보험은 우리 생활에 보장을 제공해 줄 수 있습니다.

- 政府给人们提供了众多的社会**保障**。
  Zhèngfǔ gěi rénmen tígōngle zhòngduō de shèhuì bǎozhàng.
  정부는 사람들에게 수많은 사회 보장을 제공했습니다.

提供 tígōng 동 제공하다 | **政府** zhèngfǔ 명 정부 | **众多** zhòngduō 형 아주 많다 | **社会** shèhuì 명 사회

整容手术 zhěngróng shǒushù
성형 수술

- **整容手术**有一定的风险。
  Zhěngróng shǒushù yǒu yídìng de fēngxiǎn.
  성형 수술에는 어느 정도 위험이 따릅니다.

- 大部分的人对**整容手术**可能抱有一种排斥的态度。
  Dàbùfen de rén duì zhěngróng shǒushù kěnéng bào yǒu yì zhǒng páichì de tàidù.
  대부분의 사람들은 성형 수술에 대해서 배척하는 태도를 가지고 있는 것 같습니다.

风险 fēngxiǎn 명 위험 | **大部分** dàbùfen 명 대부분 | **排斥** páichì 동 배척하다 | **态度** tàidù 명 태도

◐ 09-25

法律 fǎlǜ
명 법률, 형법

- 我觉得**法律**是必须要存在的。
  Wǒ juéde fǎlǜ shì bìxū yào cúnzài de.
  저는 법률이 반드시 있어야 한다고 생각합니다.

- **法律**以各种方式影响着每个人的日常生活和整个社会。
  Fǎlǜ yǐ gè zhǒng fāngshì yǐngxiǎngzhe měi gè rén de rìcháng shēnghuó hé zhěnggè shèhuì.
  법률은 여러 가지 방식으로 모든 사람들의 일상생활과 전체 사회에 영향을 미치고 있습니다.

必须 bìxū 튀 반드시 ~해야 한다 | **存在** cúnzài 동 존재하다 | **各种** gè zhǒng 형 각종의, 갖가지의 | **方式** fāngshì 명 방식, 방법 | **日常生活** rìcháng shēnghuó 일상생활 | **整个** zhěnggè 형 온, 모든 것

◐ 09-26

晚婚晚育 wǎnhūn wǎnyù
늦게 결혼하고 늦게 출산하다

- **晚婚晚育**会导致生育率降低。
  Wǎnhūn wǎnyù huì dǎozhì shēngyùlǜ jiàngdī.
  늦은 결혼과 늦은 출산은 출산율을 낮춥니다.

- **晚婚晚育**会带来很多问题，社会老龄化严重，生产力下降，年轻人负担加重等。
  Wǎnhūn wǎnyù huì dàilái hěn duō wèntí, shèhuì lǎolínghuà yánzhòng, shēngchǎnlì xiàjiàng, niánqīngrén fùdān jiāzhòng děng.
  늦은 결혼과 늦은 출산은 많은 문제를 유발할 텐데, 사회 노령화가 심각해지고 생산력이 저하되며 젊은 이들의 부담이 가중되는 것 등입니다.

导致 dǎozhì 동 야기하다, 초래하다 | **生育率** shēngyùlǜ 출산율 | **降低** jiàngdī 동 내리다, 낮추다 | **老龄化** lǎolínghuà 동 노령화하다 | **生产力** shēngchǎnlì 명 생산력 | **下降** xiàjiàng 동 떨어지다, 낮아지다, 줄어들다 | **负担** fùdān 명 부담, 책임 | **加重** jiāzhòng 동 가중하다, 늘리다

제5부분

心态 xīntài
명 심리 상태

- 为了健康，我们要保持良好的**心态**。
  Wèile jiànkāng, wǒmen yào bǎochí liánghǎo de xīntài.
  건강을 위해서 우리는 좋은 심리 상태를 유지해야 합니다.

- 调整**心态**，保持好心情是很重要的。
  Tiáozhěng xīntài, bǎochí hǎo xīnqíng shì hěn zhòngyào de.
  심리 상태를 조절하고, 좋은 기분을 유지하는 것은 매우 중요합니다.

健康 jiànkāng 명 건강 | 保持 bǎochí 동 (지속적으로) 유지하다, 지키다 | 良好 liánghǎo 형 좋다, 양호하다 | 调整 tiáozhěng 동 조정하다, 조절하다 | 心情 xīnqíng 명 기분, 마음, 심정

TSC 고급 어휘

제5부분

雇佣 gùyōng
동 고용하다

- 现在越来越多的企业不**雇佣**正式员工。
  Xiànzài yuèláiyuè duō de qǐyè bú gùyōng zhèngshì yuángōng.
  요즘 갈수록 많은 기업이 정규 직원을 뽑지 않습니다.

- **雇佣**问题应该由大型企业来解决。
  Gùyōng wèntí yīnggāi yóu dàxíng qǐyè lái jiějué.
  고용 문제는 대기업이 해결해 줘야 합니다.

企业 qǐyè 명 기업 | 正式 zhèngshì 형 정식의 | 员工 yuángōng 명 직원 | 大型 dàxíng 형 대형의

미니 테스트

1 다음 한어병음에 해당하는 어휘와 뜻을 써 보세요.

(1) xīntài

(2) wùjià

(3) pòhuài

(4) lājī

2 다음 우리말에 해당하는 어휘를 쓰고 한어병음을 표시해 보세요.

(1) 고용하다

(2) 법률

(3) 보장하다

(4) 원인

3 다음 빈칸에 들어갈 알맞은 어휘를 보기에서 고르세요.

| 보기 | 污染 | 网络 | 开发 | 整容手术 | 人类 |

(1) _____ 改变了人们的交往方式。

(2) _____ 必然会在一定程度上破坏自然环境。

(3) 环境的污染已经严重危害到_____的健康。

(4) 过度使用一次性用品，会造成环境_____。

(5) _____ 有一定的风险。

4 다음 빈칸에 들어갈 알맞은 어휘를 아래에서 고르세요.

(1) 我觉得富人有给穷人（　　　）的义务。
　① 捐款　　② 法律　　③ 开发　　④ 健康

(2) 空气污染和水污染严重（　　　）着人们的健康。
　① 危险　　② 厉害　　③ 威胁　　④ 重视

(3) 人们应该（　　　）环境。
　① 破坏　　② 爱护　　③ 污染　　④ 照顾

5 아래의 우리말 문장을 보고 빈칸에 알맞은 어휘를 써 보세요.

(1) 现在自然_____越来越频繁原因多得很。
　오늘날 자연재해가 갈수록 빈번해지는 원인은 아주 많습니다.

(2) 我认为向大众_____罪犯的照片和信息，对社会治安很有好处。
　대중에게 범죄자의 사진과 정보를 공개하면 사회 치안에 좋은 점이 많다고 생각합니다.

(3) 随着_____的不断发展，很多工业都现代化了。
　과학 기술의 끊임없는 발전에 따라 많은 공업이 현대화 되었습니다.

정답 | **1** (1) 心态 심리 상태　(2) 物价 물가　(3) 破坏 훼손시키다　(4) 垃圾 쓰레기
2 (1) 雇佣 gùyōng　(2) 法律 fǎlǜ　(3) 保障 bǎozhàng　(4) 原因 yuányīn
3 (1) 网络　(2) 开发　(3) 人类　(4) 污染　(5) 整容手术
4 (1) ①　(2) ③　(3) ②
5 (1) 灾害　(2) 公开　(3) 科技

TSC 빈출 질문 및 모범답안

🔊 09-29 | 제5부분

1 问题 你常使用一次性用品吗?

Nǐ cháng shǐyòng yícìxìng yòngpǐn ma?

당신은 일회용품을 자주 사용하나요?

回答 我不常使用一次性用品。一次性用品方便、便宜，所以受到大家的欢迎。但是一次性用品对环境造成了不好的影响，所以我们应该尽量少用。

Wǒ bù cháng shǐyòng yícìxìng yòngpǐn. Yícìxìng yòngpǐn fāngbiàn、piányi, suǒyǐ shòudào dàjiā de huānyíng. Dànshì yícìxìng yòngpǐn duì huánjìng zàochéngle bù hǎo de yǐngxiǎng, suǒyǐ wǒmen yīnggāi jǐnliàng shǎo yòng.

저는 일회용품을 자주 사용하지 않습니다. 일회용품은 편리하고 저렴하기 때문에 사람들에게 인기가 많습니다. 하지만 일회용품은 환경에 나쁜 영향을 주므로 가능한 한 사용을 줄여야 합니다.

使用 shǐyòng 동 사용하다, 쓰다 | 一次性用品 yícìxìng yòngpǐn 일회용품 | 方便 fāngbiàn 형 편리하다 | 便宜 piányi 저렴하다 | 受……欢迎 shòu……huānyíng 인기 있다 | 造成 zàochéng 동 (좋지 않은 결과를) 초래하다 | 尽量 jǐnliàng 부 가능한 한

🔊 09-30 | 제5부분

2 问题 为了保护环境你平时做哪些努力?

Wèile bǎohù huánjìng nǐ píngshí zuò nǎxiē nǔlì?

환경을 보호하기 위해 당신은 평소에 어떤 노력들을 하나요?

回答 现在环境问题直接威胁着人类的生存。所以为了保护环境，我会在日常生活中，注意节约用水用电，少使用一次性用品，并且尽量多乘坐公共交通工具。这样可以节省能源。

Xiànzài huánjìng wèntí zhíjiē wēixiézhe rénlèi de shēngcún. Suǒyǐ wèile bǎohù huánjìng, wǒ huì zài rìcháng shēnghuó zhōng, zhùyì jiéyuē yòng shuǐ yòng diàn, shǎo shǐyòng yícìxìng yòngpǐn, bìngqiě jǐnliàng duō chéngzuò gōnggòng jiāotōng gōngjù. Zhèyàng kěyǐ jiéshěng néngyuán.

오늘날 환경 문제는 직접적으로 인류의 생존을 위협하고 있습니다. 그래서 저는 환경을 보호하기 위해 일상생활에서 물과 전기를 절약하는 데 신경을 쓰고, 일회용품을 적게 사용하며, 가능한 대중교통을 많이 탑니다. 이렇게 하면 에너지를 절약할 수 있습니다.

> 平时 píngshí 명 평소, 평상시, 보통 때 | 努力 nǔlì 동 노력하다, 힘쓰다, 열심히 하다 | 直接 zhíjiē 형 직접적인 | 威胁 wēixié 동 위협하다 | 人类 rénlèi 명 인류 | 生存 shēngcún 명동 생존(하다) | 注意 zhùyì 동 주의하다 | 节约 jiéyuē 동 절약하다 | 使用 shǐyòng 동 이용하다, 사용하다 | 乘坐 chéngzuò 동 (교통수단을) 타다 | 公共交通 gōnggòng jiāotōng 대중교통 | 工具 gōngjù 명 수단, 도구 | 节省 jiéshěng 동 아끼다, 절약하다 | 能源 néngyuán 명 에너지

⦿ 09-31 | 제5부분

3 问题 你们国家的生育率高吗?

Nǐmen guójiā de shēngyùlǜ gāo ma?

당신 나라의 출산율은 높습니까?

回答 我们国家的生育率比较低。因为随着婚育年龄的推迟以及观念的更新，年轻人结婚越来越晚。这使生育率低，新生人口数降低，老年人口数增加，造成老龄化社会，从而产生一些社会问题。

Wǒmen guójiā de shēngyùlǜ bǐjiào dī. Yīnwèi suízhe hūnyù niánlíng de tuīchí yǐjí guānniàn de gēngxīn, niánqīngrén jiéhūn yuèláiyuè wǎn. Zhè shǐ shēngyùlǜ dī, xīnshēng rénkǒushù jiàngdī, lǎonián rénkǒushù zēngjiā, zàochéng lǎolínghuà shèhuì, cóng'ér chǎnshēng yìxiē shèhuì wèntí.

우리나라의 출산율은 낮은 편입니다. 왜냐하면 결혼과 출산 연령이 늦어지고, 관념이 변화함에 따라서 젊은이들이 점점 늦게 결혼을 하기 때문입니다. 이는 출산율을 낮춰 신생 인구가 감소하고, 노년 인구가 증가하면서 노령화 사회가 조성되어 사회 문제가 발생할 수 있게 만듭니다.

> 生育率 shēngyùlǜ 출산율 | 婚育 hūnyù 명 혼인과 출산 | 年龄 niánlíng 명 연령, 나이 | 推迟 tuīchí 동 뒤로 미루다 | 以及 yǐjí 접 및, 그리고 | 观念 guānniàn 명 관념, 생각 | 更新 gēngxīn 동 새롭게 바뀌다 | 新生 xīnshēng 형 갓 태어난, 새로 생긴 | 降低 jiàngdī 동 내리다, 낮추다 | 增加 zēngjiā 동 증가하다, 늘리다 | 老龄化 lǎolínghuà 동 노령화되다 | 从而 cóng'ér 접 따라서, 그리하여 | 产生 chǎnshēng 동 생기다, 발생하다

CHAPTER 10

기타

기타 파트에서는 제1부분에서 자주 나오는 어휘와 각 파트에 자주 등장하는 접속사를 중점적으로 정리했습니다. 접속사는 문장과 함께 외워서 어감을 확실히 익힐 수 있도록 공부해야 합니다.

TSC 기본 어휘

제1부분

● 10-01

出生 chūshēng

동 출생하다, 태어나다

- 我是1996年4月18号出生的。
  Wǒ shì yī jiǔ jiǔ liù nián sì yuè shíbā hào chūshēng de.
  저는 1996년 4월 18일에 태어났습니다.

- 我出生于1993年11月20号，今年二十五岁。
  Wǒ chūshēng yú yī jiǔ jiǔ sān nián shíyī yuè èrshí hào, jīnnián èrshíwǔ suì.
  저는 1993년 11월 20일에 태어났으며, 올해 25살입니다.

年 nián 명 년 | 月 yuè 명 월 | 号 hào 명 일 | 今年 jīnnián 명 올해, 금년 | 岁 suì 명 살, 세

제3·7부분

● 10-02

春天 chūntiān

명 봄

- 春天是首尔最美的季节。
  Chūntiān shì Shǒu'ěr zuì měi de jìjié.
  봄은 서울의 가장 아름다운 계절입니다.

- 春天的时候，首尔的汝矣岛最漂亮。
  Chūntiān de shíhou, Shǒu'ěr de Rǔyǐdǎo zuì piàoliang.
  봄에는 서울의 여의도가 가장 아름답습니다.

首尔 Shǒu'ěr 명 서울 | 季节 jìjié 명 계절 | 汝矣岛 Rǔyǐdǎo 명 여의도

> **TIP** 계절 관련 어휘
>
> 夏天 xiàtiān 명 여름 | 秋天 qiūtiān 명 가을 | 冬天 dōngtiān 명 겨울

来 lái

다른 동사 앞에 쓰여 어떤 일을 하려는 것을 나타냄

- 你天天加班，太累了，我来做饭吧。
  Nǐ tiāntiān jiābān, tài lèi le, wǒ lái zuò fàn ba.
  당신 매일 야근하느라 힘들 테니 내가 밥을 할게요.

- 我要西红柿炒鸡蛋，你来点儿什么?
  Wǒ yào xīhóngshì chǎo jīdàn, nǐ lái diǎnr shénme?
  나는 토마토 계란 볶음 먹을래요. 당신은 뭐 먹을래요?

天天 tiāntiān 명 매일 | **加班** jiābān 동 초과 근무를 하다, 특근하다 | **累** lèi 형 피곤하다, 지치다 | **做饭** zuò fàn 동 밥을 하다 | **西红柿炒鸡蛋** xīhóngshì chǎo jīdàn 토마토 계란 볶음

通过 tōngguò

개 ~을 통해

- 通过运动，不仅可以缓解压力，还可以减肥。
  Tōngguò yùndòng, bùjǐn kěyǐ huǎnjiě yālì, hái kěyǐ jiǎnféi.
  운동을 통해 스트레스를 풀 수 있고, 다이어트도 할 수 있습니다.

- 通过手机，不仅可以学习外语，还可以玩儿游戏。
  Tōngguò shǒujī, bùjǐn kěyǐ xuéxí wàiyǔ, hái kěyǐ wánr yóuxì.
  휴대전화로 외국어를 공부할 수 있을 뿐만 아니라 게임도 할 수 있습니다.

运动 yùndòng 명동 운동(하다) | **不仅……还** bùjǐn……hái ~뿐만 아니라 ~도 | **缓解** huǎnjiě 동 완화되다 | **压力** yālì 명 스트레스 | **减肥** jiǎnféi 동 살을 빼다 | **手机** shǒujī 명 휴대전화 | **外语** wàiyǔ 명 외국어 | **玩儿游戏** wánr yóuxì 게임을 하다

发型 fàxíng

몡 헤어스타일, 머리스타일

- 这个**发型**适合我吗?
  Zhège fàxíng shìhé wǒ ma?
  이 헤어스타일은 저에게 어울리나요?

- 妈妈的**发型**和孩子的**发型**一样。
  Māma de fàxíng hé háizi de fàxíng yíyàng.
  엄마의 헤어스타일과 아이의 헤어스타일이 같습니다.

适合 shìhé 동 어울리다, 적절하다 | **一样** yíyàng 형 같다, 동일하다

看上去 kàn shàngqù

동 보아하니 ～하다

- 他**看上去**很累。
  Tā kàn shàngqù hěn lèi.
  그는 매우 피곤해 보입니다.

- 她**看上去**有十几岁。
  Tā kàn shàngqù yǒu shí jǐ suì.
  그녀는 열 몇 살로 보입니다.

累 lèi 형 피곤하다

제3부분

🔊 10-07

预定 yùdìng
동 예약하다, 예정하다, 미리 약속하다

- 我是14号预定的。
  Wǒ shì shísì hào yùdìng de.
  저는 14일에 예약했습니다.

- 我昨天在这里预定了一个双人间。
  Wǒ zuótiān zài zhèli yùdìngle yí gè shuāngrénjiān.
  저는 어제 여기에서 더블룸을 예약했습니다.

昨天 zuótiān 명 어제 | 双人间 shuāngrénjiān 명 더블룸

제2·7부분

🔊 10-08

挂 guà
동 (물체 표면에) 붙어 있다, 덮여 있다, (고리·못 따위에) 걸다

- 椅子上挂着一件外套。
  Yǐzi shang guàzhe yí jiàn wàitào.
  의자 위에 외투 한 벌이 걸려 있습니다.

- 他把帽子挂在衣架上。
  Tā bǎ màozi guàzài yījià shang.
  그는 모자를 옷걸이에 걸었습니다.

椅子 yǐzi 명 의자 | 外套 wàitào 명 외투 | 帽子 màozi 명 모자 | 衣架 yījià 명 옷걸이, 옷장

🔊 10-09

饭菜 fàncài

명 밥과 반찬, 식사

- 那家做的饭菜非常好吃。
  Nà jiā zuò de fàncài fēicháng hǎochī.
  그 식당의 음식은 매우 맛있습니다.

- 我对这里的饭菜很满意，正合我的胃口。
  Wǒ duì zhèlǐ de fàncài hěn mǎnyì, zhèng hé wǒ de wèikǒu.
  저는 이 식당의 음식에 대해 만족해요. 제 입맛에 딱 맞습니다.

好吃 hǎochī 형 맛있다 | **满意** mǎnyì 형 만족하다 | **合胃口** hé wèikǒu 동 입맛에 맞다

🔊 10-10

迷 mí

명 팬, 애호가, 마니아

- 我是个棒球迷。
  Wǒ shì gè bàngqiú mí.
  저는 야구 팬입니다.

- 他是个手机游戏迷。
  Tā shì gè shǒujī yóuxì mí.
  그는 휴대전화 게임 마니아입니다.

棒球 bàngqiú 명 야구 | **游戏** yóuxì 명 게임

宠物 chǒngwù

명 애완동물, 반려동물

- 我周围养宠物的人非常多。
  Wǒ zhōuwéi yǎng chǒngwù de rén fēicháng duō.
  제 주변에는 애완동물을 기르는 사람이 많습니다.

- 我反对邻居家养危险宠物。
  Wǒ fǎnduì línjū jiā yǎng wēixiǎn chǒngwù.
  저는 이웃집에서 위험한 동물을 키우는 것을 반대합니다.

周围 zhōuwéi 명 주위, 주변 | 养 yǎng 동 기르다, 키우다 | 反对 fǎnduì 동 반대하다 | 邻居 línjū 명 이웃집 | 危险 wēixiǎn 형 위험하다

相比 xiāngbǐ

동 비교하다

- 相比而言，我更喜欢一个人在家看电影。
  Xiāngbǐ éryán, wǒ gèng xǐhuan yí gè rén zài jiā kàn diànyǐng.
  비교해서 말하자면 저는 혼자 집에서 영화 보는 것을 더 좋아합니다.

- 与量相比，我更注重质量。
  Yǔ liàng xiāngbǐ, wǒ gèng zhùzhòng zhìliàng.
  양과 비교하자면, 저는 품질을 더 중시합니다.

而言 éryán 동 ~에 대해 말하자면 | 电影 diànyǐng 명 영화 | 量 liàng 명 양, 수량, 분량 | 注重 zhùzhòng 동 중시하다 | 质量 zhìliàng 명 질, 품질

제3·4부분

10-13

适应 shìyìng
동 적응하다

- 我们要**适应**时代的要求。
  Wǒmen yào shìyìng shídài de yāoqiú.
  우리는 시대의 요구에 적응해야 합니다.

- 经过几年的锻炼我对这方面的工作已经**适应**了。
  Jīngguò jǐ nián de duànliàn wǒ duì zhè fāngmiàn de gōngzuò yǐjīng shìyìng le.
  몇 년 단련이 되고 나니 저는 이 방면의 업무에 익숙해졌습니다.

时代 shídài 명 시대 | 要求 yāoqiú 명 요구, 요망 | 经过 jīngguò 동 (시간이) 걸리다, 경과하다 | 锻炼 duànliàn 동 (일의 능력이나 마음을) 단련하다 | 方面 fāngmiàn 명 방면

제5부분

10-14

退休 tuìxiū
동 퇴직하다, 퇴임하다, 은퇴하다

- 我们公司的**退休**年龄是55岁。
  Wǒmen gōngsī de tuìxiū niánlíng shì wǔshíwǔ suì.
  우리 회사의 퇴직 연령은 55세입니다.

- **退休**后我想去环球旅行。
  Tuìxiū hòu wǒ xiǎng qù huánqiú lǚxíng.
  퇴직 후에 저는 세계 여행을 가고 싶습니다.

公司 gōngsī 명 회사, 직장 | 年龄 niánlíng 명 연령 | 环球 huánqiú 명동 전 세계(를 일주하다) | 旅行 lǚxíng 동 여행하다

🔊 10-15   제5부분

缺少 quēshǎo
동 (인원이나 물건의 수량이) 부족하다, 모자라다

- 书本上的知识和亲身体验获得的知识都不能缺少，都很重要。
  Shūběn shang de zhīshi hé qīnshēn tǐyàn huòdé de zhīshi dōu bù néng quēshǎo, dōu hěn zhòngyào.
  책에서 배운 지식과 직접 체험해서 얻은 지식 모두 부족해서는 안 되고, 모두 중요합니다.

- 让孩子缺少父爱，这对孩子不利。
  Ràng háizi quēshǎo fù'ài, zhè duì háizi búlì.
  아이가 아버지의 사랑을 느끼지 못하게 되면 이는 아이에게 좋지 않습니다.

书本 shūběn 명 책 | 知识 zhīshi 명 지식 | 亲身 qīnshēn 부 친히, 직접 | 体验 tǐyàn 명동 체험(하다) | 获得 huòdé 동 얻다, 획득하다 | 重要 zhòngyào 형 중요하다 | 父爱 fù'ài 명 아버지의 사랑 | 不利 búlì 형 불리하다, 순조롭지 못하다

🔊 10-16   제3·4부분

期间 qījiān
명 기간, 시간

- 我这次放假期间要去北京旅行。
  Wǒ zhè cì fàngjià qījiān yào qù Běijīng lǚxíng.
  저는 이번 여름 휴가 기간에 베이징 여행을 가려고 합니다.

- 这期间许多家长却忽视了母语教育。
  Zhè qījiān xǔduō jiāzhǎng què hūshìle mǔyǔ jiàoyù.
  이 기간에 많은 학부모님들이 모국어 교육을 소홀히 합니다.

放假 fàngjià 동 방학하다 | 北京 Běijīng 명 베이징 | 旅行 lǚxíng 동 여행하다 | 许多 xǔduō 형 매우 많다 | 家长 jiāzhǎng 명 학부모 | 忽视 hūshì 동 소홀히 하다 | 母语 mǔyǔ 명 모국어 | 教育 jiàoyù 명 교육

제4·6부분

◐ 10-17

只要 zhǐyào
접 ~하기만 하면

- 只要你认真学习，考试一定会考好的。
  Zhǐyào nǐ rènzhēn xuéxí, kǎoshì yídìng huì kǎohǎo de.
  열심히 공부하기만 하면 시험은 분명 잘 볼 수 있을 거예요.

- 只要坚持不懈，就一定会成功的。
  Zhǐyào jiānchí búxiè, jiù yídìng huì chénggōng de.
  꾸준히 하기만 하면 반드시 성공할 거예요.

认真 rènzhēn 형 착실하다 | 考试 kǎoshì 명동 시험(을 치다) | 坚持 jiānchí 동 견지하다, 유지하다 | 不懈 búxiè 형 게으르지 않다, 꾸준하다 | 成功 chénggōng 동 성공하다

제3·6부분

◐ 10-18

门口 ménkǒu
명 입구, 현관, 문어귀

- 我们明天下午三点在学校门口见吧。
  Wǒmen míngtiān xiàwǔ sān diǎn zài xuéxiào ménkǒu jiàn ba.
  우리 내일 오후 3시에 학교 입구에서 만나요.

- 车站就在自己家门口。
  Chēzhàn jiù zài zìjǐ jiā ménkǒu.
  정거장은 바로 우리 집 문어귀에 있습니다.

明天 míngtiān 명 내일 | 下午 xiàwǔ 명 오후 | 学校 xuéxiào 명 학교 | 车站 chēzhàn 명 정류장

10-19 正好 zhènghǎo
분 마침

- 听说你要去中国，**正好**我休假，一起去吧。
  Tīngshuō nǐ yào qù Zhōngguó, zhènghǎo wǒ xiūjià, yìqǐ qù ba.
  당신 중국에 간다고 들었는데, 마침 나도 휴가니까 같이 가요.

- 你不是特别喜欢看话剧吗？**正好**我有两张门票，一起去吧。
  Nǐ bú shì tèbié xǐhuan kàn huàjù ma? Zhènghǎo wǒ yǒu liǎng zhāng ménpiào, yìqǐ qù ba.
  당신 연극 보는 것 좋아하지 않아요? 마침 저에게 입장권이 2장 있으니 같이 가요.

听说 tīngshuō 통 듣자 하니 | **休假** xiūjià 통 쉬다, 휴가를 보내다 | **话剧** huàjù 명 연극 | **门票** ménpiào 명 입장권

10-20 由于 yóuyú
접 ~때문에, ~으로 인하여

- **由于**我第一次参加工作，有很多不懂的地方。
  Yóuyú wǒ dì-yī cì cānjiā gōngzuò, yǒu hěn duō bù dǒng de dìfang.
  제가 첫 근무라서 모르는 부분이 많습니다.

- 他的学习本来很好，**由于**迷上了电子游戏，现在退步了。
  Tā de xuéxí běnlái hěn hǎo, yóuyú míshàngle diànzǐ yóuxì, xiànzài tuìbù le.
  그는 원래 공부를 잘 했었는데, 컴퓨터 게임에 빠져서 지금은 잘 못합니다.

第一次 dì-yī cì 명 최초, 맨 처음 | **参加** cānjiā 통 참가하다 | **懂** dǒng 통 알다, 이해하다 | **本来** běnlái 분 본래, 원래 | **迷** mí 통 빠지다, 심취하다 | **电子游戏** diànzǐ yóuxì 컴퓨터 게임, 전자 게임 | **退步** tuìbù 통 퇴보하다, 후퇴하다, 악화하다

TSC 고급 어휘

제5·7부분

◐ 10-21

无论 wúlùn

접 ~을 막론하고, ~에 관계없이

- **无论**刮风还是下雨，他都准时到校上课。
  Wúlùn guā fēng háishi xià yǔ, tā dōu zhǔnshí dào xiào shàngkè.
  바람이 불든 비가 오든, 그는 항상 제시간에 학교에 와서 수업을 듣습니다.

- **无论**遇到什么波折，我们也要坚持下去。
  Wúlùn yùdào shénme bōzhé, wǒmen yě yào jiānchí xiàqù.
  어떠한 풍파를 만나더라도, 우리는 지속해 나가야 합니다.

刮风 guā fēng 통 바람이 불다 | 下雨 xià yǔ 통 비가 오다 | 准时 zhǔnshí 부 제때에, 정시에 | 上课 shàngkè 통 수업을 듣다 | 遇到 yùdào 통 만나다, 마주치다 | 波折 bōzhé 명 곡절, 풍파

제5부분

◐ 10-22

思想 sīxiǎng

명 사상, 생각 통 생각하다, 고려하다

- 年轻人**思想**不够成熟，生活上缺乏经验。
  Niánqīngrén sīxiǎng búgòu chéngshú, shēnghuó shang quēfá jīngyàn.
  젊은 사람들은 생각이 아직 미숙하고 생활 경험도 부족합니다.

- 看人不能只看外表，更要看他的**思想**品质。
  Kàn rén bù néng zhǐ kàn wàibiǎo, gèng yào kàn tā de sīxiǎng pǐnzhì.
  사람을 볼 때 외모만 보면 안 되고, 그의 생각과 인품을 더욱 봐야 합니다.

年轻人 niánqīngrén 명 젊은이 | 不够 búgòu 형 부족하다 | 成熟 chéngshú 형 성숙하다 | 缺乏 quēfá 형 결핍되다 | 经验 jīngyàn 명 경험 | 外表 wàibiǎo 명 외모 | 品质 pǐnzhì 명 인품

10-23

然而 rán'ér

접 그러나, 하지만, 그럴지만

- 他学习很努力，然而取得的成绩并不理想。
  Tā xuéxí hěn nǔlì, rán'ér qǔdé de chéngjì bìng bù lǐxiǎng.
  그는 공부는 열심히 하는데, 받는 성적은 그다지 이상적이지 않습니다.

- 高学历并不能代表一个人的实际能力，然而，当今社会在选择人才时注重高学历。
  Gāo xuélì bìng bù néng dàibiǎo yí gè rén de shíjì nénglì, rán'ér, dāngjīn shèhuì zài xuǎnzé réncái shí zhùzhòng gāo xuélì.
  고학력은 한 사람의 실제적인 능력을 대표할 수 없음에도 불구하고, 현재 사회에서는 인재를 선택할 때 고학력을 중시합니다.

取得 qǔdé 동 취득하다, 얻다 | 成绩 chéngjì 명 성적 | 理想 lǐxiǎng 명형 이상(적이다) | 高学历 gāo xuélì 고학력 | 代表 dàibiǎo 동 대표하다 | 实际 shíjì 명 실제적이다 | 当今 dāngjīn 명 지금, 현재 | 选择 xuǎnzé 명동 선택(하다), 고르다 | 人才 réncái 명 인재 | 注重 zhùzhòng 동 중시하다, 중점을 두다

10-24

从而 cóng'ér

접 따라서, 그리하여

- 学习不是为了别人，而是为了自己，从而我们要认真学习。
  Xuéxí bú shì wèile biérén, ér shì wèile zìjǐ, cóng'ér wǒmen yào rènzhēn xuéxí.
  공부는 남을 위해서 하는 것이 아니라, 자신을 위해서 하는 것이므로 우리는 열심히 공부해야 합니다.

- 农业迅速发展，从而为轻工业提供了充足的原料。
  Nóngyè xùnsù fāzhǎn, cóng'ér wèi qīnggōngyè tígōngle chōngzú de yuánliào.
  농업이 신속하게 발전해서 경공업에 충족한 원료를 제공했습니다.

不是……而是 bú shì……ér shì ~가 아니라 ~이다 | 认真 rènzhēn 형 진지하다, 열심이다 | 农业 nóngyè 명 농업 | 迅速 xùnsù 형 신속하다 | 轻工业 qīnggōngyè 명 경공업 | 提供 tígōng 동 제공하다, 공급하다 | 充足 chōngzú 형 충분하다 | 原料 yuánliào 명 원료, 감

미니 테스트

1 다음 한어병음에 해당하는 어휘와 뜻을 써 보세요.

(1) yùdìng _____

(2) chǒngwù _____

(3) tōngguò _____

(4) shìyìng _____

2 다음 우리말에 해당하는 어휘를 쓰고 한어병음을 표시해 보세요.

(1) 기간 _____

(2) ~으로 인하여 _____

(3) 입구 _____

(4) 부족하다 _____

3 다음 빈칸에 들어갈 알맞은 어휘를 보기에서 고르세요.

| 보기 | 来 | 思想 | 只要 | 无论 | 饭菜 |

(1) 年轻人_____不够成熟, 生活上缺乏经验。

(2) _____刮风还是下雨, 他都准时到校上课。

(3) _____你认真学习, 考试一定会考好的。

(4) 那家做的_____非常好吃。

(5) 你天天加班, 太累了, 我_____做饭吧。

4 다음 빈칸에 들어갈 알맞은 어휘를 아래에서 고르세요.

(1) 他（　　　）很累。
　① 来　　　② 看上去　　　③ 出生　　　④ 适应

(2) 椅子上（　　　）着一件外套。
　① 旁边　　　② 是　　　③ 挂　　　④ 贴

(3) 听说你要去中国，（　　　）我休假，一起去吧。
　① 连　　　② 都　　　③ 也　　　④ 正好

5 아래의 우리말 문장을 보고 빈칸에 알맞은 어휘를 써 보세요.

(1) 我是1996年4月18号_____的。
저는 1996년 4월 18일에 태어났습니다.

(2) 这个_____适合我吗?
이 헤어스타일은 저에게 어울리나요?

(3) _____后我想去环球旅行。
퇴직 후에 저는 세계 여행을 가고 싶습니다.

정답 | **1** (1) 预定 예약하다　(2) 宠物 애완동물　(3) 通过 ~을 통해　(4) 适应 적응하다
2 (1) 期间 qījiān　(2) 由于 yóuyú　(3) 门口 ménkǒu　(4) 缺少 quēshǎo
3 (1) 思想　(2) 无论　(3) 只要　(4) 饭菜　(5) 来
4 (1) ②　(2) ③　(3) ④
5 (1) 出生　(2) 发型　(3) 退休

TSC 빈출 질문 및 모범답안

◐ 10-25 | 제2부분

1 问题 墙上挂着什么?
Qiáng shang guàzhe shénme?
벽에 무엇이 걸려 있나요?

回答 墙上挂着一幅画,很漂亮。
Qiáng shang guàzhe yì fú huà, hěn piàoliang.
벽에는 그림 하나가 걸려 있고, 매우 예쁩니다.

墙 qiáng 몡 벽 | 挂 guà 동 걸다, 걸리다 | 幅 fú 양 폭 [옷감, 종이, 그림 등을 세는 단위]

◐ 10-26 | 제4부분

2 问题 你喜欢养宠物吗?
Nǐ xǐhuan yǎng chǒngwù ma?
당신은 애완동물 기르는 것을 좋아하나요?

回答 我非常喜欢养宠物。我从小就养着一只狗。它给我家带来了很多快乐,而且使家人之间变得更亲密。
Wǒ fēicháng xǐhuan yǎng chǒngwù. Wǒ cóngxiǎo jiù yǎngzhe yì zhī gǒu. Tā gěi wǒ jiā dàiláile hěn duō kuàilè, érqiě shǐ jiārén zhījiān biàn de gèng qīnmì.
저는 애완동물 기르는 것을 좋아합니다. 어렸을 때부터 강아지 한 마리를 키우고 있습니다. 강아지는 우리 집에 많은 즐거움을 가져다 주었고, 또한 가족 관계를 더 친밀하게 해 주었습니다.

养 yǎng 동 기르다, 키우다 | 宠物 chǒngwù 몡 애완동물 | 从小 cóngxiǎo 면 어릴 때부터 | 快乐 kuàilè 형 즐겁다, 행복하다 | 之间 zhījiān 몡 사이, 지간 | 亲密 qīnmì 형 관계가 좋다

10-27 | 제3부분

3 问题 你对这里的饭菜满意吗?

Nǐ duì zhèli de fàncài mǎnyì ma?

당신은 여기 음식에 만족하나요?

回答 我对这里的饭菜非常满意,
正合我的胃口。我是这里的常客,
经常来这家吃晚饭。你呢?
你觉得这家做的饭菜,怎么样?

Wǒ duì zhèli de fàncài fēicháng mǎnyì, zhèng hé wǒ de wèikǒu. Wǒ shì zhèli de chángkè, jīngcháng lái zhè jiā chī wǎnfàn. Nǐ ne? Nǐ juéde zhè jiā zuò de fàncài, zěnmeyàng?

저는 여기 음식에 만족하고, 제 입맛에도 맞습니다. 저는 이 식당의 단골이라서 자주 와서 저녁을 먹습니다. 당신은요? 당신은 여기 음식이 어때요?

饭菜 fàncài 명 밥과 반찬, 식사 | **满意** mǎnyì 형 만족하다, 만족스럽다 | **合胃口** hé wèikǒu 동 입맛에 맞다 | **常客** chángkè 명 단골손님 | **经常** jīngcháng 부 자주, 종종 | **晚饭** wǎnfàn 명 저녁 식사

MEMO

색인

A

| 爱好 àihào | 57 |
| 爱护 àihù | 251 |

B

保持 bǎochí	137
保护 bǎohù	254
保险 bǎoxiǎn	139
保障 bǎozhàng	261
报纸 bàozhǐ	40
抱歉 bàoqiàn	181
杯子 bēizi	20
本子 běnzi	10
比赛 bǐsài	49
便利店 biànlìdiàn	33
冰箱 bīngxiāng	38
病房 bìngfáng	96
补习班 bǔxíbān	41
不舒服 bù shūfu	93
不幸 búxìng	186
不争 bùzhēng	202
布置 bùzhì	243

C

采取措施 cǎiqǔ cuòshī	250
餐厅 cāntīng	36
产品 chǎnpǐn	82
长 cháng	224
尝试 chángshì	57
超市 chāoshì	26
吵闹 chǎonào	242
炒 chǎo	233
车 chē	19
沉迷 chénmí	211
成绩 chéngjì	110
城市 chéngshì	196
城市化 chéngshìhuà	255
乘坐 chéngzuò	212
吃惊 chījīng	176
冲突 chōngtū	149
宠物 chǒngwù	275
出生 chūshēng	270
出行 chūxíng	199
出院 chūyuàn	97
厨房 chúfáng	37
床 chuáng	14
垂头丧气 chuítóu-sàngqì	189
春天 chūntiān	270
词典 cídiǎn	11
从而 cóng'ér	281

D

| 搭配 dāpèi | 67 |
| 打扮 dǎban | 228 |

打发 dǎfa	136		饭店 fàndiàn	27
打扫 dǎsǎo	161		方便面 fāngbiànmiàn	236
打折 dǎzhé	71		方便食品 fāngbiàn shípǐn	230
大家庭 dàjiātíng	152		方面 fāngmiàn	61
大小 dàxiǎo	66		妨碍 fáng'ài	215
大型超市 dàxíng chāoshì	79		房价 fángjià	241
代沟 dàigōu	164		房间 fángjiān	36
倒霉 dǎoméi	175		房子 fángzi	239
第一印象 dì-yī yìnxiàng	163		放假 fàngjià	107
电话 diànhuà	16		肥胖 féipàng	114
电脑 diànnǎo	16		风格 fēnggé	228
电视 diànshì	17		服务 fúwù	73
电视节目 diànshì jiémù	48		服务员 fúwùyuán	238
电影 diànyǐng	48		抚养 fǔyǎng	163
电影院 diànyǐngyuàn	31		复习 fùxí	109
电子产品 diànzǐ chǎnpǐn	205			
地铁站 dìtiězhàn	34		**G**	
懂 dǒng	102			
动物园 dòngwùyuán	31		改变 gǎibiàn	132
读书 dúshū	101		改掉 gǎidiào	135
堵塞 dǔsè	198		改善 gǎishàn	204
短 duǎn	224		尴尬 gāngà	172
			感到 gǎndào	154
			高档 gāodàng	84
F			个子 gèzi	129
			更衣室 gēngyīshì	85
发达 fādá	199		公共交通 gōnggòng jiāotōng	197
发票 fāpiào	74		公开 gōngkāi	256
法律 fǎlǜ	262		公寓 gōngyù	239
发型 fàxíng	272		公园 gōngyuán	30
饭菜 fàncài	274			

功能 gōngnéng	206
购物 gòuwù	77
固执 gùzhi	178
雇佣 gùyōng	263
挂 guà	273
关系 guānxì	160
关心 guānxīn	156
广告 guǎnggào	82
逛 guàng	81
过时 guòshí	70

H

海边 hǎibiān	63
害怕 hàipà	178
害羞 hàixiū	173
汉语 Hànyǔ	103
喝咖啡 hē kāfēi	59
和睦 hémù	152
后悔 hòuhuǐ	184
忽视 hūshì	213
户外 hùwài	58
花 huā	23
花店 huādiàn	32
花瓶 huāpíng	20
花钱 huā qián	139
华丽 huálì	225
化妆品 huàzhuāngpǐn	64
画 huà	19
画画儿 huà huàr	54

话剧 huàjù	63
环境 huánjìng	252
换 huàn	83
荒唐 huāngtáng	172
会员卡 huìyuánkǎ	59
婚礼 hūnlǐ	157

J

机场 jīchǎng	25
鸡蛋 jīdàn	234
积分 jīfēn	78
机会 jīhuì	56
疾病 jíbìng	115
家人 jiārén	148
家庭成员 jiātíng chéngyuán	150
家庭教育 jiātíng jiàoyù	158
家庭主妇 jiātíng zhǔfù	160
家务 jiāwù	161
价格 jiàgé	80
坚持不懈 jiānchíbúxiè	114
减肥 jiǎnféi	95
减价 jiǎnjià	70
减少 jiǎnshǎo	251
健康 jiànkāng	95
健身房 jiànshēnfáng	54
讲究 jiǎngjiu	227
交际 jiāojì	153
交通事故 jiāotōng shìgù	200
饺子 jiǎozi	235

教室 jiàoshì	30
结婚 jiéhūn	157
结账 jiézhàng	77
紧张 jǐnzhāng	184
尽情 jìnqíng	186
经历 jīnglì	61
经验 jīngyàn	118
惊慌 jīnghuāng	177
惊恐 jīngkǒng	177
惊讶 jīngyà	179
就业 jiùyè	120
居住 jūzhù	196
沮丧 jǔsàng	180
捐款 juānkuǎn	260
决心 juéxīn	135

K

咖啡厅 kāfēitīng	29
开发 kāifā	257
开心 kāixīn	174
看病 kànbìng	98
看法 kànfǎ	117
看上去 kàn shàngqù	272
看书 kàn shū	55
考试 kǎoshì	110
科技 kējì	258
可惜 kěxī	185
可信度 kěxìndù	208
课 kè	107

课程 kèchéng	104
跨国 kuàguó	162
快餐 kuàicān	230
快餐店 kuàicāndiàn	28
快捷 kuàijié	197
筷子 kuàizi	237
款式 kuǎnshì	67

L

垃圾 lājī	252
来 lái	271
劳动 láodòng	165
礼貌 lǐmào	182
联系 liánxì	211
聊天 liáotiān	62
了解 liǎojiě	102
邻居 línjū	240
零钱 língqián	72
流行 liúxíng	69
旅行 lǚxíng	50

M

满意 mǎnyì	182
猫 māo	23
毛病 máobìng	212
毛巾 máojīn	39
矛盾 máodùn	132
每天 měi tiān	136

门当户对 méndāng-hùduì	164	钱包 qiánbāo	13
门口 ménkǒu	278	强壮 qiángzhuàng	225
门票 ménpiào	62	亲戚 qīnqi	149
迷 mí	274	取代 qǔdài	209
面包 miànbāo	234	缺乏 quēfá	150
面条 miàntiáo	235	缺少 quēshǎo	277
目瞪口呆 mùdèng-kǒudāi	188		

N

难堪 nánkān	187
闹钟 nàozhōng	40
牛奶 niúnǎi	231

R

然而 rán'ér	281
热门 rèmén	116
热闹 rènao	148
人际 rénjì	151
人类 rénlèi	258
肉 ròu	232

P

拍照 pāizhào	52
排放 páifàng	203
培养 péiyǎng	119
疲倦 píjuàn	181
疲劳 píláo	137
啤酒 píjiǔ	231
脾气 píqi	131
破坏 pòhuài	253

S

沙发 shāfā	15
伤心 shāngxīn	183
商店 shāngdiàn	24
上 shàng	111
上班族 shàngbānzú	159
上课 shàngkè	106
上网 shàngwǎng	106
社团 shètuán	108
身材 shēncái	226
生病 shēngbìng	93
生活 shēnghuó	133
生气 shēngqì	175

Q

期间 qījiān	277
铅笔 qiānbǐ	12
前景 qiánjǐng	116

失望 shīwàng	180	疼 téng	92
失业率 shīyèlǜ	256	体验 tǐyàn	113
时髦 shímáo	69	挑食 tiāoshí	243
试穿 shìchuān	79	挑选 tiāoxuǎn	71
视力 shìlì	210	停车费 tíngchēfèi	204
适合 shìhé	68	停车位 tíngchēwèi	198
适应 shìyìng	276	通过 tōngguò	271
收入 shōurù	138	通讯工具 tōngxùn gōngjù	214
手表 shǒubiǎo	21	头 tóu	92
手机 shǒujī	18	投资 tóuzī	260
首饰 shǒushì	222	图书馆 túshūguǎn	29
售后服务 shòuhòufúwù	83	退货 tuìhuò	75
售货员 shòuhuòyuán	73	退款 tuìkuǎn	75
书 shū	10	退休 tuìxiū	276
书包 shūbāo	12		
书店 shūdiàn	32		
蔬菜 shūcài	233	**W**	
熟练 shúliàn	207	外貌 wàimào	128
水果店 shuǐguǒdiàn	33	外形 wàixíng	205
睡眠 shuìmián	99	外语 wàiyǔ	103
私家车 sījiāchē	202	玩具 wánjù	64
思想 sīxiǎng	280	玩儿游戏 wánr yóuxì	52
素质 sùzhì	118	晚婚晚育 wǎnhūn wǎnyù	262
速度 sùdù	201	网络 wǎngluò	259
		网上购物 wǎngshàng gòuwù	78
		威胁 wēixié	254
T		违法 wéifǎ	213
台灯 táidēng	39	维修 wéixiū	208
态度 tàidù	156	尾气 wěiqì	203
淘气 táoqì	179	位子 wèizi	237

味道 wèidào	236		兴趣 xìngqù	58
卧室 wòshì	240		幸福 xìngfú	153
污染 wūrǎn	250		性格 xìnggé	130
无可奈何 wúkěnàihé	189		兄弟姐妹 xiōngdìjiěmèi	155
无论 wúlùn	280		休息 xiūxi	98
物价 wùjià	257		学历 xuélì	111
物美价廉 wùměijiàlián	85		学生 xuésheng	112
误会 wùhuì	154		学习 xuéxí	100
			学校 xuéxiào	28

X

Y

习惯 xíguàn	133		严重 yánzhòng	94
洗手间 xǐshǒujiān	34		颜色 yánsè	65
鲜艳 xiānyàn	226		眼镜 yǎnjìng	22
现场 xiànchǎng	55		演唱会 yǎnchànghuì	53
现金 xiànjīn	76		养成 yǎngchéng	134
相比 xiāngbǐ	275		样式 yàngshì	66
箱子 xiāngzi	15		钥匙 yàoshi	41
像 xiàng	131		业余 yèyú	49
消除 xiāochú	165		医生 yīshēng	96
消费 xiāofèi	140		医院 yīyuàn	26
小心 xiǎoxīn	176		衣服 yīfu	222
小组 xiǎozǔ	121		衣柜 yīguì	38
校服 xiàofú	229		衣着 yīzhuó	227
携带 xiédài	206		一次性用品 yícìxìng yòngpǐn	255
心情 xīnqíng	115		一应俱全 yíyìngjùquán	207
心态 xīntài	263		移民 yímín	162
新闻 xīnwén	104		遗憾 yíhàn	185
新鲜 xīnxiān	80		椅子 yǐzi	14
信用卡 xìnyòngkǎ	76			

因人而异 yīnrén'éryì	141
音乐 yīnyuè	51
银行 yínháng	24
饮食 yǐnshí	99
营业时间 yíngyè shíjiān	74
拥挤 yōngjǐ	210
优惠 yōuhuì	84
由于 yóuyú	279
邮局 yóujú	25
犹豫 yóuyù	188
游乐场 yóulèchǎng	35
游泳 yóuyǒng	53
游泳池 yóuyǒngchí	35
雨伞 yǔsǎn	21
郁闷 yùmèn	174
预定 yùdìng	273
遇到 yùdào	120
原因 yuányīn	259
圆珠笔 yuánzhūbǐ	11
运动场 yùndòngchǎng	27
运动会 yùndònghuì	100

Z

杂志 zázhì	105
灾害 zāihài	253
在行 zàiháng	209
噪音 zàoyīn	242
长 zhǎng	128
找钱 zhǎoqián	72

照片 zhàopiàn	18
照相机 zhàoxiàngjī	22
整容手术 zhěngróng shǒushù	261
正好 zhènghǎo	279
正装 zhèngzhuāng	223
支持 zhīchí	155
支出 zhīchū	138
知道 zhīdào	101
知识 zhīshi	105
只要 zhǐyào	278
中国菜 zhōngguócài	229
种类 zhǒnglèi	81
周末 zhōumò	50
周围 zhōuwéi	200
主食 zhǔshí	238
住院 zhùyuàn	97
注重 zhùzhòng	117
专业 zhuānyè	108
准备 zhǔnbèi	56
桌子 zhuōzi	13
足不出户 zúbùchūhù	214
作息 zuòxī	141
做客 zuòkè	159
做作业 zuò zuòyè	109

다락원 홈페이지와 콜롬북스 APP에서
MP3 파일 다운로드 및 실시간 재생 서비스

다락원 TSC VOCA 마스터

지은이 장민영
펴낸이 정규도
펴낸곳 (주)다락원

초판 1쇄 인쇄 2017년 11월 7일
초판 1쇄 발행 2017년 11월 14일

책임편집 오혜령, 이상윤
디자인 박나래, 최영란
일러스트 JUNO

녹음 중국어 차오훙메이(曹红梅), 피아오룽쥔(朴龙君)
　　　한국어 허강퉁

대 다락원 경기도 파주시 문발로 211
내용문의: (02)736-2031 내선 430~439
구입문의: (02)736-2031 내선 250~252
Fax: (02)732-2037
출판등록 1977년 9월 16일 제300-1977-23호

Copyright ⓒ 2017, 장민영

저자 및 출판사의 허락 없이 이 책의 일부 또는 전부를 무단 복제·전재·
발췌할 수 없습니다. 구입 후 철회는 회사 내규에 부합하는 경우에 가능
하므로 구입문의처에 문의하시기 바랍니다. 분실·파손 등에 따른 소비자
피해에 대해서는 공정거래위원회에서 고시한 소비자 분쟁 해결 기준에
따라 보상 가능합니다. 잘못된 책은 바꿔 드립니다.

값 14,000원 (MP3 파일 무료 다운로드)
ISBN 978-89-277-2220-5 13720

http://www.darakwon.co.kr

• 다락원 홈페이지를 방문하시면 상세한 출판정보와 함께 동영상강좌, MP3
　자료 등 다양한 어학 정보를 얻으실 수 있습니다.